명설교 큰 은혜

김 청 수 목사 저

도서출판
누가

명 설교 큰 은혜

김 청 수 목사 저

명 설교 큰 은혜

· 초판 1쇄 발행 2003년 2월 28일

· 지은이 김청수
· 펴낸이 정종현
· 펴낸곳 도서출판 누가

· 등록번호 제 20-342호
· 등록일자 2000. 8. 30.
· 서울시 동작구 노량진 2동 311-29(2층)
· Tel (02)826-8802, Fax(02)825-0079

· 정가 15,000원
· ISBN 89-89344-30-1 03230

· 미주지역 총판
  JOY 기독백화점
  3170 W. Olympic Bl., #E, L.A., CA 90006
  Tel:(323)766-8793
  Fax:(323)766-8796

· 저자 kchungsoo@dreamwiz.com
· http://Godislove.net/moksa

서 문

저는 목사에게 가장 중요한 것이 세 가지라고 생각합니다.

첫째는 목사의 인격입니다.

둘째는 성도를 아는 것입니다.

세 번째는 설교입니다.

나의 첫 번째 책인 '목사의 적. 목회의 적' 에서는 목사의 인격과 성도 알기에 대한 글을 썼습니다.

두 번째 책인 '금기' 는 목사의 인격에 대한 글을 썼습니다.

그리고 이번에 설교에 대한 글을 출판합니다.

이 책은 설교 학 책이 아닙니다. 그리고 설교집도 아닙니다.

제가 설교 학에 대한 글을 쓰기에는 너무 식견이 부족하고 설교 집을 내기에는 너무 설교를 못했습니다. 그러나 이런 어정쩡한 형편에서도 설교를 어떻게 하면 잘 할 수 있을까를 많이 생각했습니다. 그래서 이 글은 설교를 잘못했던 목사가 설교를 잘하기 위해 많이 생각하고 쓴 글입니다.

정말 입니다. 설교를 잘해서 많은 성도들에게 큰 은혜를 끼치고 싶은 생각이 평생 나를 따라 다녔습니다. 그래서 유명 목사님들의 설교집과 설교학 서적들을 많이 보았습니다. 그 분들의 설교 녹음을 듣고 영상 설교도 보았으며 설교하는 모습을 직접 보기도 했습니다.

그리고 성장하는 교회와 성장하지 못한 교회의 가장 큰 원인이 목사의 설교라는 것을 알게 되었습니다. 설교를 잘해야 성도들이 은혜를 받고 은혜 받은 성도가 많아져야 교회가 성장한다는 말입니다. 거듭 거듭 명 설교와 큰 은혜가 교회성장의 절대적인 요소임을 강조해서 말씀드립니다. 이렇게 설교가 은혜로워서 성장하는 교회는 하나님 앞에서도 가장 바람직하다고 생각합니다.

저는 지난 30여 년 동안의 목회 생활에서 내가 하는 설교의 정체를 잘 몰랐습니다. 어느 수준의 설교인지, 정말 잘하고 있는지, 못하면서도 잘한다고 착각하는 것인지를 분별할 수 없었습니다. 그것은 목회 생활에서 우리 교회가 아닌 다른 교회에 가서 내가 아닌 다른 목사님의 설교를 들을 기회가 전혀 없었기 때문입니다. 그러나 일선 목회를 떠난 몇 년 동안 평신도로 여러 교회를 다니면서 잘하는 설교와 잘못하는 설교의 차이점들을 확연히 확인할 수 있었습니다. 그래서 이 글을 쓰기 시작한 것입니다.

이 책은 어떻게 하면 하나님과 성도들에게 바르고 확실하고 은혜로운 설교를 할 수 있을 것인가에 대한 제 나름대로의 해답입니다. 만일 제가 젊었을 때에 이런 설교에 대한 구체적인 책을 접할 수 있었다면 설교를 아주 잘하는 목사가 되었을 것이라는 생각을 해 봅니다.

하나님과 교회에 대한 열정적인 사랑과 거룩한 사역에 대한 의욕이 충만한 젊은 목사님들이 이 책을 보시고 명 설교를 하실 수 있기를 기대하며 그 설교에 큰 은혜를 받은 성도들이 구름 떼처럼 보여 들어 주님께 영광을 돌릴 수 있기를 기대하면서 이 책을 출판합니다.

마지막으로 이 책이 나오기까지 성원해 주신 누가 출판사의 정 목사님과 내 설교에 충고를 가장 많이 한 아내에게 감사의 말을 전합니다.

2003년 1월 25일

김 청 수 목사

차 례

제 **3** 부

제 **4** 부

좋은 설교를 좋은 설교로 하는 방법 · 287

제 5 부

예화 사용하기 · 369

명설교 큰 은혜

제 1 부

설교에 대한 나의 고민

설교에 대한 목사의 갈등은 설교를 성장하게 한다

"내가 다시는 여호와를 선포하지 아니하며 그 이름으로 말하지 아니하
리라 하면 나의 중심이 불붙는 것 같아서 골수에 사무치니 답답하여 견
딜 수 없나이다" (렘 20:9)

설교는 목사에게 가장 중요하고 어렵고 목회 평생에 스트레스를 받는
일이다. 하나님의 말씀을 성도들에게 전하는 일이 얼마나 중요한 일인지
는 한 평생 강조해도 넉넉하지 않다. 누구는 설교가 매우 즐거운 일이라고
한다. 그러나 나는 설교의 즐거움은 잠시 뿐이고 30년도 넘게 설교 때문에
고민을 많이 했다. 물론 모든 목사가 다 나와 같지는 않을 것이다.

나의 설교에 대한 고민은 이렇게 시작되었다. 설교는 하나님께서 성도
들에게 하시고자 하시는 말씀을 전해야 하며, 동시에 성도들이 듣기를 원

하는 말씀을 전해야 한다. 이 점이 설교하는 내게 크나 큰 고민이었다. 하나님의 말씀은 언제나 같은 말씀을 전하는 것이 아니요, 성도들이 듣기 바라는 하나님의 말씀도 한 가지 말씀이 아니다. 설교자는 시시 때때로 변하는 이런 양편의 요구를 어떻게 잘 조화시켜 설교하는가가 설교를 잘하고 못하는 핵심이다.

나는 설교를 해야 할 때에 시간, 상황, 설교를 듣는 성도에게 가장 적합한 하나님의 말씀을 찾기 위해 여러 가지 방법을 사용했다. 예를 들면 기도를 하고, 하나님의 말씀을 묵상하고, 심방을 하고, 상담을 하고, 다른 목사의 설교를 읽고, 목사들에게 듣고 배운 특별한 방법 같은 수많은 수단을 동원해서 가장 적절한 말씀을 전하려고 무척 많이 노력을 했다.

그런데 아무리 애를 써도 하나님의 살아 있는 말씀을 바로 전해서 성도들의 심령을 만족케 하는 말씀을 전하는 것 같지 않아 늘 긴장하고 고민하고 어떤 때는 설교 시간이 두려웠다. 나름대로 많이 준비를 했는데도 불구하고 성도들의 반응이 신통하지 않을 때는 좌절하고, 준비가 안 되어 강단에 올라 가 시간을 때울 때는 양심의 가책을 받았다. 나는 정말 설교를 잘해서 내 설교에 은혜를 받았다고 생각했는데, 성도들이 멍한 반응을 보일 때는 당황하고 어리둥절하기도 했다.

설교를 잘 해서 하나님과 성도들을 동시에 만족하게 할 수는 없을까? 어떻게 하면 그런 설교를 할까? 이 고민은 언제나 나를 따라 다녔고 한시도 내 마음을 편하게 해 주지 않았다. 그러나 한편으로 생각하기를 이런 고민은 아주 당연한 것으로 만일 목사가 설교에 대한 고민이 없다면 참된 목사라 할 수 없을 것이라고 자위(自慰)하기도 했다. 그리고 이 고민을 많이 하는 목사일수록 행복한 목사라고도 생각했다.

인간사나 세상의 만사를 다 아시는 전능하신 하나님께서는 어리석고 미련한 인간들과 사랑하는 자녀들인 성도들에게 하시고자 하시는 말씀이 분명 있으실 것이며, 그 말씀을 전할 대리자로 목사를 세우신 것인데 말씀을 전하는 목사가 하나님의 의도를 파악하지 못하고 다른 말씀을 전한다면 어떤 일이 생기겠는가 라는 고민이었다. 그리고 나 아닌 다른 목사들은 그 시간, 그 상황에서 성도들에게 하시고자 하시는 하나님의 말씀을 바로 알고 바로 전하고 있는 것인가가 무척 궁금했다. 그러나 이런 문제를 함께 이야기할 동료가 없었으며 이상하게도 이 문제를 이야기해서는 안 되는 것처럼 금기시(禁忌視)하는 많은 목사들을 만났다.

나의 또 한 가지 두려움은 하나님의 말씀을 전한다는 핑계로 오히려 성도들의 형편과 기호(嗜好)에 따라 말씀 아닌 말을 적당하게 전하며 그들에게 아첨하고 있는 것은 아닐까 라고 자책(自責)을 했다. 어쩌다 하나님께서 원하시는 말씀을 전할 수도 있겠으나 대부분 하나님이 원하시지 않는 아첨성(阿諂性) 말들을 하나님의 말씀으로 위장하여 전하는 일이 없는가 라는 것이다.

구약의 선지자들은 하나님의 말씀을 전하는 사람들이었으며 신약의 사도들도 하나님의 말씀을 전하는 사람들이었다. 그들은 하나님의 말씀을 받아 그 백성들에게 전했는데 그들이 전한 메시지는 대부분 죄인을 책망하는 것이었고, 죄를 회개한 후에 하나님이 회개하는 자에게 주시는 위로와 용서의 약속이었다. 그리고 그 위로의 말씀의 정점(頂点)은 그리스도를 통한 속죄와 구원이었다. 그들은 이 말씀을 전하다가 온갖 핍박을 당하기도 하고 심지어 순교를 당했으며, 그들이 전한 그 말씀을 들은 어떤 무리들은 가슴을 치며 회개하고 변화가 되었고 하나님을 위해 순교했다.

나도 그렇게 하나님의 말씀을 전하고 싶었다. 그러나 그럴 수가 없었다. 만일 오늘 어떤 목사가 구약의 선지자나 신약의 사도들처럼 말씀을 전한다고 가정(假定)해 보자. 교회 안에서 어떤 일이 일어날까? 보지 않아도 그 결과가 너무나 명백한 일이 아닌가? 죄를 말할 수도 없고, 더욱이 죄짓는 사람을 책망한다는 것은 상상할 수도 없다. 오늘의 성도들이 죄짓지 않고 거룩하게 살기 때문에 죄를 말하지 않고 책망할 수 없는 것인가? 나는 솔직히 말해서 우리 교회 성도 가운데 아주 못된 죄를 범하는 자들을 책망하기가 너무 어려웠다. 그래서 잘못을 뻔히 알면서도 못 본체 눈을 감고 비굴하게 웃으며 그를 상대해야 하는 소경이요 귀머거리 노릇을 많이 해야 했다. 큰 잘못을 범한 자들도, 작은 범죄를 저지른 자들을 대할 때도 그들의 잘못을 지적해 회개하도록 책망하기가 불가능했다는 것을 고백하지 않을 수가 없다. 젊었을 때는 예배를 드리면서 잠을 자는 사람을 좋은 말로 타이르기도 하고 주일에 장사를 하는 사람들을 개별적으로 불러 충고한 일도 있었다. 그러나 내게 능력이 없어서인지 그들은 내 진심 어린 충고와 가르침을 받아들이지 않고 기분이 나빠하고 인신공격을 한다고 생각해서 결국 나를 핍박하는 무리가 되었다. 이런 경험이 사실 너무 많았다. 그런 일을 많이 경험하고 나니 잘못하고 있는 일을 개인적으로나 공개적으로나 설교 가운데서나, 성경 공부하는 시간에 가르치고 지도하기가 사실 어려웠다. 우리 교회에 장로인 아버지를 노골적으로 미워하며 공박(攻駁)하여 불효를 일삼는 집사 부부가 있었다. 우리 성도들은 모두 그런 집사 부부를 너무 잘 알고 있었다. 그러나 나는 그들을 어떻게 해 보지 못했다. 오히려 그들이 있으면 효도에 대한 설교를 자제할 정도였다. 사람들이 다 아는 불효한 그들을 목사가 모른 체하는 것도 성도들에게 납득이 되는 일이 아니어서 하나님과 성도와 그들 사이에 끼어 고민하는 것이 이만 저만 괴로운 것이 아니었다.

성도들은 이유 여하를 막론하고 늘 하나님의 말씀에서 위로를 찾고 치유의 말씀만 듣고 싶어한다. 이런 성도의 요구를 묵살한 체 하나님을 위한 헌신, 전도, 기도, 충성, 천국의 소망, 말씀 연구, 먼저 사랑하가, 겸손 같은 성도의 마땅한 의무와 미덕을 강조하고, 순교를 강조하고, 그리스도를 위한 빈곤을 권하며, 올바르게 살기 위한 죄를 책망한다면 그 목사는 틀림없이 끔직한 일을 당할 것이고, 결국 교회를 사임하여야 할 것이라는 공포심이 내내 나를 따라 다녔다.

그래서 결국 나는 하나님을 속이고 나 자신을 속여 성도들에게 아첨성 설교를 많이 했는지 모른다. 하나님의 말씀을 전할 하나님의 종들이 하나님이 바라시지 않는 아첨성 설교를 하고 있다면 그 책임을 어떻게 감당할 것인가? 라는 두려움이 또 다른 공포였다.

주님께서는 일찍이 이런 일이 있을 것으로 간파하셨다. 그래서 "가르치는 자의 형벌이 더 중할 것"(약 3:1; 마 5:19)이라 하셨고, 아첨하는 선지자들을 '거짓 선지자' 라고 하셨다. 또 불의를 보고도 책망하지 않고 죄를 보고도 회개를 촉구하지 않는 선지자들에게는 범죄하여 저주를 받은 그 사람의 피 값을 대신 받을 것이라고 하셨으며, 죄를 회개하라 말하고, 하나님의 위로가 있으리라는 말씀을 전하지 못하는 선지자들을 '짖지 아니하는 개'(사 56:10)라고도 하셨다. 그래서 나는 결국 거짓 선지자요, 죄인의 피 값을 대신 치러야 하는 자요, 짖지 아니하는 개가 되는 일이 많았다.

그리고 늘 성도들의 조그마한 헌신과 희생과 노력에 대하여 과분한 칭찬과 온 세상을 변화시킬 만한 엄청난 축복을 빌어 주기가 일수였다. 집을 새로 사 와 집들이를 하는 집사는 집들이하는데 기 십 만원을 썼다. 그리고 하나님께는 기 만원의 감사 헌금을 드렸다. 그래도 나는 그들을 위해 온 세상을 살 만한 축복을 해야 했다. 아이들을 좋은 대학에 보내기 위해 그 집사는 일년 내내 수 천 만원을 과외비로 지출했다. 그래서인지 아이가 원하는 대학에 들어갔다. 그리고 그 집사는 아이의 합격 감사 헌금을 몇 십 만원 드렸다. 나는 그 아이를 위해 21세기를 책임질 수 있는 위대한 인물이 되게 해 달라고 기도를 해야 했다. 21세기를 사람이 책임질 수 있는 것인가? 역사를 책임지시는 분은 오로지 하나님 밖에 없으시다. 그럼에도 나는 그렇게 기도를 해 주었다. 정말 이래도 되는 것인가? 이것이 축복인가를 생각하면서… 안할 수도 없고, 하기도 괴로운 일이었다. 그래도 그런 기도를 하지 않으면 십 만원의 감사 헌금이 무시당한 것처럼 생각하는 집사에게 시험이 될까 염려되고, 나를 미워할까 싶어 그렇게 기도를 해 주었다.

뭘 그걸 가지고 그러느냐고 말할 사람이 있을 것이다. 그렇게 생각하며 목회하는 목사는 참 좋겠다. 그러나 나는 그럴 수가 없었다. 마치 몇 푼의 팁을 받기 위해 온갖 아양과 아첨을 떠는 기생과 같은 기분을 떨쳐버릴 수가 없었다. 더욱이 큰 축복 기도를 해 주어 감사하다면서 조그마한 선물을 줄 때는 비굴한 심정을 감춘 체 감사하다는 인사를 하면서 속으로 하나님 앞에서 못난 나를 버리라고 기도할 때가 많았다.

　지금 우리 시대에 무슨 그리스도를 위한 고난이 있는가? 누가 우리들에게 순교를 강요하는가? 100일 동안의 새벽 기도는 그리스도를 위한 고난이 아니다. 그리고 성경에 있지도 않고, 누가 했다는 기록도 없는 아침 금식 기도는 그리스도를 위한 고통이 아니다. 하나님께 바치는 십일조는 논란의 여지가 없는 당연한 것이며, 하나님께 드리는 감사는 마땅히 해야 할 우리들의 본분일 뿐이다. 그럼에도 불구하고 이런 당연하고 마땅한 일이 엄청난 축복을 가져 올 것이라는 말을 누가 했는가? 성도들이 듣기 좋아하는 말이기 때문에 목사들은 시도 때도 없이 이 말을 강조해서 복을 빌어 주어야 하고, 심하게 반복하다 보니 복음이 아닌 것이 마치 복음인 양 착각되어 오늘의 교회에 대 유행을 하고 있다. 나는 이런 말들을 어떤 목사보다 더 강조를 하고 더 많이 말했다고 고백한다.

　나는 목회를 바르게 하는 것이 어떤 것인지 잘 안다. 30년 동안 목회를 했는데 그것을 모르겠는가? 그것이 무엇이냐고 물으면, 나는 "불신자를 믿게 하고, 믿는 자를 더 잘 믿게 하고, 잘 믿는 자는 주님을 위해 순교하게 만드는 일"이라고 대답하겠다. 이렇게 되도록 성도들의 신앙 성장을 위한 각종 프로그램을 개발하고, 열심히 가르쳐서 말씀에 순종하며 살아 갈 수 있는 힘을 가지도록 해야 한다고 배웠고 그것이 바른 목회라고 알고 있다. 그러나 우리 주변에 일어나고 있는 사건들은 이렇게 목회 하는 목사들의 노력이 얼마나 허탈한 것이며 혼자만의 몸부림인가를 너무나 절실히 깨닫게 한다. 어디에서 말씀을 배웠으며, 무슨 말씀을 들었기에 범죄하고도 그렇게 뻔뻔할 수가 있으며, 오히려 죄의식이 없어 회개하지도 않은 체 하나님을 찬양하고, 자기 이익 추구를 위해 하나님을 이용하면서 하나님께 영광을 돌린다고 하는가? 장로가 장로를 정죄하고 권사가 권사를 정죄하며 집사가 집사를 매도하고 목사가 사기를 치고, 정말 안보고 안 듣고 말하기 싫은 일들이 교회 안에 하나님의 이름으로 만연하고 있다.

내가 잘 아는 어떤 분이 결혼상담소를 한다. 주로 재혼하는 교인들을 상대하는 상담소인데 그만 두었다. 그 이유는 서로 미팅하고 몇 번 만나면 그야말로 태반이 정말 목불인견(目不忍見)의 비밀을 가지고 있음이 들통나기 때문이다. 여자를 사귀고 있으면서 재혼하려는 남자들. 남자를 사귀면서 다른 남자를 찾아다니는 여자들. 그런 더러운 인간들 가운데 장로요 권사요 집사들이 많았다. 서로 미팅을 하는 가운데 호텔에 가 잠을 자고 헤어지는 집사들. 병든 아내를 두고 자선 사업가인 체 하며 여자와 하룻밤을 즐기자고 거짓말을 하며 접근하는 서울의 어떤 큰 교회 장로. 조그마한 구실만 있으면 집사를 쫓아다니며 헌금해서 자기가 운영하는 기도원을 도와 달라고 찰거머리처럼 붙어 다니는 어떤 목사. 이런 일들이 너무 많아 차라리 믿는 사람들을 상대하기보다는 불신자들을 상대하는 것이 더 편하게 되어 버렸다고 했다.

내 친구 목사는 서울 서부 역 근처에서 무료 급식 사업을 한다. 그 목사님의 아버지도 사회 사업가인데 정말 진실하고 정직하신 분이었다. 그런 아버지의 영향을 받아서인지 친구는 그 일을 아주 기쁨으로 감당한다. 그런데 그 친구 목사가 이런 말을 했다.

"처음에는 교회에서 도움을 받고 자원 봉사자들이 왔지. 그러나 지금은 교인들을 상대하지 않아. 교인들은 작은 일을 하고 자기 낯을 내리려고 온갖 짓을 다 하는데 믿지 않는 사람들은 오히려 깨끗해. 바라는 것이 없고 요구하는 것이 없단 말이야. 교인들, 왜 그런지 모르겠어."

오늘의 영악한 성도들은 당연히 해야 할 일을 하고서도 상을 받으려 하고, 하나님이나 교회를 위한 고난과 어려움을 당하지 아니하면서도 엄청난 희생을 한 것으로 자기를 미화하고 침소봉대(針小棒大)한다. 그들은 하나님의 말씀을 알지만 실천하지 않고 목사의 설교를 자기 입맛에 맞게만 요구한다. 그리고 목사는 그들의 요구에 맞게 설교를 해야 한다. 하나님의 바라시는 말씀의 전달자가 아니라, 성도들의 기호에 맞추어 말씀을 꾸며대는 아첨꾼이 되어 간다. 이런 사람들은 하나님께서는 무엇이라고 했던가? 그래서 요즘 목사들의 고민은 성도들이 듣기에 좋은 말씀을 어떻게 찾아야 할 것인가에 있다. 나도 목회를 하면 할수록 그렇게 타락해 갔다. 먹어야 살고, 아이들 공부도 시켜야 하는 것 아닌가? 그러면서도 누구보다도 거룩하고 진실한 체해야 하는 외식에 대한 고민이 나를 더욱 괴롭게 했다.

목사의 설교가 교회의 부흥과 직접적인 관계가 있다는 것은 너무나 잘 알려진 사실이다. 어떤 설교가 교회를 성장시키는가? 몇 해 전 설교 무크지에서는 성장하는 교회 목사의 설교는 오로지 '치유 설교'라고 했다. 회개 설교, 교리 설교, 교육 설교, 전도나 기도나 또는 헌금 등, 성도들에게 부담이 되고 짐을 지우는 설교를 하는 교회는 결단코 성장하지 않는다는 게 무크지의 통계였다.

오늘의 성도들이 무슨 상처를 그렇게 많이 받아서 항상 치유 설교만 들으려고 하는 것일까? 그들은 좋은 집에서 좋은 음식을 배불리 먹고, 좋은 차를 타고 다니며 화려하게 꾸미고 교회를 찾아온다. 그들의 관심은 오로지 자기 아이들이 좋은 학교에 진학하는 일이며, 더 넓고 큰집을 사고, 더 좋은 차를 사는 것이다. 땅과 집값이 오르고, 사 놓은 증권이 올라 부자가 되기를 바라고, 장사가 잘되고, 지위가 더 높아져 남들의 존경을 받고 싶어한다. 그들은 아이들이 좋은 학교만 들어 갈 수 있다면 얼마든지 많은 돈을 쓸 수가 있으며, 남편이 승진만 할 수 있다면 얼마든지 뇌물을 바칠 수 있는 준비가 되어 있다.

그럼에도 불구하고 그들은 치유 설교만을 들으려고 한다. 그렇게 세상을 살려고 하니 얼마나 마음 고생이 심하며 물질적인 손해를 보아야 하는가? 그러니 밖에서 받은 상처를 교회에서 치료받아야 한다고 생각하는 것이다. 그래서 목사는 밤낮 그들을 위한 위로의 말씀을 준비해야 한다. 그래서 나도 성도들에게 치유 설교를 하기 위해 많이 연구했다. 하나님께서 그렇게 하라고 하셨는가?

하나님을 위한 헌신도, 그리스도를 위한 아픔도, 성도들을 위한 희생도, 가난한 자들과 고아와 과부들을 위한 희생도 하지 않는다. 세상을 위한 빛도 아니고, 소금도 아니다. 그들은 오로지 자기와 가족들만 위해 산다. 그들이 세상에서 고생하고 수고하는 것은 모두 자기 자신들을 위한 일뿐이다. 그러면서도 파렴치하게 그들은 교회에 와서 하나님의 말씀의 위로를 강요한다.

이런 틈새에 사는 목사들 또한 이상하게 변해 간다. 목사들은 좋은 자동차를 타고 해외여행을 뻔질나게 다니며 성도들의 엄살 섞인 아픔과 수고를 풍성히 위로해 주고 어떤 구실을 붙여서 하늘, 땅만큼 축복 기도를 해

주며, 으리으리한 성전과 당회실에서 수많은 성도들에게 공경을 받는 목사가 성공한 목사라고 생각한다. 그런 목사들은 모이면 해외여행 가자는 말이 나오고, 돈 많고, 명망 있고, 높은 양반이 자기 교회에 나와 자기에게 삶과 신앙 지도를 받는다는 것을 자랑한다.

목사들이 성도들의 비위를 맞추는 방법 중에 이런 것도 있다. 성도들을 모시고 여행을 다니는 것이다. 봄에 한차례, 여름에 한차례, 그리고 겨울에도 간다. 리무진 버스를 대절해서 온천으로 여행을 간다. 가면서 먹고 마시고 노래 부르고 춤추고 목욕한다. 그러면서 집안에 갇혀 있는 구역장들과 권찰들의 쌓인 스트레스를 풀어 준다고 한다. 여유가 생기면 단체로 해외여행을 떠난다. 그런 일을 잘하는 목사가 목회를 잘하는 목사가 되어 간다. 외화가 어떻고 IMF가 어떻고 하는 것은 하나님을 믿지 않아 축복을 받지 못하는 사람들의 이야기라고 생각한다. 하나님의 은혜로 살고 있는 우리와 그들은 확연히 다르다고 생각한다.

요즈음 목사들이 기도원을 가는 것은 쉬기 위해서다. 결코 생명을 걸고 기도하기 위해 가는 것이 아니다. 생명을 건 기도는 목회에 자리를 잡지 못한 개척 교회 목사들이나 하는 짓이다. 어떤 목사는 기도를 많이 한다고 목회를 잘 하는 것이 아니다라고 말한다. 성도들의 요구에 가장 잘 적응하는 사람이 목회를 잘하는 목사라고 생각한다. 그러나 성도들이 목사의 기도 생활을 요구하기 때문에 기도원에 간다고 하고 하룻밤에 몇 만원씩을 지불하는 조용하고 아늑한 호텔식 기도원을 찾아가서 홀로 쉬고 온다. 어떤 목사는 기도원에 간다고 하고 경치 좋은 곳으로 부부 동반해서 여행을 가기도 한다. 그리고 스스로 '내가 기도원에 왔다고 했으니 성도들이 나를 기도 많이 하는 목사로 존경해 줄 것이다' 라고 착각한다. 성도들이 목사가 다니는 기도원이 어떤 기도원이라는 것을 너무나 잘 알고 있다는 것을 모른 체 말이다. 그렇지만 오늘의 성도들은 목사들이 생각하는 것처럼 어리석지 않다. 이런 형편에서는 죄인의 가슴을 치게 하는 설교가 나올 수 없다. 나도 사실 여기서 말하는 그런 목사 중에 하나였다. 그런 짓을 하면서도 나는 하나님이 두려웠고 성도들이 무서웠다.

나는 우리 교회에서 기도하고 전도하자는 설교를 한 달 동안 계속한 일이 있었다. 교회를 개척했으니 교회가 살 수 있는 길은 기도와 전도하는 일이라고 생각했기 때문이다. 그런데 그 설교가 너무 많은 스트레스를 준다면서 교회를 떠난 집사부부가 있었다. 그들이 찾아 간 교회는 우리 교회에서 얼마 떨어지지 아니한 큰 교회였다. 나는 그들이 떠난다는 소리를 듣고 큰 상처를 입었으며, 한 달 동안 그런 설교를 한 것을 얼마나 후회했는지 모른다. 기도하고 전도하자는 설교를 하고 난 다음 후회하는 목사가 어찌 바로 된 목사이겠는가?

나는 지금도 우리들이 살고 있는 이 죄악이 가득한 세상에서, 죄 짓고 사는 것을 보고, 알고, 하나님이 원하시는 것이 무엇인지 깨달으면서도 얼굴에 기름이 번질거리며 중형이나, 대형 자동차를 안타면 축에 못 드는 것으로 생각하는 목사의 심장 뛰는 소리가 정상인 것을 이상하게 생각한다. 그것은 타락한 이 시대 목사들이 만들어 낸 상징물인가 아니면 성도들의 만들어 낸 작품인가?

설교적 입장에서 하나님과 성도 사이에 있는 목사는 세 종류가 있다고 생각한다.

첫째는 하나님의 말씀을 곧이곧대로 전하다가 목회를 못하게 된 고지식한 목사가 있다.

둘째는 하나님이 말씀에 별로 신경을 쓰지 않고 성도들의 기호에 맞게 설교를 해서 사람의 인기를 끄는 목사가 있다.

셋째는 하나님의 말씀과 성도 사이에 어물어물 고민을 하다가 이것도 저것도 못하는 줏대 없는 목사가 있다.

모두 바람직하지 않다는 것을 알 것이다. 목사로서의 내 소원은 하나님의 말씀을 있는 그대로 전하고, 말씀을 듣고 회개하여 중생한 성도들이 많은 초대 교회 같은 교회를 섬기는 것이었다. 그러나 이제 그런 교회를 섬기는 일은 정말 하늘의 별 따기라는 것을 알았다.

목사의 설교에는 그리스도의 피가 흐르고 있어야 한다. 설교하는 목사는 그리스도의 피에 흥건히 젖은 경험을 가져야 할 것이다. 오늘 베드로의 설교를 듣고 가슴을 치며 '형제들아 우리가 어찌할꼬' 하고 그리스도께 회개하고 돌아 온 성도가 많았던 것처럼 목사의 설교를 듣고 회개하는 성도가 얼마나 될까?

교회가 아니라도 세상 어디에 가든지 얼마든지 들을 수 있는 도덕적인 설교, 하나님의 말씀을 잘못 해석하여 말하는 비 성서적인 설교, 하나님께서 그 시간 그 자리에 불러 앉혀 놓은 성도들에게 하시고자 하시는 말씀을 전하지 않고 말씀하시기를 원하지 않는 말을 마치 하나님의 말씀인 양 자신 있게 전하는 잘못된 설교, 중세의 카톨릭 교회처럼 자기 생각을 관철시키기 위해 선포되는 위장된 거짓 설교, 양심의 가책을 이기기 위해 억지를 부리며 더욱 큰 소리로 외쳐 되는 외식된 설교, 온갖 미사어구(美辭語句)로 아름답게 포장되어 있어도 복음은 없는 이야기들, 성도들이 도무지 무슨 말씀인지 이해할 수 없는 독백 설교, 아첨이 가득한 비굴 설교, 하나님의 축복 권을 통째로 유산 받아 축복의 전권대사인 양 축복을 남발하는 설교 아닌 주술(呪術), 그런 말들이 거룩하신 하나님의 강단에서 수도 없이 남발되고 있다. 목사에 의해 자행되는 값싼 설교 아닌 설교에 성도들의 심령은 병들어 간다. 그들은 거짓 설교에 속아 하나님을 위해 아무 것도 하지 않았으면서 무슨 큰일을 한 것처럼 착각하는 과대망상증 환자들이 되어 가고 있다. 만일 자기 뜻대로 하나님이 하지 않는다 싶으면 하나님과 주님과 목사와 교회와 세상을 향해 원망과 시비가 가득한 원한 맺힌 사람들이 되어 간다. 죄를 회개하라는 말을 듣지 못하니 자기들이 무엇을 잘못하고 있는지를 전혀 모른다. 그래서 회개할 줄 모른다. 목사는 그런 설교를 하기 어렵다. 성도들이 듣기 싫어하기 때문이다. 그래서 교회는 죄인은 없고 오로지 이미 받은 축복이 너무 부족해서 더 큰 축복을 받아야 할 죄인들만 가득하게 되어 버렸다.

설교를 잘하려면 우선 성경 말씀을 잘 아는 것이 중요하다는 것을 아무도 부인하지 못한다. 성경을 잘 알기 위해서는 다윗이 말한 것처럼 기도하면서 성경을 많이 읽고 깊이 읽어야 하며 성령의 가르치심을 받아야 한다. 그런데 진리와 비 진리가 이상하게 구분되는 현장을 가끔 본다. 교파만 보수요, 학교만 보수 학교를 졸업했으면 성경을 잘못 알고 잘못 가르쳐도 문제가 안 된다. 심하면 이단들이나 하는 그런 말을 해도 보수적인 설교, 성경적인 설교를 했다고 생각하는 일들이 목사와 성도들에게 다반사로 있다. 그런 목사들은 그렇게 잘못 가르치고 설교를 했으면서도 자기가 무엇을 잘못했는지 조차 모른다. 혹 성경을 잘못 해석하여 잘못 가르치고 설교했다는 것을 알지라도 하나님께 회개하지 않으며 성도들에게 사과나 용서를 구하지 않는다. 그렇게 하면 결국 실력 없는 목사요 무식한 목사가 되어 교회에서 쫓겨나기 때문이다. 이런 일이 생기는 것은 성경에 무식하기 때문이다. 하나님의 말씀 공부는 단순히 주석을 보고 설교에 참고한다고 해서 되는 것이 아니며, 신학 서적의 어떤 글을 인용한다고 되는 것이 아니다. 그리고 다른 목사의 설교를 인용한다고 해서 되는 것이 아니다. 스스로 성령의 가르치심에 따라 하나님의 말씀을 배워야 한다. 바울이 스스로 자신을 사도라고 한 것은 그가 다른 사도들과 함께 주님으로부터 말씀을 배우지 못했으나 삼층천의 체험을 통해 주님의 말씀을 배웠기 때문이다.

이렇게 성령의 가르치심을 따라 말씀을 배우기 위해서 우리가 어떻게 해야 할 것인가? 물론 기도를 많이 하고, 깊이 있게 하고, 뜨겁게 해야 한다. 1970년대의 한국 교회는 정말 비약적인 발전을 했다. 어떤 사람은 60년대의 300만 성도가 70년대에 1,000만 성도가 되었다고 한다. 그 이유에 대하여 여의도와 도처에서 C.C.C의 대형 집회나 빌 그래함 목사의 대 집회의 영향이라고 말하는 사람이 있다. 물론 일리가 있는 말이다. 그러나 나는 꼭 그렇게만 생각하지 않는다. 70년대의 한국 목사들은 하나님의 바른 종 되기 위해 목사가 반드시 거쳐야 하는 특별한 난코스가 있었는데 그것은 장기 금식이었다. 20일이나 40일 금식 기도를 하지 않으면 목회를 할 수 없으며, 설교를 할 수 없다고 생각하는 목사들이 많았다. 40일 금식 기도를 한 번만 하는 것이 아니라, 두 번도 하고 세 번도 했다. 목사만 하는 것이 아니라, 사모들도 했으며 심지어 어떤 목사는 하나님의 일을 위해 자식들까지도 금식을 시켰다. 그야말로 장기 금식이 대 유행했던 계절이었다. 기도원마다 금식 기도하는 목사들로 가득 차고 금식을 하지 않는다고 해도 은혜를 받기 위한 기도 운동이 활발해서 청계산 기도원이나 지금은 폐허가 되다시피 한 동두천의 미디안 기도원도 기도하러 온 목사들과 평신도들로 만원이 되어 미리 예약을 해야 방을 얻을 수 있었고 한얼산 기도원도 사람이 너무 많아 목사들도 특별한 대접을 받을 수 없었다.

나도 동두천의 기도원에서 금식 기도를 한 일이 있었는데 내가 기도하던 그 때 함께 장기 금식 기도를 하는 목사들이 무려 30여명이나 되었으며 태반이 개척 교회를 하는 목사들이었다. 그 중에는 체력이 약해서 금식 기도 중에 피를 토하는 사람이 허다했고 살점을 베어내는 것과 같은 고통을 견딜 수가 없어 도중에 그만 두는 목사들이 있었다. 그런 목사들은 무슨 큰 잘못을 범한 사람인 양 피 눈물을 흘리며 회개하고 또 회개를 했다. 그렇게 기도하는 목사들의 입을 통해 선포된 말씀들은 죄인의 마음을 그리스도의 사랑으로 녹이고 주님을 위해 죽기로 각오한 성도들이 되게 했다. 그런 결과로 우리 한국 교회가 성장하고 발전했다고 나는 생각한다.

그 때 그 기도 운동은 모두 어디를 갔는가? 지금의 목사들은 그런 의지도 없고 그런 열정도 없이 어떻게 하면 사람을 많이 끌어 모아 멋있게 목회하고 존경을 받으며 성남성녀(聖男聖女)를 몰고 성지 순례를 하고 해외여행을 해 볼까 라고 생각한다는 느낌을 버릴 수가 없다. 나는 요즈음 모이면 하나님의 말씀에 대한 연구와 토론과 기도를 통한 신령한 체험과 은혜받은 이야기가 아닌 여행과 여행 중에 얻은 재미있었던 일들을 화두(話頭)로 삼는 목사들만 수없이 만난다.

말씀을 바로 전하되 그 말씀이 성도들을 회개케 하고 그리스도의 사람 되게 하는 말씀의 설교가 없이 어떻게 교회가 바로 설 수 있을 것인가? 나는 이 문제로 평생 고민을 했다. 하나님께 원하시는 말씀과 성도들이 듣기를 바라는 하나님의 말씀 사이에서 방황하고 고민하고 괴로워하면서 살았다. 목회 처음부터 그런 것은 아니다. 그러나 목회를 하면 할수록 그런 고민이 더욱 심각해졌다. 어떤 때는 목회를 못해도 바르게 하나님의 말씀을 선포하자 하여 힘 있게 복음을 있는 그대로 선포하면 얼마 못되어 성도들의 괴로워하는 모습을 발견할 수 있었으며, 성도들에게 듣기 좋은 말씀만 골라 전하면 내 심령이 괴로워 견딜 수 없었다. 그렇게 나는 설교의 갈등을 벗지 못했다. 나는 이런 갈등을 해결하여 하나님의 말씀을 바로 전하되 성도들이 큰 은혜를 받고 회개하고 생활도 변하고, 하나님의 말씀에 대한 감동을 받고 바르게 믿고 바르게 살도록 하기 위해 무진 애를 쓴다고 했으나 도무지 그런 힘이 부족했다. 지리산에 친구와 함께 올라가 100일이 넘도록 기도도 해 보고 그렇게 유행했던 시절의 금식도 해 보고, 성경을 수없이 읽고, 여기 저기 다니면서 사람 마음을 조절한다는 기술을 배워 보고자 했으며 공부가 부족한가 싶어 다시 10년도 더 넘게 공부를 했고 누구처럼 여행을 못해 견문(見聞)이 좁은가 싶어 미국 전역을 여행해 보기도 했다.

오늘 우리 시대에 사단은 어떻게 유혹하여 성도들을 타락케 하고 교회를 폐허되게 하는가? 아담에게 나타난 사단은 뱀의 모습이었으며, 그는 '보는 것'과 '먹는 것'과 '소유하고 지배하는 것'으로 아담 부부를 유혹하여 타락시켰다. 구약에서는 그런 짓을 거짓된 선지자들을 통해 자행했으며, 예수님 당시에는 바리새인들과 서기관들이 사단의 하수인들이었다. 그들은 지배욕과 탐욕으로 예수님과 사도들을 중상 모략하여 괴롭히고 고통을 주었다. 그러나 주님께서는 하나님의 말씀으로 그들을 물리치셨으며 처처 곳곳에 아름답고 거룩한 교회를 세우도록 사도들에게 힘을 주시고 능력을 주셨다. 사도들은 주님의 명령에 따라 죽도록 충성하여 초대 교회를 세웠다. 그렇게 세워진 교회를 사단은 다른 방법으로 유혹하여 타락시켰는데 초대 교회 때는 각종 이단들을 동원했고, 중세 때는 카톨릭 교회를 통해 그 짓을 자행했다. 카톨릭은 하나님의 말씀 보다 자기들에게 유리한 교리를 앞세워 하나님의 이름으로 각가지 추한 짓을 했다. 이를 보다 못한 칼빈과 종교 개혁자들이 하나님의 말씀 바로 세우기를 해서 오늘의 우리 교회가 있게 된 것을 우리는 잘 알고 있다.

오늘 원수 마귀 사단은 어떻게 교회를 시험하고 황폐케 하는가? 오늘 우리 시대에 나타난 사단의 모습은 여러 가지가 있다.

1950-60년대는 종말론적인 사단의 역사가 극심했다. 하나님의 최후의 심판을 경고하는 이단들이 난무했다. 그들에게는 신비한 능력이 따르기도 했으며 그야말로 구름처럼 많은 그들의 추종자가 있었다. 그들은 과천에도 있었고, 삼각산에도 있었고, 용문산에도 있었고, 도시 한 중심에도 있었다.

1970년대에 와 교회가 크게 성장하고 기도 운동이 맹렬히 일어나면서 그들의 모습은 잠잠해 지는 기미가 보였다. 그러나 사단은 잠을 자고 있는 것이 아니었다. 80년대에 들어서면서 우리나라는 선진국을 지향하면서 맹렬히 경제 대국이 되기 위해 노력하고 있었다. 이 시점에서 사단은 교회를 세속화시키는 간교하고 비열하기 짝이 없는 유혹을 시작했다. 우리 사회는 모든 사람이 잘 살기 운동에 동참했다. 사람이 잘 살기를 바라고 잘 살기를 위해 노력하는 것을 누가 나무랄 사람이 있겠는가? 그런데 그 때의 잘 살기 운동은 정신적인 것도 아니고, 도덕적인 것도 아닌 오로지 물질적인 풍요로움이 강조되었다. 사람들은 그런 국가적, 사회적 잘 살기 운동에 크게 고무되어 많은 돈을 벌기 위해 시간과 장소를 가리지 않고 열심히 일했다. 어떤 사람은 부자 되기 위해 수단과 방법을 가리지 않았다. 정신적인 문화는 전혀 고려되지 않았다. 오로지 물질문명의 풍요로움만이 강조되었다. 철학도 없고, 종교도 없고, 도덕도 없고 풍요로운 물질적인 삶만이 최고의 목표가 되었다. 돈을 많이 벌어 부자가 되는 것이 꿈인 시대가 도래한 것이다. 그래서 그 시절에 벼락부자가 많이 생겼다. 돈에 엉킨 온갖 부정과 비리가 판을 쳤다. 그리고 돈 때문에 몰락하는 사람들을 수 없이 보았다.

이런 세태를 사단이 이용하기 시작했다. 교회도 덩달아 잘 살기 운동에 맹렬한 기세로 뛰어 들었다. 목사들의 설교는 잘 살기 위한 강론으로 일관되고 세속적 축복을 받기 위한 방법을 가르치는데 집중이 되었으며 그런 가르침과 설교가 있는 교회들은 놀랍게 성장했다.(여기서 말한 성장은 교인 수가 많아지고 헌금이 많아지고 교회당을 어마 어마하게 크게 짓는 보이는 풍요로움을 말한다.) 그런 식으로 교회가 성장하는 것을 본 목사들은 한결같이 교회를 성장시키기 위한 야망에 **빠졌다**. 하나님의 말씀의 원칙에 따라 죄인을 회개시켜 하나님의 자녀가 되게 하고 충성스러운 하나님의 종되게 하는 일이 아니라, '성도들을 잘 살게 하는 목사'가 되는 방법을 배우려는 목사들이 이리 몰리고, 저리 몰리는 사태가 벌어졌다. 목사들은 너도나도 경쟁하듯 연예인들을 불러다 그들의 간증을 듣게 하고, 처처 곳곳에서 교회 성장 세미나가 쉴 새 없이 열리고 있었으며, 귀신 잘 쫓아낸다는 목사의 특별 강의와 훈련은 그것이 이단성을 가졌든 그렇지 않든 상관없이 대 성황을 이루었으며, 엄청나게 교회를 급성장시킨 목사의 목회 비법을 배우기 위해 이리 뛰고 저리 뛰는 목사들이 구름 떼처럼 움직였다.

그런 세미나 가운데 정말 하나님의 종들이 교회를 잘 섬기는 바른 교육을 실시한 세미나가 많았다. 세미나의 강사로 초대된 목사들은 성공한 목회자의 모습을 자기가 섬기는 교회를 예로 들어 강의했다. 그들은 한결같이 그렇게 되기까지 얼마나 기도를 많이 했으며 어떤 훈련과 연단을 받았는가는 언급하지 않았다. 자기들의 성공 모습만 이야기했지, 무엇이 부족해서 채움 받아야 했던, 실패했던 이야기는 절대 하지 않았다. 나는 그들의 세미나를 많이 참석해서 공부를 했는데, 그들은 언제나 성공하게 되어 있는 목사들이고 나는 언제나 고생하게 되어 있는 목사라는 결론만 얻게 되어 쓸쓸하고 허전한 자괴감을 벗어나지 못했다. 그들은 언제나 어디가 어딘지 알 수 없이 큰 그들의 성전을 구경시켰다. 그럴 때 나는 작고 작은 상가 건물 이층에 있는 우리 교회를 비교했다. 그러면서 '교회 성장'이 이런 것은 아닌데 라고 생각했지만 석연치 못한 해답에 의아심만 가졌다.

정말 존경할 만한 하나님의 종의 성장 세미나도 있었다. 그러나 세미나에 참석해서 공부하는 목사들이 문제였다. 진실된 하나님의 종들은 끝없는 노력과 말씀 연구와 생명을 바친 헌신과 주님의 심장으로 성도를 사랑하는 사랑을 강조했다.

그러나 모든 것을 쉽게 하려는 타성이 붙은 젊은 목사들은 하나님이 가르치신 진실한 목사의 모습을 찾으려 하지 않고 오로지 '교회 성장의 지름길'을 배우기 위해 동분서주했다. 그들은 밤을 새워 기도하지 않고, 눈이 시리도록 성경을 연구하지 않고, 몇날 며칠씩 밤을 새우며 설교를 준비하지 않았다. 그리고 인터넷에 올라 온 유명 목사의 설교를 복사해서 수정 없이 그대로 설교하고, 유명 목사의 교회 행정과 재정 운영을 자기 교회에 도입했다. 심지어 목소리까지 흉내를 내는 사람이 있었다. 그렇게 해서 많은 성도들을 모으고 거대한 성전을 건축한 목사도 있다. 유명 목사의 목회를 그대로 적용해서 큰 효과를 얻은 것이다. 그러나 나를 비롯한 그 보다 훨씬 더 많은 목사들이 그들의 흉내를 내다가 수년씩 목회의 방향을 잡지 못하고 방황을 해야 했다.

이런 이야기를 들었다. 어떤 젊은 목사가 목회를 잘 하시는 강남의 유명한 목사를 찾아가서 물었다. "목사님! 어떻게 교회를 설립하신지 2년도 안 되어 이렇게 큰 교회를 일으킬 수가 있는지 그 비결을 좀 가르쳐 주십시오." 그 유명 목사는 그 젊고 패기만만한 목사를 한참이나 보다가 이렇게 대답했다고 한다. "가르쳐 드리지요. 지금 여기 있는 우리 교회는 설립된 지 2년이지만, 내가 목사가 된지는 20년이 넘었습니다. 그리고 더 말하자면 내가 목사가 되기 전에 우리 아버님께서 60년도 더 넘게 하나님께 충성하셨고, 우리 할아버지께서도 50년이 넘게 하나님께 충성하신 장로였습니다. 그 분들의 기도와 충성심을 모두 합하면 횟수로만도 140년이 넘습니다. 우리 교회는 2년 된 교회가 아니라 140년 만에 이렇게 성장한 교회라고 생각합니다."

뿌리지 않고 거두고자 하는 목사들, 인스턴트식품처럼 교회를 성장시키려는 목사들, 그래서 엄청난 일을 한 자기를 과시하고 싶어하는 목사들, 이런 목사들의 야망과 야심과 터무니없는 착각을 부추기는 3년 만에 1,000명이 모이고 10년 만에 5,000명이 모인다는 식으로 자기선전을 하는 목사들과 교회들에게 속아서는 안 된다. 짧은 시간에 비약적인 성장을 한 교회의 목사에게는 그 분들 이전에 그 분들이 거두도록 씨를 심으신 어떤 분이 있었다는 것을 알아야 한다. 주님께서는 이 일에 대하여 "심는 자가 있고 거두는 자가 있으니 모두 함께 즐거워 할 것이라"고 말씀하셨다. 그리고 주님께서 3년씩이나 전도를 하셨기 때문에 베드로의 설교에 많은 사람들이 회개했고, 사도들의 교회가 성장을 한 것이지, 단순히 사도들만의 설교에 많은 사람들이 회개했다고 생각해서는 안 된다. 주님께서 뿌리신 것을 사도들이 거둔 것이라는 말이다. 주님께서는 "심지 않은 데서 거두고 헤치지 않은 데서 모으는"(마 25:26) 분이 아니시다. 반드시 심은 대로 거두게 하신다고 하셨다. 이 원칙을 무시하고 자기가 잘 해서 목회를 크게 성공했다는 자기선전에 도취된 목사들이 교회를 타락시키는 사단에게 이용을 당하고 있다. 지상 낙원을 이루려는 세상과 화려한 외형적 성공을 자랑하는 지도자들을 이용해서 사단은 교회를 세속적 잘 살기 운동을 하는 매체로 전락시키고 있다.

성경적인 축복은 하나님을 위해 얼마나 헌신했는가에 따라 측정되고 판정되어야 한다. 많은 것을 받고, 높은 자리에 앉으며, 다른 사람의 위에 군림하는 것을 말하지 않는다. 오히려 그런 자리에 있을 때 타락하기 쉬우니 조심하라고 경고하셨다.

아브라함이 받은 축복은 무엇인가? 우리는 흔히 하늘의 별처럼 많은 자손과 엄청난 부를 생각하기 쉽지만, 아브라함은 많은 자식을 두지 않았다. 오직 이삭 한사람을 낳아 길렀을 뿐이다. 그는 엄청난 부자가 아니다. 그는 움막에서 살았으며 따지고 보면 양을 치는 유목민의 족장으로 살았을 뿐이다. 지금 누가 아브라함 정도의 축복을 기대하겠는가? 지금 누가 아브라함 보다 축복을 덜 받고 사는 사람이 있는가? 그러므로 아브라함의 축복을 그런 물질적인 개념으로 해석하면 안 된다. 그가 받은 축복은 하나님의 약속에 따라 선택된 민족의 조상이 되는 것과 믿음의 조상이 되는 것을 말한다. 이 일을 위해 하나님께서 주신 믿음으로 말씀에 절대적으로 순종하는 것과 헌신하고 드리는 것을 말한다. 이 축복은 그가 아들인 이삭을 제물로 받쳐서 그 축복의 극치를 나타낸다.

그러므로 진실한 하나님의 축복의 개념은 하나님께 무엇을 많이 받는 것이 아니라 진실되게 헌신하고 죽도록 충성한 데서 찾아야 한다. 즉 좋은 것을 드리고, 많은 것을 드리고, 생명과 몸도 드리고, 자식도 드리는 참된 헌신이 진실한 축복인 것이다. 우리들의 요리 문답에서도 이 점을 강조했다. 사람의 제일 본분은 하나님께 영광을 드리는 것이다. 하나님께 영광이 되는 것은 부자가 되는 것이 아니라, 하나님을 위해 죽도록 충성하는 헌신이다.

그런데 이런 축복의 개념이 지금은 완전히 사라지고 말았다. 오로지 세속적인 개념의 축복만이 남아 강단에서 선포되는 설교나 가르침이나 모두 이 점에 강조점이 맞추어져 있으니 이것은 사단의 장난질이 분명하다. 사단이 아담을 유혹하던 유혹이 무엇인가? 오늘 세상이 교회와 성도와 목사들을 유혹하고 있는 것이 무엇인가? 세상의 과학적인 발전도, 산업의 발전도, 학문도, 거기다 교회도 모두 많은 것을 가지고 누리며 살면서 같은 것을 추구하고 있다. 세상은 하나님 없는 천국을 이 땅에 만들려 한다. 그들의 마지막 목표는 스스로 자기들이 주인이 되어 하나님과 같이 되고자 한다. 에덴동산에서 사단이 저질렀던 엄청난 도전을 하고 있는 것이다. 그런데 교회가 지금 그들과 함께 입을 맞추면서 희희덕거리고 있다.

우리 목사된 사람들이 깨어 있어야 한다. 오늘 교회를 넘어뜨리려는 사단의 세속적 유혹에서 성도들을 보호하고 이 땅에 하나님의 거룩하신 뜻인 '죄인을 회개시켜 구원에 이르는 믿음' 을 가지도록 하는 일을 책임진 하나님의 종들이 깨어나야 한다. 초대 교회로 돌아가자는 말을 장식물(裝飾物)처럼 쉽게 하지 말라. 초대 교회는 부자가 되기 위해 축복을 달라고 아우성을 치는 교회가 아니라, 하나님을 위해 죽기로 말씀을 지키고 순종했던 성도들의 교회였다. 차라리 초대 교회가 아니라도 70년대의 한국 교회로 돌아가자고 하는 것이 더 낫지 아니한가? 이 일의 시작은 살아 계신 하나님의 말씀을 바로 전하는 것이다. 우리 목사들이 말씀 설교에 대한 많은 고뇌와 노력이 있어야 한다. 강단에서 선포되는 말씀이 바로 하나님의 말씀이 되지 못한다면 어떤 소리가 성도들의 귀에 들릴까? 하나님의 말씀이 아닌 요상한 소리를 듣는 성도들은 어떻게 되는 것인가? 하나님의 말씀을 바로 전하다가 핍박을 당하고 순교를 당한 목사가 있던가? 나는 말씀을 바로 전하다가 교회에서 배척을 받아 쫓겨나는 목사가 더 존경스럽다.

설교 이론

올바른 설교 이론은 바른 설교를 하게 한다

"만일 누가 말하려면 하나님의 말씀을 하는 것같이 하고 … 이는 범사
에 예수 그리스도로 말미암아 하나님이 영광을 받으시게 하려 함이니
그에게 영광과 권능이 세세에 무궁토록 있느니라 아멘" (벧전 4:11)

목회 세미나의 강사로 부름을 받았다. 내가 그 세미나에 부름을 받은 것은
"목사의 적. 목회의 적" 때문이다. 이 책을 본 그 모임의 주체되는 목사가 무엇
을 생각했는지 나를 강사로 초청해 준 것이다. 나는 상당히 많이 모인 목사들
앞에서 첫 마디로 이런 질문을 했다.

"목회 세미나에 초청해 주셔서 감사합니다. 강의를 하기 전에 한 가지 물을
것이 있습니다. 지난 주일에도 오늘 새벽 기도회에서도 설교를 하셨지요?"

"예"

"목사님들의 설교를 듣고 성도들이 은혜를 받았다고 생각하십니까? 아니면 다른 생각을 했으리라고 생각하셨습니까?"

"… ??"

"아니면 아무 생각도 하지 않으셨습니까?"

내가 던진 질문의 진의(眞意)를 파악하지 못한 목사들은 모두 묵묵부답이다.

"만일 목사님들의 설교를 들은 성도들이 아무 것도 얻지 못했거나 설교 때문에 교회에 온 것을 후회했다면 목사님들은 어떻게 하시겠습니까?"

"…"

"혹 신학교를 졸업하신 후에 설교를 잘하시기 위해 설교에 대한 공부를 하신 일이 있으신지요?"

나는 내 질문에 대한 답을 요구하지 않았다. 그것은 요구할 필요가 없기 때문이다. 왜냐하면 대부분의 목사들이 설교에 대한 공부를 하지 않는다는 것을 너무나 잘 알기 때문이다. 더욱이 더 큰 문제는 설교에 대한 공부를 하지 않으면서 자기의 설교에 스스로 만족하고 있는 목사들이 의외로 많다는 것이다. 자기 설교에 대한 평가도 없고 설교에 대한 연구나 학습도 없으며 설교를 듣는 성도들이 자기 설교에 대하여 무엇을 생각하는지도 관심 없다면 그 목사의 목회 생명은 급속히 단축되고 말 것이다.

보통 한국 교회의 목회자들은 일주일에 최소한 3번 이상의 완전한 설교를 해야 한다. 이럴 때에 1년이면 156회의 설교를, 10년이면 1,560회이고, 30-40년 목회 기간동안 5,000회 이상의 설교를 해야 한다. 이 말은 한국 교회 성도들은 대단히 많은 설교를 듣고 있다는 말이다. 그런데 이렇게 많은 설교의 홍수 속에서도 성도들의 삶이 눈에 띄게 변화되는 것 같지 않다. 왜 그럴까? 문제가 무엇일까? 어쩌면 설교에 문제가 있는 것은 아닐까? 성도들이 많은 설교를 듣지만, 그 설교에서 아무 것도 얻지 못하고 있는 것은 아닐까? 그리고 설교를 듣지만 혹시 아무 것도 기대하지 않는 자포자기 상태가 되어 버린 것은 아닐까? 성도들이 설교를 들으면서도 자신에 대한 잘잘못을 깨닫지 못하고 있는 것은 아닐까? 설교에서 새로운 삶에 대한 도전을 받지 못하고 있는가? 만일 그렇다면 그들의 신앙생활을 지탱해 주는 힘은 무엇인가? 목사의 말씀 선포가 약화되어 한국 교회는 누가 크게 염려하듯 기복 신앙이 되어 가고 습관적이며 형식적인 종교 생활로 타락해 가는 것은 아닐까?

데이빗 스미드(David Smith)는 말하기를 "설교는 행동으로 결론지어 주는 말씀"이라고 하였다. 결국 설교가 무엇인가를 성취시켜야 하는 것이라면, 설교는 정말 그 목적이 분명해야 하며, 설교자는 이 질문에 정확하게 대답할 수 있어야 한다. "오늘 나는 왜 이 설교를 하고 있는가?" "그리고 내가 하는 설교를 듣는 성도들은 과연 무엇을 얻었는가?"

몇 해 전 「목회와 신학」이라는 잡지에서 조사한 바에 의하면 설교를 듣기 위해 교회를 나오는 사람이 38%라는 통계가 나왔다. 그렇다면 나머지 성도들은 무엇 때문에 교회를 나오며 교회에서 무엇을 기대하는 것일까? 인간의 기본적인 삶의 목적이 하나님께 영광을 돌리며 그 분을 영화롭게 하는 것이라고 했다. 그들은 이 거룩한 목적을 위해 교회를 나오는가? 그렇지 않다면 무엇을 얻으려고 교회를 나오는가? 그들은 선지자가 아닌 광야에서 부는 바람에 흔들리는 갈대인가? 아니면 왕궁에 있는 부드러운 옷을 입은 사람인가?(마 11:8-9) 아무리 생각해도 하나님의 말씀 듣기를 소원하지 않는 나머지 사람들은 선지자가 아닌 왕궁의 부드러운 옷을 입은 사람을 보고 그들과 같이 되기 위해 교회를 나오는 것 같다는 생각을 털어버리지 못한다. 이것이 사실이라면, 실상 부인할 수도 없는 일이라면 성도들이 이렇게 된 이유가 어디에 있을까? 혹시 목사의 설교가 그들에게 아무런 감동도 주지 못하기 때문이며 삶에 영향력을 끼치지 못하기 때문은 아닐까? 만일 그 답이 맞는다면 설교자가 하나님 앞에 어떤 책임 추궁을 들어야 하며, 이 일을 어떻게 감당할 수 있을 것인가? (눅 12:48)

좋은 설교를 설명하기 위해 설교에 대한 몇 가지 중요한 이론을 먼저 말해야 한다. 하나님의 말씀을 하나님의 백성에게 전하는 아주 중요한 일의 원칙을 말하는 것이다.

설교의 역사

나의 이 글들은 '주님께서 설교하신 것처럼 목사들도 설교하자' 는 대 주제를 전제로 한다

설교가 하나님의 말씀 선포라고 정의되었을 때에, 설교의 역사는 하나님께서 세상을 창조하셨을 때부터 시작되었다고 할 수 있다. 그러나 여기서는 그 많은 설교 역사를 생략하고 주님과 사도들의 설교 역사만 간단히 고찰하고자 한다.

예수 그리스도의 설교

예수님의 설교의 주제와 목적

기독교의 설교는 예수님이 시작하셨고, 예수님 때문에 생겼으며 예수님을 위해 선포되어야 한다. 예수님의 설교 주제는 하나님, 자신, 성령님, 죄, 믿음의 의, 구원, 심판, 의로운 삶이다. 주님께서는 스스로 이런 주제의 설교자임을 밝히셨다(사 61장).

예수님의 생애는 세 부분으로 나눌 수 있다. 첫째는 말씀하심이요, 둘째는 말씀대로 살으심이며, 셋째는 말씀을 믿게 하심이다. 그리고 그렇게 사신 아주 뚜렷하고 확실한 목적이 있었다. 그것은 "하나님이 세상을 이처럼 사랑 하사 독생자를 주셨으니 이는 저를 믿는 자마다 멸망치 않고 영생을 얻게 하려 하심이니라"(요 3:16) 하신 말씀을 이루심이며, 사도 바울이 "미쁘다 모든 사람이 받을 만한 이 말이여 그리스도 예수께서 죄인을 구원하시려고 세상에 임하셨다 하였도다"(딤전 1:15)라고 증거하신 말씀대로다. 말씀을 선포하시고 보여 주시고 믿게 하시므로 죄인을 구원하시고자 하신 주님의 세상에 오신 목적은 하나님의 뜻과 일치했다. 이 사실을 요한은 "말씀이 육신이 되어 우리 가운데 거하시매 우리가 그 영광을 보니 아버지의 독생자의 영광이요 은혜와 진리가 충만하더라"(요 1:14)라고 증거했다. 이런 주님의 말씀 선포에서 모든 하나님 말씀의 설교자들은 설교의 주제와 목적을 설정해야 하며 설교의 방법, 듣는 성도들의 반응도 관찰해야 한다.

설교의 방법

주님께서 설교하신 방법은 무엇보다도 현실적이며 누구도 잘 알아들을 수 있고, 전인적인 방법을 쓰셨다. 즉 주님께서는 말씀을 선포하시고 그 말씀대로 사셨으며 선포된 말씀을 증거하시기 위해 말씀의 능력을 보여 주셨다. 주님의 말씀 선포는 유대의 종교 지도자들의 가르침과 확연히 구별되었다. 가장 두드러진 차이점은 주님의 말씀 선포는 신적 권위에 근거하고 있었다. 그 권위를 마태복음 11:27-30에서 "아들만이 아버지를 알고 아버지에게 알려졌기 때문에 아들이 되신 예수님께서만이 아버지를 확실히 계시할 수 있다"라고 하셨다. 즉 주님께서는 하나님을 잘 아셨기 때문에 유대의 랍비들과 전혀 다른 능력 있는 말씀을 전하셨다는 말씀이다. 주님은 하나님이셨다. 그러므로 주님의 말씀은 오히려 하나님에 대하여 증거하시는 말씀이 아니라 하나님께서 직접 말씀하시는 말씀이었다. 그래서 사람들은 "그 가르치시는 것이 권세 있는 자와 같고 저희 서기관들과 같지 아니하다"(마 7:29)라고 말하면서 놀랐다.

우리는 여기서 한 가지 명심하고 다음으로 넘어 가야 한다. 말씀의 선포자인 목사가 하나님의 말씀을 능력 있고, 권능 있는 말씀으로 선포하기 위해서는 예수님께서 하나님을 아신 것처럼 하나님을 잘 알아야 한다는 것이다. 그러나 아무리 하나님의 말씀에 대한 탁월한 지식을 가진 목사도 예수님처럼 될 수는 없다. 그러나 "그러므로 하늘에 계신 너희 아버지의 온전하심과 같이 너희도 온전하라"(마 5:48) 하심과 같이 최선을 다해 하나님의 말씀에 대한 지식을 가질 뿐 아니라 하나님의 뜻을 아는 지혜를 가져야 한다. 여기에 비례해서 설교자의 설교에 대한 은혜가 비교될 것이다.

또한 주님의 말씀 선포는 이미 선포된 하나님의 말씀인 구약에 근거를 둔 말씀이었다. 구약의 말씀이 예언적이라면, 주님의 말씀은 그 예언의 성취적인 말씀이다. 주님께서는 엄격한 율법주의에 매여 하나님의 말씀을 바로 보지 못하고 오해하고 있는 사람들에게 하나님의 말씀을 바로 해석하셨다(마 22:29). 그것은 두렵고 무서운 하나님이 아니라 죄인을 사랑하시고 긍휼히 여기시며, 용서하시고 축복과 구원을 주시며, 아버지가 되시는 하나님을 잘 설명해 주신 것이다. 주님은 사랑의 하나님을 사람들이 믿고 구원을 얻도록 말씀을 선포하셨다. 이런 주님의 말씀과 보여 주시는 삶과 증거들은 사람들에게 엄청난 감격적 충격을 주었다. 더욱이 주님께서는 이 말씀들이 죄인을 구원할 진리임을 확실히 믿게 하기 위해 말씀대로 이루어지는 기적과 이적을 통해 더욱 더 확실히 증거하셨다.

또 한 가지 중요한 사실은 주님께서는 설교를 듣는 사람들을 아주 잘 이해하셨다는 점이다. 그래서 그들이 사용하는 언어와 알아듣기 쉬운 말과 표현으로 말씀하시고 그들 주변에서 흔히 볼 수 있는 사건들을 비유로 말씀하셨으며, 진리를 사람들의 일상생활에서 일어나는 이야기를 하듯 쉽게 설명하셨다.

설교자들은 이 점에 유의해야 한다. 이 책에서 설교를 듣는 성도들에 대한 이해를 어떻게 해야할 것인지를 다루었다.

말씀의 능력

주님의 말씀 선포의 능력은 세 부분에서 강조된다.

첫째, 선포하신 말씀 자체가 살아 있는 말씀이셨고(히 4:12),

둘째, 선포하신 말씀대로 사신 주님의 삶에서 두드러지게 나타났다. 주님께서는 선포하신 말씀대로 사셨다. 죄인을 사랑하라 하신 대로 죄인들의 죄를 용서하시고 죄인을 위해 십자가에서 죽으셨으며 말씀하신 대로 부활하셨다. 이런 주님의 말씀 선포와 삶은 죄인이 주님을 믿음으로 죄 용서를 받고 구원 얻을 수 있음을 확인시켜 주시는 하나님의 사랑의 표현이었다.

셋째, 주님의 기도 생활이다. 우리는 기도하지 않는 주님을 생각해 볼 수가 없다. 하나님의 직접 말씀 선포, 말씀대로 사시는 주님의 생활, 성령님의 능력이 함께 하시는 기도 생활, 죄인들과 어울림과 사랑, 약속하신 것을 틀림없이 지키시는 믿음, 죽음과 부활, 승천 사건들은 모두 죄인들이 주님의 말씀을 믿고 구원을 얻게 하는 능력이 되었다. 이와 같은 주님의 말씀 선포는 모든 설교자의 표상(表象)이며 목표가 되어야 한다.

나는 목회 30년 동안 하루도 빠지지 않고 하나님의 말씀의 능력을 구했다. 그러나 언제나 만족스럽지 못한 말씀의 능력에 대하여 고민이 많았다. 만일 내가 주님처럼, 아니 사도들처럼, 말씀의 능력으로 충만했던 스펄전 목사처럼 말씀의 능력이 넘쳤다면 설교를 통해 많은 영혼을 구원했을 것이다. 그러나 나는 내 자신에게 너무 많이 실망했고 그 실망감을 채우기 위해 나름대로 많은 노력을 했다. 그리고 깨달은 것이 있다. 하나님의 말씀에 대한 능력 부족은 하나님의 말씀 자체에 있는 것이 아니라, 나의 부족한 기도 생활과 말씀대로 살지 못하는 불순종과 내 인격의 결함에 있었다.

설교자인 목사들은 이 점을 알아야 한다. 말씀의 능력을 구하되 하늘에서 비가 오고 눈이 오듯 말씀의 능력이 임하는 것이 아니라는 것이다. 하나님의 말씀의 능력은 설교자의 인격과 말씀대로 순종하는 삶과 주님과의 신령한 영적 교제 즉 기도를 통해서 나타난다.

사도들의 설교

사도들은 주님의 설교를 모방해서 구약을 많이 인용했다. 그들은 구약의 예언된 말씀이 예수 그리스도에 의해서 성취되었다는 것을 강조했다. 그러므로 사도들이 구약을 말했다고 해도 실상 예수 그리스도를 설교한 것이라 할 수 있다.

사도들의 대표적 인물은 베드로와 바울이라고 할 수 있다. 베드로는 유대인을 상대하여 설교했다. 그의 설교는 주로 죄를 지적하는 내용이었고, 구약 말씀의 예언 성취, 그리스도와 자기들의 관계를 말했으며, 그리스도로 인한 죄의 용서와 자기들이 주님 부활의 증인됨을 강조했다.

바울은 이방인을 향해 설교했다. 바울의 설교는 사도행전에 9개가 있다.(행 13:16-41, 14:14-18, 17:16-34, 20:17-38, 22:1-21, 23:1-11, 24:10-21, 26:1-23, 28:17-20) 이 설교들은 기독교 신학과 신앙의 초석이 되고 골격이 되었다. 그는 이방인들에게 복음을 전하는 사도였지만 그 설교의 주제는 그리스도였고 목적은 주님을 믿어 구원 얻는 것이었다. 그의 설교의 특징은 ①청중의 형편에 맞춘 것이며 ②주님의 죽음 보다 부활에 더 강조점을 두었고, ③구원의 메시지 선포에 유대인과 이방인을 모두 포함시켰다. ④베드로와 스데반의 설교와 비슷하다.

종교 개혁자들의 설교

루터

루터는 농부의 아들로 아이스레벤의 한 작은 농촌에서 태어났다. 그는 로마서 1:17의 "오직 의인은 믿음으로 말미암아 살리라"는 말씀에 은혜를 받아 개종하고 종교 개혁자가 되었다. 그는 어거스틴의 신학에 많은 영향을 받았는데 강의와 설교를 통해 말하기를 "설교자는 설교하는 일에 더욱 열성을 기울여야 하며 고행이나 행위보다 회개와 믿음을 더 강조해야 한다"고 했다. 그는 철저히 성경 중심적인 주해 설교를 했다. 그의 성경에 대한 경외심은 그의 말 가운데 잘 나타나 있다. "성경을 가진 평신도는 성경이 없는 교황 보다 위대하다"라고 말하고 성경 봉독과 설교에 대하여 "예배 중에 가장 위대한 부분은 하나님의 말씀을 선포하고 전하는 일이다"라고 했다. 그의 설교에 대한 원칙은 ①말씀에 대한 문법적 지식을 가져야 한다. ②해석할 성경 본문의 시대나 환경이나 그 밖의 일들을 충분히 고려해야 한다. ③설교 본문의 문맥의 전후 관계를 분명히 파악해야 한다. ④행위와 율법과 믿음 사이의 조화가 있어야 한다고 했다. 그는 당시에 크게 유행했던 풍유적(allegorical) 성경 해석을 맹렬히 비판했다. 설교 주제는 그리스도를 믿음으로 구원을 얻는 칭의적 교리에 중심을 두었다.

칼빈

칼빈은 제네바의 생삐에레 교회에서 일생 동안 목회자로서의 삶을 살았고, 진실한 설교자로 가장 안전하게 하나님의 말씀을 증거하는 것으로 생각해서 강해 설교를 했다. 그는 즉석 설교가였다. 그는 원고를 읽는 설교를 싫어했다. 성령의 감동에 의해 살아 계신 하나님의 말씀을 전해야 한다고 했다. 그의 놀라운 성경 말씀의 지식과 신학적인 지식은 그의 즉석 설교에 결정적인 역할을 했다. 어떤 경우에 그는 성경 전체를 차례로 설교하는 형식의 강해 설교를 하기도 했다. 그리고 그는 그가 선포한 말씀대로 살기를 노력했기 때문에 그의 설교는 능력이 있었고 감화력이 충만했다. 그는 설교를 듣는 성도들을 만족시키기 위해 설교를 한 것이 아니다. 그는 오로지 하나님께서 사람들에게 하시고자 하시는 말씀만이 설교라고 생각했기 때문에 성경을 기록한 저자에 대해서 큰 의미를 두지 않았다. 그의 설교의 중심점은 하나님과 죄인인 인간이 만나 하나님의 영광이 드러나고 죄인이 구원을 얻는 것에 초점이 맞추어져 있었다. 그래서 칼빈의 설교 주제는 하나님의 죄인 구원하심이었다. 그는 구원을 세 요소로 나누었다. 택하심과 사죄, 그리고 회개이다. 하나님은 택하신 자들을 구원하시기 위해 독생자를 보내셨다. 그의 삶 전체를 통해 율법의 요구를 완성하고 죄의 대가를 지불해 주셨다. 뿐만 아니라 회개를 통해 성령으로 중생하게 해서 하나님의 자녀가 되게 하셨다.

설교란 무엇인가?

설교에 대한 바른 정의는 여러 가지다. 다음은 설교에 대한 정의를 모아 놓은 것이다. 설교에 대한 바른 정의는 설교자의 설교 방향과 그 사역을 바르게 한다.

(1) 우리가 우리 자신을 전파하는 것이 아니라 오직 예수 그리스도의 주 되신 것과 또 예수를 위하여 우리가 너희의 종된 것을 전파함이니라.(바울, 고후 4:5)

(2) 인간의 입으로 나온 설교는 하나님의 입을 통하여 나온 말씀과 동일한 것이라 할 수 있다. 왜냐하면 하나님께서는 하늘로부터 직접 말씀을 선포하시는 것이 아니라 인간을 도구로 사용하시기 때문이다. (칼빈 이사야 주석 55:11)

(3) 하나님의 말씀을 설교하는 것은 하나님의 말씀이다. (제2스위스 신앙 고백서)

(4) 설교는 하나님 자신의 말씀이다. 그러나 하나님 자신의 선하신 뜻을 따라 하나님의 이름으로 한 인간(설교자)을 선택하고 성경의 말씀을 방편으로 하여 인간들에게 증거하게 하신다. (Karl Barth, The Preaching of the Gospel, 9.)

(5) 설교란 한 사람에 의하여 다수의 사람들에게 주어지는 진리의 전달 (communication)이다. (Phillips Brooks, Lectures on Preaching,)

(6) 설교는 하나님의 생각과 인간의 생각이 만날 수 있도록 접촉점을 찾

아내려고 노력한다. 첫째, 모든 설교자들은 먼저 그리스도 안에 계시된 하나님의 생각을 이해한다. 둘째, 이해된 내용을 자신의 생각과 경험에 동화시킨다. 셋째, 그 진리를 듣는 회중들의 마음에 적합하게 설명할 수 있도록 한다. (Illion Jones, 설교의 원리와 실제, p. 25,26.)

(7) 설교는 행위의 변화를 일으키려는 명백한 목표를 가지고 한 사람이 다수의 사람들에게 성경의 진리를 전달함이다. (Daniel Baumann, 현대 설교학 입문 15)

(8) 설교는 하나님의 말씀에 기초하고 사람을 구원하려는 계획과 목적에서 사람을 감동하도록 권면하는 법이 있는 종교적 강화(講話)이다. (Herrick Johnson, Homiletic Lecures. 이 정의는 곽안련(Allen Clark) 교수가 그의 설교학 교과서였던 강도 요령과 강도학(24쪽)에서 제시한 것이다.)

(9) 설교는 회중들의 구체적인 상황에서 성경의 의미가 표현되기 위해 성경이 설교 안에서 해석되어지는 사건이다. (David James Randolph, The Renewal of Preaching, 1)

(10) 웅변은 사람을 움직이게 하는 기술로서 정의되어져 왔다. 그러나 설교는 이에 부가적인 특징을 갖고 있는데 그것은 사람을 낮은 세계로부터 좀더 높은 차원의 삶으로 움직이게 하는 기술이다. 설교는 사람들에게 더욱 고상한 인간성을 넣어 주는 기술이다. (Henry Ward Beecher, Yale Lectures on Preaching, I, 29)

(11) 인격을 통한 진리가 우리의 진정한 설교에 대한 묘사이다. (Phillips Brooke, Lectures on Preaching, 8)

(12) 설교는 설득을 추구하는 신적인 진리에 대한 대화(communication) 이다. (T. Harwood Pattision, the Making of a Sermon)

(13) 설교는 복음을 확장하고 있으며 선포하고 있다. 그 복음은 영원한 것이며 그리스도 안에서 하나님의 영구한 행위이며, 그 선포 안에서 복음이 반복되고 있는 것이다. (P.T. Forsyth, Positive Preaching and the Modern Mind, 3)

(14) 설교는 최선의 상태에 있는 단지 하나의 붓이다. 설교는 그림이기보다는 붓인데 설교자의 설교에 의해 만들어진 그리스도인들은 바로 설교자의 그림이다. 분명히 그들은 설교자의 걸작들이다. (Charies R. Brown, The Art of Preaching, 32)

(15) 성찬에서와 같이 설교에서도 회상은 살아 계신 하나님께서 그의 백성에게 자기를 나타낼 전주곡이라 할 수 있다. 그것은 그리스도 안에서 하나님과 사람의 직접적인 교제이며 이것을 위해 모든 설교는 기회를 제공해야 한다. (Henry Sloane Coffin, Comunion Throgh Preaching, 8)

(16) 설교는 비기독교 세계를 향한 공식적인 선포이다. (C.H.Dodd, Apostolic Preaching and its Development, 7)

(17)교회의 근본적이고 우선적인 기능은 설교의 기능이다. 왜냐하면 설교는 교회를 말씀의 모든 의미 안에서 세우는 바로 그것이기 때문이다. (Emil Brunner Quoted in Arthur W. Conen. The Primacy of Preaching Today, 14)

(18) 설교 활동은 단순히 기독교 신앙의 내용을 전달하기 위한 수단이 아니라 실제적 의미에서 그 자체의 내용과 깊이 연관되어 있다. 신앙에 대한

설교의 영향은 나무에 대한 꽃과 같다. (H. H. Farner, The Servant of the Word, 14)

(19). 설교는 하나님의 위대한 영위를 선포하기 위해 존재한다. (James S. Stewart, Heralds of God, 5)

(20) 설교는 말씀으로 화신이 되어 그의 회중 가운데를 걷고 있는 그리스도 자신이다. (Dietrich Bonhoeffer, Gesamelte Schriften, ed. Eberhard Bethge,Vol 5,4:7)

(21) 복음을 전한다는 것은 사람들이 그 복음을 향해 결단하거나 혹은 저항하도록 그들 앞에 복음을 설명하는 것을 의미한다. (Paul Tillich, Theology of Culture, 201)

(22) 설교단은 한 가지 이유에서 존재하는데, 우선적으로 그리스도 안에서 하나님의 구속적 은혜의 복음을 전파하는 것이다. (Don M. Wardlaw, "Preaching as means of Grace")

(23) 교의학(Dogmatics)은 교회가 존재하기에 있는 것이며, 교회의 존재 목적은 복음의 선포를 원초적인 기능으로 한다. 선포가 없는 곳은 더 이상 교회라 할 수 없다. (Heinrich Ott, Theology and Preaching 19, 31)

(24) 설교는 메시지를 선포한다. 즉 하나님의 산물인 생명에 관해 말하며 그 이상의 것을 말한다. 설교는 그것을 통하여 이 세상에 하나님 그 자신을 주는 것이다.

(이상의 정의들은 정장복 교수의 글에서 가져온 것임)

설교라는 말은 신약 성경에서 여러 가지 용어로 표현되고 있지만 그 가운데서 가장 특유한 것은 동사 '케루세인'이라는 단어로서 '포고자로서 선포하다'라는 의미를 가지고 있다. 또 하나 동일한 뜻을 가지고 있는 주요한 단어로는 동사 '유앙겔리제스다'이다. 이 말은 '기쁜 소식을 알리다' 또는 '복음을 전하다'라는 의미를 가진다. 그 외에도 결합 동사로서 '케루세인 토 유앙겔리온'이라는 말이 있는데 그 뜻은 '복음을 선포하다'라는 의미를 가지고 있다. 이들 용어들은 모두가 신약 성경에서 여러 번 사용되고 있다. 이 단어들이 가지고 있는 의미를 종합적으로 정리해서 설교라는 말의 뜻을 말한다면 '기쁜 소식을 선포하는 것'이라고 할 수 있다. 일반적으로 설교자가 성경에 기록된 하나님의 말씀을 선포하는 것을 설교라고 한다. 즉 설교는 설교자가 어떤 인간의 철학적 지식이나, 사상 또는 윤리나, 도덕 등이 아닌 신구약 성경에 기록된 하나님의 말씀만을 선포하는 것을 말한다.

칼빈은 하나님의 임재의 표징으로서의 설교에 대하여 특기할 만한 것 세 가지 정도(正道)를 지적했다. 첫째, 사람이 하나님과 만날 수 있는 장소는 바로 성경의 말씀이 설교되어지는 곳이라는 것으로 이것은 설교와 함께 임재 하시는 하나님을 가르친다고 볼 수 있다. 둘째, 설교에서 성도가 하나님을 만날 수 있도록 하기 위하여 엄선된 수사학적 도구를 채용하였다고 했다. 이러한 칼빈의 의도는 설교가 하나님께서 성도의 공동체인 교회에 임재하는 한 방법이라는 것을 말하는 것이다. 셋째, 설교자는 하나님의 면전에서 책임을 지고 하나님의 말씀을 듣는 성도들을 계속 일깨워 주어야 한다고 했다. 즉 설교는 하나님의 임재 앞에서 그 자녀들에게 하나님의 말씀을 전하는 거룩한 행위라는 것이다.

설교의 목적

설교의 분명한 목적은 열이나 빛을 따라 적을 파괴하는 유도탄과 같다

어느 주일에 설교를 듣고 나오는 젊은 부부가 말했다. "여보. 오늘 목사님이 무슨 말씀 하셨지?" "그것도 몰라. 부부가 싸우지 말고 행복하게 잘 살아야 한다고 하셨잖아" "아니. 그런 것 말고…" "그런 거 말고라니. 다른 무슨 말씀도 설교하셨나?"

* * *

또 다른 주일에 설교를 듣고 나오는 학생이 말했다. "아 목사님 설교 잘하시더라. 나 같이 공부 못하는 사람도 희망만 가지고 있으면 요셉처럼 출세한다고 하시던데… 거저 희망을 잃지 않는 것이 중요한 일이야."

* * *

어떤 목사 부인이 주일 오후에 남편인 목사에게 말했다.

"여보 오늘 무슨 설교를 했어요." 그렇게 묻는 아내를 끔찍한 눈으로 보던 목사는 아주 퉁명스럽게 "당신 오늘 설교하는데 잠을 잤구먼…".

"아니, 잠은 안 잤는데 내가 정신이 없는지 들은 설교가 전혀 기억나지 않아서요." 그 말을 듣고 목사는 얼굴을 펴고 한참을 생각하더니 "그거 참. 발람 이야기를 하긴 했는데 무엇 때문에 그 이야기를 했는지 생각이 안 나네."

설교 목적이란 무엇인가?

설교학에서 설교 목적은 메시지의 성격을 밝히는 것이다. 목사의 설교가 예수 그리스도의 오심과 생애와 교훈과 수난과 부활과 승천과 재림을 선포하는 것을 목적으로 하는 것인지, 아니면 단순한 교훈과 교육을 목적으로 하는 것인지를 말한다.

설교 목적에 대하여 학자들의 의견에 조금씩 차이가 있다. 칼빈은 '하나님의 영광을 선포하는 것'이 설교의 목적이라고 했다. 토저(A. W. Tozer)는 설교의 목적은 '설교를 듣는 사람에게 변화를 일으키는 것이다'라고 했다. 그러나 이런 모든 의견을 종합하면 '설교는 하나님의 영광을 드러내고 하나님의 뜻대로 죄인을 구원하는 것'이어야 한다는 것에 다른 이견(異見)이 있을 수 없다.

이런 기본적인 목적을 전제로 하여 설교자에 의해 일반적인 목적 설정이 이루어진다. 즉 설교자가 어떤 목적을 가지고 설교하여 죄인을 구원하시는 하나님을 말할 것인가를 말하는 것이다. 서울을 가는데 기차를 타고 갈 것인가 아니면 버스를 타고 갈 것인가를 결정하는 것과 같다. 그래디 데이비스(H. Grady Davis)는 복음 선포, 가르침, 치유가 설교의 일반적인 목적이라고 하였다. 헤롤드 브라이슨(Harold T. Bryson)과 제임스 타일러(James C. Taylor)는 다양성을 가진 성도들을 위해 복음 전도, 성장, 하나님과 사람과의 관계, 치유의 목적들을 가져야 한다고 했다. 그러므로 설교자는 어느 한 유형에만 치우치지 말고 균형 있는 설교를 해야 한다. 그러나 모든 설교 목적은 산탄총처럼 방향을 잡을 수 없도록 흩어진 목적이 되어서는 안 된다. 반드시 설교를 듣는 성도들의 심령을 강타할 수 있는 직격탄을 날리도록 해야 한다. 그리고 그 직격탄은 '하나님의 영광과 죄인의 구원'이다. 설교 목적이 분명하지 못한 설교를 들으면 성도들은 "내가 오늘 왜 교회에 왔지?"라고 반문하거나 "오늘도 목사님 때문에 혼란한 하나님을 만났다"고 생각할 것이다.

여기서 구원이라는 말을 좀더 구체적으로 생각할 필요가 있다. 구원은 성도가 주님의 공로로 천국에서 주님을 모시고 영원히 사는 것, 즉 영생 얻는 것을 말한다. 이 구원을 믿음의 궁극적인 목표라고 말한다. 또 한 가지 구원은 성도가 세상을 살면서 죄와 사망과 가난과 질병과 고통과 슬픔에서 벗어나는 것, 즉 자유를 얻는 것을 말한다. 이 두 가지 구원이라는 말씀이 성경에서는 전혀 구별되지 않고 사용된다. 그러나 우리는 이 두 구원에 대한 명백한 개념 파악이 되기 때문에 조금도 혼돈되지 않는다.

구원이라는 단어가 영생을 뜻하는 성경 구절은 대단히 많다(마 10:22, 24:13, 24:22; 막8:35, 16:16; 행 4:12). 또한 이 단어가 현실적인 어떤 고통에서 구원을 얻는 의미로 사용되는 구절도 많이 있다(마 8:25, 9:21; 막 5:23; 눅 8:36; 행 27:31).

설교 목적의 설정

그러므로 설교의 목적이 '하나님께 영광이 되고 죄인의 구원'에 있다고 정의될 때에 다음과 같은 목적 설정이 가능할 것이다.

① 죄와 사망으로부터의 구원

② 몸과 마음과 생활의 치유

③ 구원의 확신으로 인한 평안

④ 믿음으로 말미암은 승리와 영광

⑤ 하나님 사랑, 이웃 사랑

⑥ 고난을 통한 축복

⑦ 감사

⑧ 성공적인 삶

⑨ 행복한 가정

⑩ 자녀들의 장래

⑪ 나라와 민족의 번영

⑫ 건강하고 아름다운 인생

⑬ 하나님을 위한 헌신, 전도, 충성

⑭ 가난, 질병, 걱정, 근심, 모든 죄에서의 자유

⑮ 기타

설교 목적 설정의 중요성

설교자의 설교 목적은 대단히 중요하다. 그것은 설교의 목적에 의하여 설교의 내용과 성격이 결정되기 때문이다. 설교자의 목적 없는 설교는 설교자 자신에게나 성도들에게 치명적인 문제를 가져온다. 그것은 방향 없이 달리는 자동차와 같고 목적 없이 사는 인생과 같다.

설교 목적 설정 방법

설교자가 날마다 해야 하는 설교에 남김이 없이 어떤 목적을 설정한다는 것은 쉽지 않다. 그래서 설교 목적 설정을 위한 자료들과 참고할 만한 무엇이 있어야 한다. 그것은 교회 절기나 일년 동안의 큰 행사들이다. 이런 기본적인 절기와 행사를 중심해서 목적을 설정하고 다음에는 계절을 참고하고, 목사 개인의 목회 기본 계획서를 중심해서 설교의 목적을 미리 설정해 두는 것이 좋다. 그렇게 설정했다고 해서 반드시 미리 정한 목적 설정대로 설교하라는 말은 아니다. 경우에 따라 얼마든지 다른 목적을 가진 설교를 할 수 있으나 미리 준비된 설교 목적이 있으면 마음의 여유를 넉넉히 가질 수 있다. 연말이 되어 어디 조용한 기도원에 가서 기도하면서 일년 설교 계획을 수립했다면 무엇을 설교해야 할지 몰라 당황하는 일이 없을 것이다. 그런데 한 가지 주의 할 일이 있다. 순전히 설교자 자신의 감정이나 현실적인 상황에 의해 목적 설정을 해서는 안 된다는 것이다. 성전 건축을 계획하고 있는 목사가 일년의 1/3의 설교를 성전 건축을 목적으로 설교를 한다면 설교 목적의 편중성으로 인해 성도들을 힘들게 할 것이다.

설교 목적 설정에 있어서 중요한 것은 하나님의 영광이며, 죄인을 성도 되게 하고, 성도는 주님을 더 잘 믿게 하고, 잘 믿는 성도는 주님을 위해 살도록 하는 것이어야 한다. 그리고 그 목적들은 성령님의 주도 하(下)에서 하나님이 하시고자 하시고 성도들이 듣기를 원하는 신령한 목적으로 채워져야 한다.

목적 설정의 주의할 점

설교자가 설교의 목적을 확실히 하고 설교하는 것은 대단히 중요하지만 그렇게 쉬운 것은 아니다. 그래서 설교 목적 없이 설교하게 되는 때가 많다. 무엇을 전하기 위해 설교하는 것이 아니라, 적당한 소제를 발견해서 그것에 의해 설교를 한다. 어떤 때는 성경을 읽다가 어느 한 구절 말씀에 은혜를 받아서 설교하고, 어떤 때는 다른 설교자의 설교를 아무 생각 없이 시간 때우기로 설교하기도 한다. 그러나 이런 방향 없는 설교는 결국 목사의 목회 생명을 단축시키고 나아가서 인간적인 패배자가 되게 하는 간암과 같다는 것을 잊어서는 안 된다.

설교에 대한 스트레스는 설교의 목적을 설정하는데 큰 장애가 된다. 교회 상황에 따라 너무 많은 설교 목적이 필요할 때가 있고, 어떤 때는 아무것도 설정할 필요가 없는 때도 있다. 어떤 때는 목적을 가진 설교를 전혀 할 수 없는 경우도 있다. 설교 목적 설정이 정말 괴롭고 고통스러운 때는 성도들이 시험에 빠졌을 때다. 이런 설교를 해도 시험에 들고, 저런 설교를 하면 더 깊은 시험에 빠졌다. 이럴 때에 목사는 설교를 듣는 성도들의 눈길이 무섭고 강단에 올라가는 발걸음이 천근만근이 된다. 이럴 때에 대단히 죄송한 이야기지만, 설교를 만들어 하지 말고 다른 유명 목사의 설교를 복사해서 있는 그대로 읽어 주라. 그러나 이런 할 수 없이 하는 극약 처방에 중독되지 않도록 매우 조심해야 한다.

잘못된 설교 목적 설정

잘못된 설교 목적이 있다.

① 사회 정의 구현

인본주의 자들은 설교의 목적이 사회 정의를 구현하는데 있다고 생각한다. 이런 목적에 의해 말해지는 설교는 사회 정의 구현을 위한 정치 강연이나 도덕 사회 실현을 위한 윤리 강좌와 같은 성격을 가진다. 사회 정의가 설교의 근본적인 목적은 될 수 없다. 어떤 사람은 하나님의 말씀에 사회 정의 구현에 대한 말씀도 있다고 한다. 그래서 이런 목적 설정은 아무 문제가 없다고 주장한다. 그러나 이런 목적 설정은 설교에 대한 부분적인 설정일 뿐이다. 이런 설교의 목적이 '하나님께 영광이 되고 죄인을 구원하고 변화되게 하여 새 사람이 되게 하는 것'에 연결되지 않으면 설교의 바른 목적이 될 수 없다.

② 한 설교에 많은 목적을 두지 말 것

설교자가 피해야 할 유혹이 있다. 한꺼번에 많은 것을 성도들에게 말하려 하는 것이 그것이다. 설교의 목적도 이런 유혹 때문에 혼란스럽게 된다.

③ 세상 교훈을 주의하라.

설교의 목적이 복음과 연결되지 못하고 세상 교훈이 되어 버린 경우도 있다. 5월의 어느 주일에 유명 교회 목사의 설교를 들었다. 그 설교는 주일 낮 예배에서 선포된 말씀인데 목사가 이런 실수를 할 수도 있구나 하고 놀란 설교였다.

"한나는 사무엘의 어머니입니다. 한나는 위대한 어머니의 표상입니다.

어머니는 위대한 존재들입니다. 만일 이 땅에 어머니가 없다면 이 세계가 존재할 수 없을 것입니다. 하나님께서는 모든 인간들에게 어머니를 보내 주셨고, 그 어머니는 세상에 가장 필요한 인간을 만드는 일차적인 책임을 가졌습니다. 그러나 모든 어머니가 위대한 것은 아닙니다. 사랑으로 자식을 기르는 어머니, 헌신과 희생할 줄 아는 어머니, 인생을 아는 어머니입니다. 우리 어머니는…" 나는 그 목사의 설교를 들으면서 사무엘의 어머니 한나가 어떻게 하나님의 은혜를 받아 위대한 믿음의 어머니가 되었는가를 말할 줄 알고 기대했다. 그러나 그 목사는 25분의 설교 가운데 어머니 예찬론을 말했지 복음을 끝내 말하지 않았다. 그 목사는 분당에 있는 어느 큰 교회 목사였다.

④ 설교 목적은 반드시 한가지여야 한다.

한가지의 목적을 가지고 설교의 종류, 말과 말, 표현, 어조, 목사와 장로의 대표기도, 경구(Aphorism), 성가대, 예배 분위기 등 모든 예배가 일목요연하게 그 목적을 강조하고 주입되도록 해야 한다. 그러기 위해서 목사는 장로들과 성가대와 예배 위원들에게 설교 목적에 대한 교육을 미리하고 도움을 받아야 할 것이다. 이럴 때에 성도들은 앞에서 말한 여러 가지 방법으로 거듭 거듭 그 주일의 설교 말씀의 목적을 선명하게 알아듣고 확신 있는 말씀의 은혜 속에 들어가게 된다. 목사의 설교 목적은 사랑인데, 대표 기도하는 장로는 건축을 위해 기도하고, 성가대는 나가서 전도하자는 찬양을 하고, 교회 분위기는 침울해 있다면 그 예배와 설교는 일단 실패작이라고 할 수 있다.

⑤ 설교 목적이 성도들과 타협되어서는 안 된다.

설교의 목적은 성도들이 듣기 좋아하는 것만으로 구성되면 안 된다. 그러나 사실 오늘 우리 한국 목사들의 설교에 이런 경향이 매우 뚜렷하다. 설교 목적은 하나님께서 하시고자 하시는 말씀과 성도들이 듣고 싶어하는 말씀 사이에 목사의 영력과 실력이 동원되어 가장 적합한 것으로 만들어져야 한다.

설교 구성

설교의 좋은 구성은 잘 지은 집과 같아서 설교를 듣는 모든 사람을 행복하게 한다

설교의 주제

설교에는 반드시 설교의 주제가 있어야 한다. 주제가 없는 설교는 설교가 아니다. 그것은 단순한 말이며 혼란스러운 말장난이 될 수 있다.

설교의 주제란 설교에서 무엇을 말할 것인가에 대한 답이다. 설교의 목적과 비슷하지만 설교의 목적이 '나무'라고 한다면 주제는 나무의 종류를 말한다고 할 수 있다. 즉 나무 가운데 소나무나, 단풍나무를 지칭하는 것과 같다. 즉 설교의 큰 목적에 따른 세부적인 목적이라고 할 수 있다. 앨란 스팁스(Alan Stibbs)는 "설교자는 본문을 강해 할 때 단 하나의 지배적인 주제를 발전시켜야 한다"라고 말했다. 예일 대 설교학 교수 호웨트(J.H.

Jowett)는 "설교의 주제가 수정처럼 명확하게 포괄적이고 단순한 문장으로 표현되기까지는 설교의 준비가 되지 않은 것이다"라고 말해서 설교의 주제가 얼마나 중요한가를 강조했다.

어떻게 주제를 찾을 것인가?

설교의 주제를 찾는 방법은 매우 다양하다. 그러나 설교의 목적과 부합되는 주제를 찾아야 한다. 주님의 사랑을 목적으로 하는 설교에 모세와 아합의 갈등을 주제로 하면 안 된다.

① 성경에서 주제를 찾을 것

감사, 거룩, 겸손, 경외, 고통, 교회, 그리스도, 극기, 근심, 기도, 기쁨, 늙음, 대속, 두려움, 마귀, 목자, 믿음, 복음, 봉사, 병, 부모, 부활, 사랑, 선교, 성공, 성장, 성령, 시련, 시험, 희생, 성전, 세례, 소망, 소명, 속죄, 스승, 심판, 십자가, 양심, 어린양, 연합, 예배, 온유, 용기, 용서, 우상 숭배, 율법, 은사, 은혜, 인내, 일, 자녀, 자비, 절제, 재림, 제자 직분, 죄, 죽음, 전도, 지옥, 직업, 징계, 찬양, 창조, 천사, 청지기, 충성, 친구, 친교, 칭의, 탕자, 평안, 평화, 천국, 형제애, 화해.

② 기독교 교리에서 주제를 찾을 것

하나님, 그리스도, 성령, 교회, 구원, 회개, 대속, 칭의, 화해, 성화, 천국, 영생

③ 성경 공부에서 주제를 얻는 방법

죄인을 구원하시기 위한 하나님의 계획을 연구하라. 즉 구속사적 연구

를 통해 주제를 찾으라.

④ 성경 인물에서 주제를 찾으라.

수많은 인물들을 통해 하나님이 어떻게 역사하셨는가를 찾을 수 있다.

⑤ 사건 연구

성경의 여러 가지 사건을 통해서 반응하는 인간들의 모습을 복음과 접목하여 설교한다. 아담과 하와의 창조로 시작해서 모든 사건들이 설교의 주제가 될 수 있다. 그러나 단순한 이야기로 해서는 안 된다. 복음과의 관계를 설정하고 현실성 있는 설교를 만들어야 한다.

⑥ 중요 단어 원어 연구

성경에 나오는 단어들의 원래의 뜻을 찾아 주제로 삼는다. 예를 들어 보혜사는 '파라클레토스' 이다. 옆에 부름을 받아 있는 사람이란 뜻이다. 이 단어를 가지고 성령의 하시는 일을 잘 설명할 수 있다.

⑦ 기타 여러 가지 성경 공부의 방법

복을 받는 삶 연구, 주제별 연구, 성경 지리 연구, 각권의 연구 등 조금만 신경을 쓰면 얼마든지 다른 방법을 찾아낼 수 있게 된다. 그러나 중요한 것은 성경 무엇을 보든지 거기서 예수 그리스도와 복음을 찾아내어야 한다(요 5:39).

⑧ 성도들의 생활

성경 읽기, 기도 생활, 봉사, 전도, 헌금, 헌신, 사랑,

⑨ 많은 독서

좋은 양서는 목사의 인격과 양식(良識)을 풍요하게 하고 설교를 듣는 성도들에게 고상한 감정을 일으킨다.

⑩ 현실적인 정황 파악

신문, 잡지, 라디오, TV 같은 시사 전달 매체를 이용하라.

⑪ 목사의 실제적인 목회 활동

심방, 장례식이나 결혼식 같은 예식 집행

⑫ 여러 가지 문제들

인생, 생활, 애정, 가정, 사회생활 등의 수많은 문제들

⑬ 다른 목사의 설교

모든 주제들은 반드시 그리스도와 복음을 말하기 위한 것이어야 한다. 예를 들어 스승을 말하면서 세상의 선생을 존경하는 것으로 그쳐서는 안 된다. 스승을 통해서 영원한 스승이신 그리스도를 묘사해야 한다. 세상의 모든 것들은 좋건 나쁘건 영원한 삶과 구원을 설명하는데 이용할 것이다.

소 주제를 만들라

앞에서 말한 주제들을 세분화해서 소 주제를 만들어 설교하면 성도들에게 훨씬 더 이해가 잘되고 감각적이 될 것이다. 예를 들면 기도를 주제로 했을 경우에 기도의 필요성, 기도의 가치, 기도할 때, 기도의 능력, 기도의 목적, 기도의 방법, 기도의 결과, 기도 조건, 기도의 문제, 성령 안에서의 기도, 기도와 인내, 기도의 응답, 중보기도, 가정 기도, 기도의 저해 요소, 성경의 기도자들, 실제적 기도, 기도의 자세, 기도의 장소, 기도의 권리, 믿

음과 기도, 기도의 범위 등으로 나누어 설교하는 것이다.

이런 식으로 앞의 주제들을 세분한다면 이천 가지 정도의 구별된 주제를 얻을 수 있다. 이 많은 주제들을 통해서 할 일은 언제나 분명하다. 하나님과 구원 그리고 거기서 오는 능력과 유익을 설명해야 한다. 주제가 많고 다양하더라도 복음을 말하지 않는다면 절대로 사람의 본성은 변화를 받지 못함을 명심해야 한다.

주제 설정의 원리

① 성도들의 구체적인 삶과 연결되어 그들의 마음을 사로잡아야 한다.

② 설교 시간 내에 충분히 납득하게 해야 한다.

③ 성도들과 그들의 상황에 맞아야 한다.

④ 주제가 성도들에게 명쾌하고 분명히 이해되어야 한다.

⑤ 시기와 장소에 적합해야 한다.

주제 설정의 주의 점

① 설교자의 무엇을 주제로 삼지 말아야 한다.

② 한 설교에 같은 주제를 두 번 이상 사용하지 말라.

③ 다른 성경 말씀을 한 가지 주제로 설교하지 말라.

④ 한 설교에 한 가지 이상의 주제를 설정해서는 안 된다.

설교 제목

10년차 목사인 김 목사는 다음 주일 설교 제목을 '성도의 애국심'이라고 정했다. 그것은 다음 주일이 6.26를 기념하는 주일이었기 때문이다. 그렇게 제목을 정하고 김 목사는 6.25의 참상을 적나라하게 성도들에게 전하기 위해 여러 가지 기록들을 조사해서 정성스럽게 설교 준비를 했다. 그리고 설교했다. 그런데 김 목사는 설교 도중에 크게 당황했다. 그것은 그가 준비한 6.25의 참상에 대한 이야기들을 하는데 너무 많은 시간을 써 버렸기 때문에 애국심에 대한 성경적인 말씀을 전할 시간이 충분하지 못했던 것이다. 김 목사의 설교를 듣고 나오는 40대의 집사는 이렇게 투덜거렸다.

"에이-. 우리 목사님은 역사도 잘 알고, 세상 돌아가는 것도 잘 아는 것 같은데 하나님의 말씀은 잘 모르는 것 같아. 가뜩이나 피곤해 죽겠는데 해 마다 듣는 그 지긋 지긋한 6.25 강연을 또 들어야 하다니 정말 떠나고 싶어. 어디 속 시원한 설교를 들을 수 있는 교회는 없는 것일까?"

설교의 제목은 '설교가 무엇을 말하려는가?'에 대한 한마디의 대답이다. 설교의 제목은 설교자가 무엇을 설교하겠다는 확실한 약속을 내포한다. 설교 제목이 '그리스도의 부활'이면 주님의 부활과 관계되어 있는 내용 이외에 다른 이야기가 나와서는 안 된다. 유능한 설교자는 제목에 내포된 약속을 잘 이행할 것이며, 성도들은 아무 저항 없이 제목에 대한 기대를 가질 것이다. 한편 제목은 질문을 내포하고 있기도 하다. '그리스도의 피'라는 제목은 어떤 질문을 일으키는가? 그리스도의 피가 무엇인가? 또는 그리스도의 피의 유익이 무엇인가? 등의 질문이다. 이 질문에 답을 해

보자. 그러면 분명한 설교가 만들어질 것이다. 이렇게 해서 제목과 설교는 언제나 확실하게 연결되어야 한다.

사실상 설교의 제목이 정해지면 설교 작성은 이미 반쯤 한 것이 된다. 그만큼 제목 선정이 어렵다. 그러나 설교자가 무엇을 말할지를 확실히 한다면 큰 문제는 없을 것이다. 제목과 설교 내용이 다르면 성도들에게 혼란이 온다. 예를 들어 '그리스도의 피'라는 제목을 잡고 나서 설교는 '그리스도의 피 공로를 의지하자'는 식으로 한다고 하자. 서로 연관이 잘되는 것 같지만 바른 논리 진행이 아니다. 그리스도의 피에 대해 말하는 게 아니라 의지할 것에 대해서 말하기 때문에 제목은 잘못 되었다.

이 설교에는 오히려 '의지할 것'이란 제목이 어울린다. 그러면 의지할 것에 대해서 말하겠다는 약속이 된다. 그러면 우리가 반드시 의지해야 할 게 무엇인가? 라는 질문이 떠오르게 된다. 그에 대한 대답으로 '그리스도의 피 공로를 의지하자'는 식의 설교가 만들어질 수 있다.

그러므로 '그리스도의 피'란 제목에는 '그리스도의 피는 우리가 구원받았다는 확실한 표다'라는 내용의 설교가 훨씬 연관되고 기억될 수 있다. 즉 '그리스도의 피'에 내포된 질문에 대한 대답이다. 항상 설교는 자연스럽게 전개되고 진행되어야 한다. 부자연스러운 것은 절대로 기억이 되지 않으며 내용도 잘 파악되지 않는다.

제목을 문장형으로 쓰는 목사들도 있다. 예를 들어 '하나님의 것을 도적질하지 말라', '안식일을 거룩히 지키라', '네 부모를 공경하라', '미스바로 가자' 이런 식의 문장형 제목은 청중들의 흥미를 잃게 만든다. 이미 내용을 다 들은 셈이기 때문이다. 특별한 경우를 제외하고는 문장형의 제목은 피해야 할 것이다.

제목은 여운을 많이 남기면서 호감을 주어야 한다. 그래야 성도들이 기대하면서 설교를 들을 것이다. 또한 설교를 듣고 나면 그 제목에 이해가 한 문장으로 만들어져야 한다. 그렇게 되면 확실하게 기억되는 설교가 될 것이다. 또한 설교 자체가 통일성이 있기 때문에 재미있게 들을 것이다.

설교의 주제와 제목이 같은 의미로 사용될 때가 있다. 그러나 엄연히 구별되어야 한다. 주제는 일반적이며 포괄적인 의미가 있고 제목은 구체적으로 설교의 내용과 특징을 말한다. 예컨대 '부활'은 설교의 주제가 되고 동시에 제목이 될 수 있지만 제목을 '부활하신 그리스도', '부활의 영광', '육체의 부활', '우리의 부활'이라고 하면 설교의 구체적인 윤곽이 확연히 드러나게 된다.

설교 제목 정하는 방법

설교 제목은 설교의 방향 제시가 되어야 한다. 즉 설교의 한계와 제한성을 내포해야 한다는 말이다. 그리고 설교 전체에 대한 힌트가 있어야 하며 한마디로 압축된 것이어야 한다.

설교 제목을 정하는데 다음과 같은 사항을 염두에 두어야 한다.

① 성도들이 듣기 원하는 것이 무엇인가 파악하라.

② 25분 정도의 설교에 충분히 이해할 수 있는 제목을 정하라.

③ 설교는 강연이나 웅변이 아니다. 설교적인 제목을 정하라.

④ 성경적이며 신학적인 제목을 정하라.

⑤ 현실성 있는 제목을 정하라.

⑥ 우리 이야기를 상기하게 하는 제목을 정하라

⑦ 제목과 성경 전체를 연관시키라.

⑧ 제목을 설교 전체와 강력히 연관시키라.

⑨ 주석과 참고서를 보라.

⑩ 사전이나 성경 어휘집을 참고하여 정확한 단어를 찾으라.

⑪ 문법에 어긋나지 않게 하라.

⑫ 쉬운 말과 문장으로 하라.

⑬ 외래어나 외국어를 사용하지 말라.

⑭ 무리한 문법이나 낯선 문장과 단어를 쓰지 말라.

제목의 분류

설교의 제목은 설교 전체를 한눈에 보게 하는 설교의 현관과 같다. 그러므로 설교 내용은 영감적이라도 설교 제목은 설교학적이어야 한다.

① 성경에서 가져 온 제목

'다윗의 돌 다섯 개', '보리 떡 5개와 물고기 두 마리' '범사에 감사하라', '그 아홉은 어디에 있느냐?', '깨어 기도하라', '어찌 의심하느냐', '사람을 낚는 어부'

② 불투명한 제목

'부활의 혼, 기도의 혼', '용서의 영'

③ 명사로 끝나는 제목은 힘이 없을 수 있다.

'믿음의 현주소'

④ 복합적인 것

'성도의 경험 안에서 십자가', '죄의 기업', '자유의 노예'

⑤ 형용사를 사용한 제목

'심야의 찬송', '갈릴리에 부는 바람'

⑥ 의문식 제목

'현대 청년에게 소망이 있느냐?', '인생아 어디에 있느냐?'
설교 중에 충분히 대답을 해야 한다.

⑦ 명령적, 호소적 제목

'깨어 기도하라', '일어나라', '기도하라', '말씀을 전파하라 '

서론

캄보디아를 선교 방문하고 돌아온 목사의 설교 서론은 이렇게 시작되었다.

"이번에 우리 노회 목사님들과 함께 캄보디아를 방문하고 돌아왔습니다. 소위 말하는 킬링필드라는 곳을 가 보았는데 정말 볼 수 없는 광경에 놀라고 말았습니다. 그곳에서 얼마나 많은 사람들이 죽었는지 사람의 해골로 조각을 만들었더군요. 그런 끔찍한 참상이 한참일 때에 크메르루즈 군(軍)들은 사람은 총으로 죽이지 않고 대창으로 찔려 죽였는데 어쩌구 저쩌구… 임산부의 배를 가르고 태아를 꺼내 흔들면서 어쩌구 저쩌구…"

그렇게 해서 30분의 설교 시간에 15분 이상 캄보디아의 이야기를 했다. 아마 그 목사는 그가 보고 온 광경을 말하고 싶어 견딜 수가 없었던 모양이다. 그는 하나님의 말씀을 전해야 하는 강단에서 하나님의 말씀과는 아무 상관이 없는 끔찍한 살육이 벌어졌던 곳으로 성도들을 끌고 가서 현장감 넘치게 설명을 하는 가이드로 전락하고 말았다. 더욱이 유감스러운 것은 자기가 하나님의 말씀을 전할 하나님의 종인지 피비린내를 풍기고 있는 사람인지를 전혀 분별하지 못하고 있는 것이다.

그의 이런 말을 듣고 지성 있는 집사 부부는 미련 없이 그 교회를 떠나 버렸다. 그들의 말은 "하나님의 말씀을 전하지 않고 여행담을 이야기하는 목사의 이야기를 더 이상 들어 줄 수가 없다"였다.

서론은 성도들의 시선과 관심을 모으고 설교 전체의 성공과 실패를 좌우하는 관문이다. 설교의 서론은 오페라의 서곡과 같고 책의 머리말 글과 같으며 건물의 현관과 같고 사람의 첫 인상과 같다. 서론을 통해 설교자는 성도들과 첫 만남의 시간을 가진다.

설교자의 자기 착각이 있다. 성전에 나와 있는 모든 성도들이 목사의 설교에 은혜를 받기 위해 목마른 사슴과 같이 되어 있다고 생각하는 것이다. 그러나 사실은 그렇지 않다. 그러므로 서론에서 그들의 마음을 단번에 휘어잡아 설교를 듣지 않고는 견딜 수 없도록 만들어야 한다. 만약 설교 시작 후 30초 안에 25개의 단어로 성도들의 시선을 끌고 마음을 설교에 고정시키지 못한다면 설교의 50%는 이미 실패하고 있다는 것을 알아야 한다. 좋은 서론은 성도들이 다음 설교에서 무슨 말이 시작될 것인가에 관심을 가지고 처음부터 자세를 바로 가지게 할 것이다.

서론은 어떻게 할 것인가?

1) 적극적인 요소

① 서론은 설교의 주제를 강력하게 부각할 수 있어야 한다.

어떤 경우에 서론만 들어도 무슨 설교를 하려 하는지 알 정도로 확실한 메시지가 되어야 한다.

② 성도들의 관심을 단번에 집중시킬 수 있는 충격성을 가져야 한다.

예를 들면 "최근 들어 많은 하나님의 자녀들이 고아와 같은 생활을 하고 있습니다"와 같은 이율배반적 파라독스를 쓸 수 있다. "교회를 다니는 사람 가운데 상당히 많은 사람이 사기꾼입니다"라고 말해서 예기치 못한 문제를 제시할 수도 있다. 그 외에 신기한 사실, 자극적인 논평, 유모, 예화, 성경 자체, 급변하는 상황 등을 서론으로 이끌 수 있다. "카프카는 피곤에 지쳐 잠자리에 들었습니다. 그런데 아침에 눈을 떠보니 자신이 흉측한 벌레가 되어 있다는 것을 알았습니다." 그래야 성도들이 자발적으로 설교에 관심을 집중하게 될 것이다.

③ 서론의 자료는 성경 본문, 성경의 이야기, 시사 문제, 세간의 화제, 어떤 예화, 문제점의 부각, 질문과 대답, 실제적인 삶, 설교 목적들이 될 수 있다.

④ 좋은 서론은 설교와 주제와 관련된 것, 신선한 이야기, 즐거운 일, 성도들과 직접적으로 관계된 일을 말하는 것으로 시작하는 것이다.

⑤ 설교 전체와 잘 어울려야 한다.

성도들의 관심을 끌기 위해 설교와 전혀 상관없는 이야기를 해서는 안된다.

⑥ 서론은 매력적이라야 한다.

서론은 듣는 성도들에게 호감이 가는 음성과 언어와 설교자의 표정으로 시작해야 한다.

⑦ 서론은 천천히 말하라.

⑧ 설교자와 성도가 같은 관심을 가지고 동등한 관계에서 공통점을 찾아야 한다.

⑨ 짧아야 한다. 길이는 5분 이내로(3분에서 5분)

서론이 길어지면 설교의 질서가 무너져서 알아듣기 어려워진다.

⑩ 자연스러워야 한다.

설교의 모든 단락들은 자연스럽게 이어져야 한다. '서론입니다', '본론입니다' 라고 말하지 말라.

⑪ 성도들이 경험한 일반적인 사건들의 이야기를 하라.

⑫ 복잡한 문장을 피하라.

⑬ 간단 명료하게 하라.

⑭ 알아들을 수 있는 말을 하라.

⑮ 산뜻하고 생생한 이야기 그림으로 시작해야 한다.

⑥ 무리하게 하지 말고 쉽게 시작하라.

⑦ 설교자의 아는 것을 자랑하지 말라.

⑧ 성도들에게 관심이 될 만한 가치 있는 말을 하라.

⑨ 설교의 전체적인 구상으로 볼 때 서론보다는 결론이 중요하다.

2) 소극적인 요소

① 절대로 본문과 결론을 직접 취급하지 말라.

서론에서 본론을 모두 말하면 이미 서론이 아니다. 결론을 말하지 말라.

② 화려한 스타일을 피하라.

형용사의 수식어. 미사여구(美辭麗句)를 피하고 직설적인 서론 전개를 하라.

③ 가정적(假定的)인 이야기를 하지 말라.

불확실한 일, 공상적인 이야기, 현실성이 떨어진 이야기를 피하라.

④ 지나치게 과장하지 말라.

⑤ 시적인 문장이나 철학적 문장 사용을 하면 안 된다.

⑥ 거창한 명제를 던지지 말라.

⑦ 천박한 농담은 금물이다.

⑧ 너무 깊이 생각하게 하지 말라.

⑨ 복잡한 이야기, 많은 이야기를 해서는 안 된다.

⑩ 여러 가지 이야기를 한꺼번에 하는 것, 진부한 이야기, 머리 아픈 일들, 판에 박힌 듯 한 이야기를 삼가라.

서론의 목적은 무엇인가?

① 설교의 본문이나 주제로 성도들을 끌고 가는데 있다.

이것은 마치 두부 장사가 두부를 팔기 위해 종치는 것과 같다. 설교자가 성도를 말씀으로 끌고 가려면 설교자 자신이 먼저 성도들을 알아야 한다.

그렇지 않으면 설교자와 성도가 강단에서 만나는 첫 번째 대면이 어색해질 수밖에 없다. 성도들을 모르는 목사의 설교가 성도들에게 은혜가 될 수는 없다.

② 설교자와 성도의 첫 만남이다.

사람의 첫 만남은 대단히 중요하다. 더욱이 설교의 서론은 설교자와 성도의 첫 만남일 뿐 아니라, 하나님의 말씀으로 만나는 거룩한 만남이다. 그러므로 반드시 하나님의 뜻이 이루어지는 만남이 되어야 하며 거룩한 만남이 되어야 한다.

서론의 전개 방법

① 일반적인 이야기부터 시작해서 본문으로

"오늘은 가을의 시작입니다. 하늘을 맑고 높습니다. 들에는 오곡이 무르익어 가고 농부들의 추수하는 손길을 점점 바빠집니다. 그 날도 보아스는 일군들과 함께 추수를 하고 있었습니다. 그런데 그곳에서 이삭을 줍는 젊고 아름다운 한 여인이 있었습니다."

② 주해로부터 시작해서 본문으로

"방금 읽어 드린 하나님의 말씀은 이런 뜻을 가진 말씀입니다."

③ 가장 뚜렷하게 제목을 끄집어내서 시작

"믿음, 소망, 사랑 가운데 제일은 사랑이라는 말씀이 무슨 말씀입니까?"

④ 본문에 있는 의문점을 강조한다.

'아나니아와 삽비라를 왜 죽였는가?', '무화가 나무가 왜 저주를 받아야 하나?'

본론

그날 목사는 좀 흥분이 되어 있었다. 그도 그럴 것이 우리나라 유명 대학의 크리스천 교수 모임에 설교 초청을 받은 것이다. 그를 초청한 교수는 이런 말을 했다. "목사님, 우리 교수들 가운데 특별히 철학과 교수들과 종교학과 교수들이 많이 있습니다. 좀 신경을 쓰시기 바랍니다." 그 교수의 말대로 목사는 많은 시간 동안 신경을 써서 설교 준비를 했다. 드디어 그 날이 되었다. 강단에 선 목사는 그곳에 모인 많지 않은 사람들을 향해 이렇게 말하기 시작을 했다. "오늘 여러분들을 만나니 철학 냄새가 진동하고 종교 냄새가 진동합니다." 이 말을 하면서 목사는 그들이 그의 유모에 큰 소리로 웃어 주기를 기대했다. 그러나 아무도 웃지 않았다. 약간 썰렁해진 목사는 당황해 하면서 심사숙고하여 준비한 설교 원고를 읽는 것으로 그 시간을 메우고 말았다. 사실 목사는 그들에게 복음을 전하고 싶었지만 그곳에 모인 철학과 종교학을 가르친다는 교수들을 지나치게 의식한 나머지 정말 언짢은 시간을 보내고만 것이다.

그런데 그의 설교를 듣고 자리를 뜬 젊은 교수 한 사람이 이렇게 선배 교수에게 말했다. "오늘 오신 목사님은 목사보다 철학 교수가 더 어울릴 것 같은데요?"

아덴에 가서 복음을 전하던 바울도 이와 비슷한 경험을 했다. 그는 그곳에서 수없이 많은 신전을 보았고 심지어 이름 모르는 신의 신전도 보았다. 그것을 본 바울은 그들이 이름 모르는 신이 바로 하나님이신 것처럼 말씀을 전재하고 설교를 시작했다. 그의 설교는 전혀 잘못되지 않았다. 그렇지만 하나님은 아덴 사람들이 모르면서도 섬기는 그 신은 아니었다. 결국 바울은 그 큰 도시인 아덴에서 아레오바고 관원 디오누시오와 다마리라 하는 여자와 또 다른 사람들을 믿게 했을 뿐이다(행 17:22-34).

설교의 본론은 제목, 주제, 서론, 결론의 결정적인 핵심 전개라고 할 수 있다.

본론은 설교자에 따라 여러 모양으로 이루어진다. 그러나 설교자가 설교에서 전하려고 하는 분명한 메시지가 확실히 증명되어 전달되어야 한다. 그리고 결정적인 결론을 향해 진행되어야 한다. 이런 확실한 말씀의 전달을 위해 본론을 대지와 소지로 나누는 것이 좋다. 그리고 실제로 설교를 하면서 꼭 대지나 소지를 말할 필요는 없다. 그러나 설교의 대지나 소지의 바꿈이 물흐르듯 자연스럽지 못하면 차라리 첫째 대지, 둘째 대지라고 말하면서 설교하는 것이 설교자에게나 듣는 성도들에게 더 잘 이해가 될 수도 있다.

대, 소지의 구성

대, 소지의 구성은 건축가들이 집을 짓는 것과 같고 미술가들이 그림을 그리는 것과 같다. 그리고 음악가들이 작곡을 하는 작업과 같으며 소설가나 시인들이 작품을 만드는 것과 같다. 설교자의 마음속에 무엇을 말할 것인가를 생각하고 그 생각을 가장 효과적으로 성도들에게 전달하는데 어떤 형태와 색깔과 모양으로 작품화할 것인가를 연구하고 기도하면서 진리 선포를 만들어 내야 한다. 사실 알고 보면 설교는 미술이나 음악, 문학 작품보다 훨씬 더 엄중한 책임과 결과를 가져온다.

홀륭한 설교의 대, 소지 구성은 다음과 같이 이루어져야 한다.

① 통일성을 가져야 한다.

설교의 많은 자료들을 한데 모아 놓고 선포하고자 하는 진리에 가장 근접한 자료들 이외의 모든 것은 과감히 버리라. 설교자는 그 날 설교와는 별로 상관이 없지만 자기가 아는 어떤 것을 말하고 싶어 한다. 설교를 들은 성도가 목사의 설교를 한마디로 말하지 못한다면 설교의 통일성에 문제가 있다는 것을 알아야 한다.

② 대, 소지들이 질서 있게 나열되고 자연스럽고 긴밀한 연관이 되어야 한다.

통일성은 설교 전체에 관계가 있고 질서와 연관성은 설교의 부분, 부분과 대, 소지의 상관 관계를 말한다. 잘 준비된 설교는 대, 소지가 바뀌는데도 설교를 듣는 사람들이 그것을 느끼지 못한다. 그것은 운전을 잘하는 운전자가 기아를 변속하지만 차를 타고 있는 사람은 전혀 그 사실을 모르는 것과 같다.

③ 균형이다.

설교 전체가 내용이나 시간이나 분량에 있어서 균형을 이루어야 한다. 여기서 균형이란 설교의 가장 중요한 부분에 강조점이 있도록 만들어져야 한다는 것이다. 그런데 설교자가 서론을 너무 길게 했기 때문에 시간이 모자라 결론을 어물거리며 끝낸다면 듣는 사람들이 무슨 설교를 했는지 모르게 되고 말 것이다.

④ 설교의 목적을 향해 진행되어야 한다.

설교자가 설교의 목적을 향해 진행되어야 한다. 설교가 목적을 향하여 명쾌하게 진행되지 못하고 한 가지 이야기나 특정한 진리를 설명하는 곳에서 맴돈다면, 설교가 횡설수설하는 잔소리나 지루하고 쓸데없는 말로 들리게 되고 만다. 그리고 결국 설교자가 무엇을 말하고 있는지 방향을 잃고 말 것이다.

대, 소지 구분하는 방법

① 대지들이 설교에 적절한가?
② 제목 아래에 세 개나 네 개의 대지를 설정하는 것이 좋다.
③ 설교 중에 첫째 둘째 셋째를 말할 수도 있고 하지 않을 수도 있다.
④ 중요한 부분에만 가서 첫째 둘째 셋째를 말한다.
⑤ 필요한 부분에서만 첫째 둘째 말하고 나머지는 생략한다.
⑥ 설교 원고에는 대지를 나누었지만 설교 중에는 말하지 않는다.

구분시 주의 사항

① 성도의 관심에 주의 할 것
② 설교 중심을 잃지 말 것

③ 주제를 확실히 이해하고 대, 소지에 전개하라.

④ 대지의 내용을 명료하게 하라.

⑤ 결론을 향해 발전하게 하라.

⑥ 가급적 각 대지의 시간이 균형을 이루어야 한다.

⑦ 불필요한 가지를 만들지 말라.

목사들은 한 번 기록한 설교의 원고를 될 수 있으면 모두 사용하려 한다. 그것은 설교를 혼란하게 하는 원인이 될 수 있다. 준비한 시간과 노력이 아깝지만 주제에 맞지 않는 내용들은 과감히 생략하는 것이 매우 좋다. 마치 도자기의 가치를 높이기 위해 조그마한 흠집이 있는 것은 여지없이 깨뜨리는 도공과 같은 심정이 되어야 한다.

대지를 발전시키라

① 소극적인 것에서 적극적인 것으로

② 막연한데서 구체적인 것으로

③ 추상적인 것에서 실제적인 것으로

④ 부정적인 것에서 긍정적인 것으로

⑤ 절망적인 것에 소망적인 것으로

설교 대, 소지 구분의 장점

설교의 본론을 대, 소지로 구분할 경우에 설교자와 성도들에게 다음과 같은 정점이 있다.

① 설교자에게

▷ 설교가 조직적이 되어 설교자와 성도가 혼란스럽지 않다.

▷ 설교자의 사색을 조직적으로 훈련한다.

▷ 전체 내용이 뚜렷하게 드러난다.

▷ 설교의 강조점을 확실하게 한다.

▷ 설교의 결론을 향한 전개를 쉽게 만들어 준다.

▷ 나름대로의 모델을 형성할 수 있다.

▷ 설교자의 슬럼프를 탈출하게 한다.

② 성도에게

▷ 기억하기 좋다.

▷ 이해하기 좋다.

▷ 흥미를 준다.

▷ 결과가 좋다.

결론

목사가 선택한 본문은 창세기 30:25-43의 말씀이었는데 이 말씀의 결론을 확신에 차 이렇게 말했다.

"이제까지 우리는 야곱의 삼촌인 라반이 그의 조카를 속이고 얼마나 착취를 했으며 이용했는가를 알았습니다. 그러나 결국 야곱은 그가 17년 동안 온갖 고

생을 하며 착취를 당했던 모든 것들을 한 순간에 다 찾을 수 있었습니다. 무슨 일이 그에게 있었습니까?"

잠시 말을 멈추고 그 대답을 기다리는 성도들을 한참 동안 내려다보던 목사는 큰 소리로 "그의 선택입니다" 라고 소리 질렀다. 더욱 의아해 하는 성도들을 향해 회심의 미소를 지으면서 "야곱이 선택한 것이 무엇입니까? 자 여기 성경을 보겠습니다. 30장 37절을 다같이 크게 읽어보겠습니다. '야곱이 버드나무와 살구나무와 신풍나무의 푸른 가지를 취하여 그것들의 껍질을 벗겨 흰 무늬를 내고' 라고 했습니다. 보십시오. 그는 버드나무와 살구나무와 신풍나무를 선택했던 것입니다." 그리고 나서 그는 정말 어처구니없고 터무니 없는 결론을 내리고 있었다. "우리는 세상의 많은 사람들에게 속임을 당하고 사기를 당하며 손해를 보고 삽니다. 친구도 속이고 친척도 속이며 심지어 형제들도 우리를 속입니다. 지난 수 십년 동안 해 온 일들이 한낱 거품이 되고 바라던 일들이 오히려 삶의 장애가 되기도 합니다. 그러나 우리들에게는 이 모든 것들을 만회하고 잃은 것들을 다시 찾을 수 있는 비결이 있습니다. 그것이 무엇입니까? 선택을 잘 하는 것입니다. 무엇을 선택하는가에 따라 우리는 하나님의 은총 아래 잃은 모든 것들의 수 십배 수 백배 수 천배의 보상을 받을 수 있습니다. 야곱을 보십시오. 그는 세 가지 나무를 선택했습니다. 그리고 모든 수고에 대한 보상보다 훨씬 더 많은 것을 얻었습니다. 우리도 야곱의 선택을 선택합시다. 이 세가지 나무는 믿음과 사랑과 소망입니다. 믿습니까?" 그 말을 들은 성도들은 모두 "아~멘" 했다. 그러나 나는 그 세 가지 나무가 왜 믿음이요 사랑이요 소망이 되는지 도무지 이해가 되지 않아서 아멘 하지 못했다.

사람이 살면서 무엇을 잘 선택한다는 것은 매우 좋은 일이다. 그러나 이 본문의 야곱은 세 가지 나뭇가지를 선택했기 때문에 하나님의 축복을 받은 것이 아니다.

창세기 30:41-42의 말씀은 모두 야곱의 특이한 기도를 말하고 있는 것이다. 야곱은 얍복 강가에서도 천사와 씨름을 했다고 했다(창 32:24-25). 이 모든 행위는 하나님께 드리는 야곱의 기도를 말한다. 만일 야곱이 세 가지 나뭇가지가 아니라, 돌을 취하여 기도를 했어도 하나님께서는 야곱의 기도를 들어주시고 축복해주셨을 것이다.

그러므로 이 설교의 결론은 나뭇가지를 선택한 야곱의 지혜로운 선택을 말해서는 안된다. 야곱의 기도를 들어주신 하나님을 말하고 기도함으로 잃은 것들을 찾자고 해야 한다.

설교의 본론이 절정에 이르고 메시지가 충분히 전달되었을 때 결론을 내린다. 결론은 설교의 주제와 목적을 나타내는 부분으로 확실하고 분명하며 성도들의 마음을 감동시켜 하나님의 말씀대로 살기를 결단할 수 있게 하는 힘이 있어야 한다. 그러므로 설교자는 결론에 가서 혼신의 힘을 기울여 짧은 말 가운데 모든 설교가 집약되어 성도들의 마음을 움직이도록 해야 한다. 이런 성공적인 결론을 위해 설교자는 아주 지혜롭고 용의주도한 준비를 해야 한다. 어떤 설교자는 설교의 결론을 먼저 작성하고 거기에 맞추어 설교를 진행하기도 한다.

결론의 기본 원칙

① 결론은 성도를 가르치는 교육이 아니다. 그들을 격려하고, 고무하며, 결의와 다짐을 하게 하는 것이다.

② 결론은 설교의 종합적인 종결이 되어야 한다.

③ 결론은 성도 개개인을 염두에 두고 내려져야 한다. "그것이 나와 무슨 상관이 있는 말인가"라고 생각하게 해서는 안 된다.

③ 결론은 그 내용과 사용되는 어구들이 매우 강력한 것이 되어야 한다. "같습니다", "그럴 것입니다", "생각합니다", "스스로 알아서 하시기 바랍니다", "그럴 줄 믿습니다"라는 어정쩡한 말을 해서는 안 된다.

④ 결론은 사상과 표현이 명쾌해야 한다. "그래서 어쩌란 말인가" 라는 물음이 있도록 되어서는 안 된다.

⑤ 공식적인 결론을 삼가라. "이제 결론을 말씀드리고 설교를 마치겠습니다" 라는 말은 아무 쓸데없는 잔소리다.

⑥ "하나님께서 우리들에게 하신 말씀대로 살아 갈 수 있도록 힘주시기를 축원합니다"와 같은 상투어를 사용하지 말라.

⑦ 설교가 끝났구나 라는 확실한 종료 의식을 가지게 하라.

⑧ 다양한 방법의 결론을 사용하라.

⑨ 새로운 자료들이나 이야기를 첨가하지 말라.

⑩ 짧게 하라.

⑪ 결론에 다양한 변화를 주라.

⑫ 결론이라고 말하던지 느낌을 준 후에 다시 설교를 시작하는 인상을 주어서는 안 된다. 꼭 더 해야 할 말이 있으면 다음에 하라.

결론의 양상

① 듣는 성도 자신에게 관계되어야 한다.

② 전 설교 내용을 포함해야 한다.

③ 서론에 문제를 제기했으면 결론에서 해결을 주어야 한다.

④ 결론이 너무 길면 안 된다. 서론보다는 짧아야 한다.

⑤ 루터는 "가장 열중할 때에 결론을 맺어라. 그래야 다음에 또 교인이 온다"라고 했다.

⑥ 다양성 있게 폭넓은 방법으로 결론을 맺어야 한다.

⑦ 결론을 말할 때는 목사는 교인을 보고 교인은 목사를 보아야 한다.

⑧ "아참, 끝나기 전에 한마디 더 하겠습니다"라는 말은 절대하지 말라.

⑨ 명쾌한 결론을 내리라.

결론의 방법

① 설교 전체를 간단히 요약한다.

잘못하면 본론의 반복이 되고 같은 말로 하면 다시 전개하는 과정이 되기 쉽다.

② 좋은 예화를 사용할 수 있다.

③ 시, 찬송, 성경 구절을 인용한다.

④ 질문하고 답하게 한다.

⑤ 설교 후의 기도에서 결론을 말할 수 있다.

⑥ 구체적인 지시를 할 수 있다.

⑦ 성도의 기억에 뚜렷이 각인 되도록 하되 자연스럽게 하라.

⑧ 호소와 간청을 포함해야 한다.

⑨ 직선적으로 양심에 부딪혀야 한다.

⑩ 다분히 감정적인 결론을 내리라.

⑪ 웅변적이어야 한다.

⑫ 구체적인 면에서 결단을 주는 내용

⑬ 성경 요절, 사건, 구절들로 결론을 내릴 수 있다.

⑭ 소망적, 긍정적, 적극적이어야 한다.

설교의 분류

설교자가 어떤 설교를 할 것인가를 정하는 것은 같은 재료로 여러 가지 음식을
만드는 것과 같다

친구 목사는 새로 입주한 아파트에서 교회를 시작했다. 한 달이 못되어 좁은 성전은 성도들로 가득 찼다. 그래서 주일 예배를 1부와 2부로 나누어 드리게 되었다. 한참 아파트에 이사해 오는 사람들이 많았을 때에 여기저기에서 많은 교회들이 전도를 하러 다녔다. 친구는 이 시기를 잃으면 전도할 기회가 없을 것이라는 것을 너무 잘 알았다. 그래서 주일 마다 전도에 대한 설교를 했다. 주일 설교 뿐 아니라 새벽, 수요 예배, 구역 예배에서도 전도에 대하여 강조했다. 그런데 문제가 생겼다. 그 교회의 성가대에서 아주 중요한 역할을 하던 소프라노 파트장이 교회를 떠나겠다고 한 것이다. 목사는 큰 충격을 받았다. 간접적인

방법으로 교회를 떠나겠다는 이유를 알아 본 결과 계속되는 전도 설교에 너무 부담이 되었다고 했다.

떠나면서 그 집사는 구역장에게 이렇게 말을 했다고 한다. "집사님, 나는 우리 교회가 좋습니다. 목사님의 설교도 좋습니다. 성가대 봉사는 더 말할 필요가 없이 만족합니다. 그런데요 아무래도 교회를 옮겨야겠어요."

"아니 다 좋다면서 왜 그러세요." "목사님의 설교를 듣고 있으면 가슴이 답답해져요. 한 번도 전도지를 들고 다니면서 전도를 해 본 경험이 없는데 매 주일 전도해야 한다고 설교하시고 전도하기 위해 모이라고 하시는데 직장 때문에 못하고 있으니 얼굴을 들지 못하겠습니다. 정말 죄인이 되어 버린 기분이 들어요. 그리고 전도에 대해 너무 스트레스를 많이 받아서 머리가 아프고 말씀에 은혜가 전혀 되지 않습니다. 잠시 교회 다니는 것을 쉬고 싶어요."

"그거야. 성도가 전도하는 것은 당연한 일이고, 더욱이 지금 전도하지 않으면 앞으로 입주가 다 끝난 후에는 전도하기가 힘들기 때문에 전도를 강조하시는 것이지요. 집사님이 이해하십시오. 제가 목사님께 말씀드리겠습니다."

"그러지 마세요. 전도는 성도의 당연한 의무요 권리지요. 그러나 나는 힘들어요. 이제 설교 듣는 것조차도 힘이 듭니다."

목적에 의한 설교의 분류

교리 설교

교리는 하나님의 모든 말씀을 체계화하므로 진리의 확실성을 분명하게 하는 믿음의 원리다. 그러나 교리 설교가 딱딱한 원리에 치우친 느낌이 있어 재미가 없다는 이유로 설교에서 소외되었다. 교리 설교는 다른 설명이 없이 말씀의 진리를 단순히 전한다. 실제로 교리 설교를 많이 하는 교회는 성장이 둔화되었다는 보고도 있다. 그러나 교리의 주장이 없이는 하나님의 진리를 바르게 선포할 수 없다. 교리는 믿음의 메시지를 보호하고 또한 그 메시지를 전달하는 역할을 한다. 여기서 교리 설교가 절대적인 가치를 가지나 동시에 경직된 느낌을 가지기 때문에 이 설교에 많은 연구가 동원되어 재미있는 설교가 되도록 해야 할 책임이 설교자에게 요구된다.

전도 설교

교회를 개척한 목사가 가장 많이 신경이 쓰이고 부담이 되는 것은 전도다. 다른 사람은 어떤지 모르겠으나 나는 전도가 정말 어려운 일이었다. 나는 주로 아파트에서 교회를 개척했는데 전도할 때 제일 무서운 사람들이 경비하는 분들이었다. 전도하다가 들켜 그 분들에게 큰 죄나 지은 것처럼 끌려 내려오면 완전히 사기가 떨어져 다시는 발걸음을 아파트로 향하고 싶지 않았다. 아파트 문에 전도지 끼우기, 창에 스티커 붙이기, 문 두드려 전도하기, 슈퍼 앞에서 전도지 돌리기, 지나가는 사람에게 선물 주기, 추운 길거리에서 뜨거운 차 대접하기, 경로잔치, 명절 때 구호품 전달하기, 별별 방법을 다 써서 전도를 했지만 역시 어떤 방법도 어렵기는 마찬가지였다.

목사가 전도 설교를 할 때에는 이런 점을 충분히 감안하여 전도 설교를 해야 한다. 목사가 어려운 만큼 성도들에게도 많은 부담이 되는 설교가 전도 설교다. 우리 교회가 70인 전도대를 여러 지역으로 전도를 보냈는데 한 지역을 책임진 전도사는 이런 저런 핑계를 대고 절대 전도하지 않았다. 그러더니 기어코 다니던 신학교를 그만 두고 교회를 사임했다. 그에게 전도는 정말 할 수 없는 고역이었던 것이다.

우리 교회에 그렇게 힘들고 어려운 전도를 아주 잘하는 성도가 있었다. 서 집사라는 분이 있었는데 얼마나 전도를 잘하는지 매 주일 한 두 사람을 교회로 데려왔다. 서 집사는 아주 가난하고 잘 생기지 못한 인물이었지만 전도를 정말 잘 했다. 서 집사가 그렇게 전도를 잘하는 것은 그가 은혜를 받았기 때문이다. 하나님의 은혜를 받고 나서 전도를 잘하게 되었던 것이다. 서 집사는 말로 전도하지 않았다. 가난해서 돈으로 남을 도울 수가 없으니 몸으로 도왔다. 빨래도 해 주고 젊은 엄마의 아기도 돌봐 주었다. 그렇게 해서 전도를 잘 했다.

목사는 전도 설교를 꼭 해야 한다. 그러나 이 설교를 하기 위해서는 성도들에게 기도나, 봉사나, 헌신이나, 연보를 드리는 것 보다 훨씬 더 강력한 은혜를 체험하게 해야 한다. 그 전도를 하게 하는 강력한 은혜의 체험은 성령님의 감동으로 인한 하나님의 사랑을 깨닫는 것이다.

어떤 성도도 전도의 필요성을 모르는 사람은 없다. 그러나 어느 누구도 뜨거운 여름에 시원한 수박을 먹고 더위를 시키듯이 전도하지는 않는다. 전도를 기쁘고 즐거운 마음으로 하지 않으면 전도의 열매가 없다. 그리고 전도 설교는 은혜 받지 못한 성도들에게 많은 부담을 준다. 목사가 이 점을 간파하지 못하고 계속 전도 설교만 하면 전도에 부담을 느끼는 성도는 교회를 떠날 것이다. 그러므로 전도 설교가 은혜 되는 설교가 되기 위해서는 성도들이 하나님의 사랑에 감동되는 은혜가 선제되어야 한다. 전도해야 한다는 의무감에 사로잡혀 도살장으로 끌려가는 소처럼 전도하러 나온다면 그 성도는 멀지 않아 시험에 들고 말 것이다. 그리고 그런 태도의 전도에서 결신자가 생기지 않는다.

목회 설교

목회 설교를 어떤 사람은 목양 설교라고 한다. 이 설교는 성도들, 특히 어려운 문제를 가진 성도들에게 하나님의 말씀으로 힘을 주고 문제의 해답을 주는 설교를 말한다.

목회는 성도를 돌보는 것을 말한다. 그래서 목회 설교는 성도들이 세상을 살면서 당하는 여러 가지 구체적인 문제들에 대해 성경적인 답변을 제시하여 그리스도의 사람으로 살아가게 하려는 목적을 가진 설교다.

힐트너는 목회를 치유, 지탱, 인도의 기능을 갖는다고 하면서 "치유는 죄로 인한 소외 상태에서 정신을 회복시켜서 인간 본래의 모습을 되찾도록 하는 것이며, 지탱은 지금 처한 신체적, 정신적 위기에서 더 이상 악화되지 않도록 기다리고 격려해 주는 것이며, 인도는 위기의 상태를 극복하기 위해 스스로의 내적인 힘을 발휘할 수 있도록 해주는 것이다"라고 했다.

로이드 M. 페리(Lloyd M. Perry)는 목회적 설교를 "삶의 정황 설교"라고 하고 이 설교를 위해 필요한 것 네 가지를 제시했다. 그것은 첫째, 긴장과 억압으로부터의 해방. 둘째, 성도들을 상담하고 설교를 통해 그들을 도와 정신적으로 건강하게 하는 것. 셋째, 성도 개인의 문제에 하나님의 말씀이 적용되도록 하는 것. 넷째, 성도가 하나님에게 인도되어 구원의 기쁨을 누리며 살게 해야 한다고 했다.

목회 설교에서 주의할 점이 있다. 성도의 문제를 형식적이며 사무적으로 다루어서는 안 된다. 이런 성도들의 마음과 거리가 있는 목사의 사무적이며 통념적인 일 처리나 설교는 성도들을 서운하게 해서 분노하게 만든다. 성도들이 당한 어려운 일들이 마치 내 일일인 것처럼 생각하고 느끼고 아파하면서 성도들 속에 들어가 문제를 접하고 상담하면서 설교해야 한다. 그렇다고 지나친 아첨은 금물이다. 죄 짓는 것을 합리화하지 말며 이해한다고 하지 말라. 잘못된 것에 대하여 관용해서는 안 된다. 기도하고 대화하면서 심층 깊이 문제에 접근하고 함께 풀어 갈 수 있어야 한다.

교육 설교

교육 설교는 구원의 기쁜 소식을 체계적으로 정리해 주고 심도 있게 하여 성화의 길을 잘 가게 하는 설교다. 이 설교는 첫째, 십자가, 하나님의 사랑, 죄의 용서, 성도의 인내 같은 것에 대하여 설명하고 이해하도록 하는 설교다. 둘째, 논리적이고 연속적인 방법을 통하여 성도의 이해력을 바탕으로 이루어지는 설교다. 셋째, 교육적 설교의 궁극적 목표는 성도가 배운 말씀을 실천하게 하는 것이다. 이 외에 성도의 생활, 전도의 방법 등 신앙 생활 전반에 걸쳐 가르치고 배우게 하는 설교다.

복음 선포적 설교

① 복음 선포적 설교 정의

복음 선포적 설교란 초대 교회의 사도들이 했던 것처럼 예수 그리스도의 복음을 세상을 향하여 선포하는 설교를 말한다. 그리고 이 선포적 설교는 모든 설교 가운데 가장 핵심적이며 기본적인 설교로 모든 시간과 장소를 초월해서 설교자가 해야 할 아주 중요한 설교다. 이 설교는 '죄인이 그리스도를 믿어 구원 얻게 하는 설교' 며 '이 땅에 하나님의 나라가 이루어지게 하는 설교' 다.

선포적인 설교는 그 내용적인 특징으로 복음적 설교와 예언적 설교로 구분할 수도 있다. 복음적 설교는 주로 개인을 염두에 둔 선포인 반면에, 예언적 설교는 사회 전체를 향해 복음을 선포하는 것이다. 예언적 설교는 종말론적인 믿음을 갖고 사회를 향하여 인종, 인권, 경제 정의, 전쟁, 노동, 환경의 문제들에서 발생하는 불의와 부정을 고발하고 회개를 촉구하는 설교다.

그리고 형식적 특징으로 복음 선포, 복음적 설교, 전도 설교를 포함시킬 수 있지만 그 내용은 어디까지나 예수 그리스도의 십자가의 죽음과 부활을 포함해야 한다.

② 이 설교의 강조점은

▷ 하나님의 거룩하심과 인간의 죄인 됨
▷ 하나님의 모든 은혜
▷ 그리스도의 속죄와 구원

▷ 인간의 전인적인 변화

▷ 현재적인 구원과 완성될 미래적인 구원의 연관성과 일체감을 강조하며 반드시 성경에 의존해서 해야 하는 설교다.

바우만은 선포적인 설교의 기본 요소들이 오순절에 했던 베드로의 설교에 잘 나타나 있다고 했다. 즉 사도행전 2:14-38의 내용을 분석해 보면 '예수의 죽음과 부활과 승천에 관한 선포', '예수님은 주와 그리스도라는 선포', '회개하고 죄 용서함을 받으라는 권면' 들이며 이와 같이 진리를 믿고 결단하게 하는 설교라고 했다.

치유 설교

① 치유의 뜻과 목표

치유 설교라 함은 설교를 들음으로 영혼과 정신과 육체와 생활의 문제가 해결되고 고침 받는 것을 말한다. 그러나 그것은 단순한 고침을 말하지 않는다. 예수님의 사역에서 아주 중요한 역할을 했던 치유 사건은 하늘나라의 도래이며, 개인적으로는 구원의 확인이고, 택함 받은 하나님 자녀의 증표였다. 그러나 어떤 사람들은 치유를 받았으나 구원을 받지 못했다. 그럴지라도 치유는 죄의 속량과 영생을 얻는 가장 탁월한 지름길이었다. 그러기 위해서 주님께서는 치유 받은 후에 계속적으로 주님을 믿고 헌신하는 삶을 살도록 말씀하셨다.(요 5:14; 막 2:1-12; 요 7:23) 틸리히는 전인적 존재의 구성 요소인 육체, 정신, 영적 측면 중에서 어느 한 부분이 상처를 입어 고통당하는 개인을 치유하여 이전보다 더 완전한 인간 회복을 달성시켜 주는 것을 치유라고 했다.

② 치유의 방법

투니어는 치유의 방법에 대하여 "기술적인 방법과 영적인 만남이 있는데 어떤 방법을 사용하든 치유의 근본 능력은 하나님이다"라고 말한다. 그 이유는 "생명은 위에서부터 오는 것으로 하나님과의 사귐으로 풍성해지며, 하나님의 용서를 체험하게 될 때 인간의 생명은 확실하고, 안정되고, 평화롭고 불안에서 해방되어지기 때문이다"라고 했다.

환자가 치유되기 위해서는 환자 자신의 자존심, 독립성, 경험, 치유를 위한 다른 방법들을 모두 버리고 만병의 의원이 되시는 주님의 말씀을 믿고 순종해야 한다. 주님의 치유는 여러 가지 방법으로 이루어졌다. 말씀으로 고치시고, 환처를 만지시고, 다른 제 삼의 재료들을 쓰시기도 하셨다. 이런 육체적인 치유는 대부분 죄인이 회개하고 주님을 믿어 구원 얻게 하려는 목적을 가졌다. 이럴 경우 병 고침을 받은 자들은 하나님을 만나는 내적인 영적 체험을 하고 전적으로 자신을 맡기는 믿음이 있어야 했으며 계속적인 신앙생활로 일시적 치유가 영원한 구원이 되도록 하셨다. 어떤 때는 육체적인 치유 없이 곧 바로 말씀으로 죄인을 회개케 하여 구원하시는 방법을 쓰시기도 하셨다.

③ 말씀을 통한 치유

목사도 하나님께서 주신 치유의 능력을 가졌다. 목사의 치유 능력은 하나님의 말씀을 선포하는 설교에서 먼저 찾아야 한다. 하나님은 치료하시는 하나님이시다(출 15:26). 치료하시되 말씀으로 치료하신다. 이 의미는 하나님의 말씀을 듣고 은혜를 받으면 영육의 질병이 고침을 받는다는 말이지만(말 4:2), 하나님의 말씀대로 살면 병들지 않고 건강하게 잘 살 수 있다는 말씀이기도 하다(출 15:26). 하나님의 말씀 설교에는 이런 치유와 질병 예방의 효과가 있다. 그것은 근본적으로 하나님의 사랑으로 이루어지는 죄 용서이며 건강의 축복이다. 그리고 말씀을 믿는 신앙에 의해 효력을 발생한다. 치유의 기적은 신화도 설화도 아니다. 그것은 믿는 자에게 주시는 하나님의 축복이다.

교훈 설교

주님의 말씀대로 살아야 한다는 명제를 가지고 조목조목 가르치는 설교를 말한다. 설교에 하나님께서 사람과 성도들에게 말씀하신 삶의 방식에 따라 살도록 가르치는 설교다.

목적이 분명한 설교의 유익

① 성도들의 마음이 설교에 집중된다.

목적이 분명한 설교를 할 때에 처음부터 성도들의 마음을 휘어잡을 수 있는 강력한 메시지 선포가 필요하다. 즉 그들이 가장 심각하게 생각하며 고민하는 문제에 대한 하나님의 정확하고 확실한 대답이라는 확증이 있을 때에 가능하다.

② 설교자들이 가장 범하기 쉬운 많이 아는 체 하는 버릇을 없애 준다.

설교자는 자기가 알고 있는 모든 것을 한꺼번에 말하려는 유혹을 받는다. 그러나 그런 욕심은 모든 것을 잃게 한다. 주님께서는 마르다에게 한

가지만 해도 족하다고 하셨다(눅 10:42). 설교의 목적 설정은 본문 해석이나 선포에 따르는 많이 말하려는 욕구를 억제하여 확실하고 분명한 한 가지만 전하게 하는 효과가 있다. 많이 말하는 것보다 적게 말하는 것이 훨씬 더 효과적인 설교가 될 수 있다. 설교 원고를 기록하고 설교의 목적이 부합되지 않는 부분을 여지없이 삭제하는 것이 설교를 아주 잘하는 비결이 된다. 즉 가지치기를 잘 하라는 말이다. 설교는 결코 자기가 알고 있는 모든 것을 성도들에게 말하는 것이 아니다.

③ 설교의 목적 설정은 설교의 모든 자료를 선정하고 배분하는데 결정적인 도움을 준다.

④ 설교를 듣는 성도들의 마음을 움직이고 생활을 변화시키는 효과가 있다.
성도들이 변화한다는 것은 교회가 변하는 것을 의미하며 죄악에서 승리하고 거룩한 하나님의 자녀로 성화되는 것을 의미한다. 이렇게 변화되는 것을 체험하며 신앙생활을 하는 성도들은 결단코 자기들에게 은혜를 끼치는 거룩한 하나님의 종의 마음을 상하게 하지 않을 것이다.

설교의 형식에 따른 설교 형태

설교의 기본 유형은 기본적으로 본문 설교, 주제 설교, 강해 설교로 요약할 수 있다. 그리고 설교를 전개하는 형태에 따라 여러 가지 설교가 있는데 그 형태는 일정한 원칙이 없다. 설교에 대하여 말하는 사람들이 모두 다른 설교의 형태 또는 형식을 말한다.

주제 설교

설교자가 설교의 주제를 정해 놓고 그 주제에 맞는 말씀들을 찾아 해석하고 선포하는 형태의 설교를 말한다.

① 일반적인 주제로는 구원, 신앙, 사랑, 선교, 진리, 섬김, 소망, 인내들이 있으며 이런 기본적인 주제를 기초로 세분화된 주제인 믿음의 능력, 사랑의 힘, 구원의 진리들을 설정할 수 있다.

② 주제를 발견하기 위해서 우선 성경 말씀을 많이 보고 항상 메모하는 습관을 가져야 한다. 어떤 경우에는 주제를 먼저 발견하고 거기에 맞는 성경 본문을 찾을 수도 있다. 독서, 생활, 주변 환경, 성도들의 생활, 교회력, 교리 책, 기타 모든 생활과 환경에서 찾을 수 있다.

③ 주제 설교에 주의할 점이 있다. 성경 말씀에 능통하지 못한 설교자가 주제 설교를 할 경우에 자기도 모르는 사이에 자기 생각을 하나님의 생각으로 바꾸어 말하는 일이 생긴다. 그런 설교자는 "내 생각에는 그렇습니다", "저는 이렇게 생각합니다"라고 말하게 된다.

④ 또 어떤 설교자는 설교 가운데 등장하는 인물과 자기를 비교한다.

⑤ 또는 복잡한 내용의 이야기를 하기도 한다. 이런 것은 주제 설교에서는 금물이다.

본문 설교

성경에서 본문을 선택하여 설교한다. 그리고 본문에 따라 설교 주제를 정하고 설교의 진행도 본문 내용의 진행 과정에 따른다. 본문 설교는 많은 목사들이 선호한다. 그러나 조심할 것이 있다. 성경 전체를 잘 모르거나 본문의 말씀의 배경을 잘못 이해했을 때에 하나님의 말씀의 의도대로 해석되지 않고 설교자에게 이용되거나 해석이 잘못될 수가 있다.

본문 설교에는 본문 제목 설교와 본문 추론 설교가 있다. 전자는 주제와 제목을 본문에서 정하고 자연스럽게 논리를 전개하여 설교하는 방법인데, 부정적인 것과 소극적인 것을 먼저 말하고 그것을 긍정적이고 적극적인 것으로 발전시키는 방법이다. 후자는 주제와 제목은 본문에서 나왔으나 설교의 본론과 대지들은 본문 밖에서 가져와 전개시키고 결론은 본문으로 돌아가서 끝을 맺는 방법이다.

① 본문 선택의 원칙

▷ 설교의 주제가 본문에서 나와야 한다.

▷ 본문에서 여러 가지 주제가 있지만 한 주제만 선택하는 것이 좋다.

▷ 단편적인 본문도 사용할 수 있다.

▷ 본문의 적당한 길이는 완전한 문장이 될 수 있는 범위 내에서 해야 한다.

▷ 성경 본문은 설교 주제와 잘 부합되어야 한다.

▷ 제목도 본문의 내용을 뒷받침해야 한다.

▷ 본문이 자연스럽게 말하고자 하는 주제를 암시하고 있어야 한다.

▷ 본문의 문법적 해석이 바로 되어야 한다.

▷ 현실과 맞는 실존적 의미가 있어야 한다.

▷ 설교자의 기도로 본문이 기록될 때 역사하신 성령님의 감동이 있어야
한다.

▷ 그리스도 중심적 해석이 되어야 한다.

▷ 구속사적 해석이 되어야 한다.

② 본문 설교의 강조 사항

▷ 본문과 관련된 다른 성경을 찾아 비교 연구하라.

▷ 본문 설교에 대한 노트를 남기라.

▷ 이미 설교한 본문들은 리스트를 만들어 두라.

▷ 설교 내용 중에 본문 그 자체를 자주 인용하라.

▷ 한 본문을 해석하는 입장을 되도록 떠나지 말라.

▷ 결론도 되도록 본문에서 찾으라.

▷ 본문 한 절을 읽고 끝내는 설교가 좋다.

▷ 다른 본문 성경을 많이 인용하지 말라.

▷ 본문을 잘 선정해야 한다.

▷ 무리 없이 잘 분석해야 한다.

▷ 무리 없는 대 소지를 구분해야 한다.

▷ 말의 과정과 순서를 알아야 한다.

▷ 본문을 구분하기 위해서는 본문을 충분히 알아야 한다.

▷ 본문의 중심에 흐르는 뜻을 알아야 한다.

▷ 본문의 주제를 잃지 말라.

③ 본문 설교의 장점

▷ 설교가 자연스럽게 진행된다.

▷ 설교가 설교자에게나 성도들에게 쉽다.

▷ 성도들이 싫증을 내지 않는다.

▷ 내용을 잘 구분하여 전개하면 결론에 강력한 메시지를 발할 수 있다.

제목 설교

설교 역사에 있어서 제목 설교는 수적인 면에서 다른 설교를 능가한다. 이 설교는 주제 설교와 비슷한 점이 있다. 설교자가 우선 제목을 정하고 설교 내용은 설교자가 자유롭게 구상에서 본문을 전개하는 설교다. 즉 설교 제목에 설교의 사상과 말씀의 내용이 극도로 집약된 형태로 나타나는 설교를 말한다.

① 제목 설교의 장점

▷ 설교자가 필요하다고 생각하는 특정한 주제를 설정할 수 있다.

▷ 좋은 설교 제목은 성도들에게 설교에 대한 낯설음을 없게 한다.

▷ 광범위한 문제를 다룰 수 있다.

▷ 논리적 완전성을 기할 수 있다.

▷ 전반적인 설명을 끝낼 수 있다.

▷ 폭넓은 사상을 발표할 수 있다.

▷ 다른 본문을 많이 인용할 수 있다.

▷ 어떤 테마도 충분히 이야기할 수 있다.

② 제목 설교의 단점

▷ 설교자가 하나님의 말씀을 이용해서 자기 생각을 설교할 수 있다.

▷ 설교자의 지식과 경험을 하나님의 말씀 보다 더 많이 강조해서 말할 수도 있다.

▷ 세속 주의를 설교할 위험도 있다.

▷ 성경을 억지로 해석하여 설교자의 잘못을 합리화 할 수 있다.

▷ 하나님의 말씀을 소홀히 하기 쉽다.

▷ 설교를 위한 영적 능력이 감퇴할 위험이 있다.

▷ 단조롭게 되기 쉽다.

제목 설교는 설교를 아주 오래 해서 능통한 목사들에 의해 사용되어야 하며 신학적으로 완벽하게 정립되지 못한 설교자나 목회 경험이 부족한 목사에게는 엄청난 위험 부담이 있는 설교다.

강해 설교

강해 설교는 많은 목사들이 선호하는 안정된 설교 형태다. 그래서 강해 설교에 대한 설명을 자세히 하고자 한다.

① 강해 설교란 무엇인가?

어떤 신학자들은 강해 설교야말로 가장 성경적인 설교라고 말한다. 강해 설교는 설교자가 설교를 듣는 성도로 하여금 하나님의 말씀을 통하여 하나님을 만나게 하고 그들을 구원에 이르게 하며(딤후 3:15) 풍성하고 성숙한 그리스도인의 인격을 갖추게 하는 설교다(딤후 3:16-17).

▷ 강해 설교는 어떤 본문의 문맥에 맞는 역사적, 문법적, 문학적 연구를 통하여 얻어지고 전달되는 성경의 메시지를 전달하는 설교다.

▷ 강해 설교는 본문이 설교를 지배하는 설교다. 본문이 설교 전체를 지배하고 본문에서 설교가 나온다.

▷ 강해 설교는 방법보다는 원리를 더 강조한다. 강해 설교는 설교자가 자신의 생각을 성경 말씀에 복종시키려는 사람만이 해야 하는 설교다.

▷ 강해 설교는 해박한 하나님의 말씀에 지식을 요구한다. 한 단어의 뜻을 본문 전체의 개념으로 보는 것이 아니라, 그 단어들을 통한 하나님의 뜻 전체의 뜻을 파악할 수 있어야 한다.

▷ 강해 설교는 말씀의 모든 권위와 참 뜻이 모두 성경 본문에서 나와야 한다. 그래서 설교자는 봉독한 성경 본문에 대한 해석을 다룸으로써 듣는 사람들의 주의를 성경에 집중하도록 해야 한다. 설교자가 자신이 이해하고 있고 판단한 사실을 전하려 해서는 안 된다. 그러므로 강해 설교를 할 때에는 설교자 자신이 설교의 기본 메시지를 본문으로부터 먼저 듣고 그것을 자신이 소화하고 그리고 성도에게 전해야 한다.

▷ 강해 설교자는 다른 설교와 마찬가지로 주어진 메시지를 설교자 자신에게 먼저 적용시켜야 하고 아울러 성도들에게 적용시켜야 한다.

② 강해 설교의 준비법

▷ 설교할 본문을 확정한다.

▷ 설교의 길이에 유의해야 한다.

▷ 설교자는 말씀의 봉사자가 되어야 한다.

▷ 본문의 철저한 석의(釋義)를 의무화한다.

▷ 이해된 본문에서 주제를 찾아야 한다.

이렇게 준비된 설교가 성도들에게 선포될 때에는 오늘의 말씀으로 임하게 해야 한다. 주어진 성경의 본문은 분명히 시간적으로는 먼 옛날에 있었던 말씀이다. 그리고 공간적으로는 다른 지역이다. 그러나 설교는 성도들에게 실재(實在)로 들리고 경험케 해야 한다. 즉 옛날의 이야기가 아니라, 하나님께서 오늘 여기에(Here and Now) 성도들의 한복판에 서서 하시는 말씀으로 선포되어야 한다. 여기서 유의해야 할 것은 강해 설교자는 단순한 말씀만을 풀어 주는 나팔이 아니라, 그 말씀 앞에 서 있는 성도들을 정확히 파악하여 살아 있는 하나님의 말씀이 살아 있는 말씀으로 전달되게 하는 매체의 역할을 잘 수행해야 한다.

③ 강해 설교의 종류

▷ 연역적 강해 설교

연역적 강해 설교는 먼저 주제와 결론을 밝힌다. 그리고 본문에서 주제와 결론을 하나씩 밝혀 나가는 형식을 취한다. 이 설교 형식은 설교자가 자신의 주된 주장을 확실히 명시할 수 있고 자신의 논점의 반대 주장들을 최소화시킬 수 있는 장점이 있다. 그러나 성도들을 지속적으로 설교자의 주제에 집중하게 하기가 힘들다는 단점이 있다. 그러므로 이 점을 충분히 보완해야 한다. 연역적인 구조는 하나의 명제, 곧 중심 개념이나 주제를 설정하고, 그 다음에 주석이나 강해나 예증과 같은 자료들의 사용을 통하여 이를 발전시킨다. 이 구조는 성도가 설교자의 주장에 대해 공감하고 있거나, 그 주제에 대해 동의하고 있을 때에 좋은 방법이 된다.

▷ 귀납적 강해 설교

귀납적 강해 설교는 연역적 강해 설교에 대한 상대적 개념이다. 연역적 강해 설교가 설득적이라고 한다면 귀납적 강해 설교는 이해적이다. 귀납적 강해 설교 방식은 연역적 강해 설교의 단점을 보완하는 설교 방식이다. 즉 설교자가 주장하고자 하는 결론에 이르기 위하여 그 과정을 밟아 가면서 성도들의 동의를 이끌어 내고 참여하게 하는 방식이다. 이 과정은 흔히 '3단 논법'이나 '비교 선택법' 등에 많이 쓰인다.

귀납적 강해 설교에서 가장 중요한 핵심은 하나님의 말씀과 설교 자료들에 대하여 확실히 알아야 한다는 점이다. 말씀과 자료들을 단순 논리적으로 자연스럽게 배치하고, 계속해서 성도의 관심을 유도해야 하며, 동시에 전체적 과정이 그 주제를 향하여 논리적이며 일관성 있게 진행되어 질 수 있도록 전개되어야 한다. 이런 전개가 부족하면 설교자가 설교하고자 하는 핵심 주장에 이르기가 어렵고 혹 이를 수 있다 하더라도 설득력이나 신빙성이 떨어지게 된다.

귀납적인 구조는 명제나 중심 개념이나 주제가 처음부터 나오는 것이 아니라 마지막 결론 부분에 가서 드러난다. 이 구조는 성도들을 설득할 필요가 있을 때에 처음부터 거부 반응이 일어나지 않도록 하기 위해 고려할 만한 방법이다.

주해 설교

강해 설교와 비슷하다. 어떤 설교자는 강해 설교와 주해 설교를 구별하지 않는다. 주해 설교는 2, 3절이 넘는 성경 인용절에서 뽑아 낸 설교를 말한다. 이 설교는 본문 설교와 그 인용 성경 단위의 길이에서 차이가 난다. 주해 설교는 상당히 긴 인용절을 본문으로 다룬 것이고, 본문 설교는 짧은 인용절을 주해하여 설교하는 것이다. 주해 설교를 시작할 때는 긴 장(章)보다 짧은 절에 우선권을 주는 것이 좋다.

주해 설교는 사실상 설교라기보다는 성경 강해라고 하는 것이 좋다. 그러므로 이 설교를 하고자 할 때는 설교보다는 성경 강해 의식을 가지고 설교하는 것이 좋다. 주해 설교는 논리 전개나 테마를 따로 두지 않는다. 이 설교는 결론 대신에 요점을 강조하는 것으로 끝내야 한다.

① 주해 설교 방법

▷ 먼저 본문을 구분해야 한다. − 순서를 바로 정해야 한다.
▷ 단어 해석을 올바르게 해야 한다.
▷ 문장의 구절과 구문을 잘 다듬어야 한다.
▷ 좌우명(Key Word)으로 요절 말씀을 선택해야 한다.
▷ 본문을 짧게 잡아서는 안 된다. 완전한 문장을 택해야 한다.

② 주해 설교의 종류

▷ 창세기부터 계시록까지 성경 전권

▷ 특정한 책을 택해서 집중적으로 한다.

루터는 로마서, 칼빈은 에베소서, 이상근 박사는 요한복음을 주해 설교했다.

▷ 성서 인물 중심 주해 설교

▷ 특수한 제목을 가진 주해 설교

예수의 비유, 예수의 이적, 십계명 강해, 기독교 윤리, 예수의 격언, 신앙고백

③ 주해 설교의 장점

▷ 주해 설교는 설교 중에 가장 평범하고 안전하다.

▷ 성경 전체를 모두 설교할 수 있다.

▷ 기도로 준비된 주해 설교는 성령님의 역사를 즉시 체험한다.

▷ 성도들을 말씀대로 양육한다.

▷ 설교자가 하나님의 말씀에서 영력과 담력을 얻고 설교의 많은 주제를 얻는다.

④ 주해 설교를 잘하는 법

▷ 성경을 영감이 된 책으로 믿고 경건한 마음으로 대할 것.

▷ 성경이 소중하다는 신학이 있어야 한다.

▷ 성경을 잘 구분하는 능력이 있어야 한다.

▷ 논리적인 머리가 있어야 한다.

▷ 설득력이 있어야 한다.

▷ 성경을 깊이 연구하고 기도하며 묵상하므로 설교해야 한다.

▷ 본문 선택에 탁월한 정성과 노력이 있어야 한다.

▷ 설교하는 능력이 있어야 한다.

⑤ 주해 설교시 주의 사항

▷ 간단한 주해부터 시작할 것.

▷ 항상 주해 설교를 준비 할 것.

▷ 잘하는 설교자를 본 받을 것.

▷ 수사학을 겸할 것.

▷ 성경을 전체적으로 잘 알고 본문을 이해할 수 있어야 한다.

▷ 성경의 배경과 역사를 연구하라.

▷ 기독교의 교리를 잘 알고 있어야 한다.

▷ 잘못된 성경 해석을 주의하라.

▷ 풍유적 해석을 하면 안 된다.

▷ 지나친 영적 해석을 조심하라.

▷ 성경의 인물을 도덕적인 단순 모델로 해석해서는 안 된다.

비유 설교

주님께서 자주 사용하신 방법이다. 잘 알려진 또는 이해하기 쉬운 이야기에서부터 신앙적인 원리로 이끌어 간다. 주님께서 들의 백합을 말하고 공중의 새를 말씀하실 때 주님의 관심은 꽃이나 새가 아니었다. 그들을 먹이시는 하나님의 능력과 은총이 말씀의 목적이었다.

모방 설교

김 목사는 12년 전에 목사 안수를 받은 40대 초반의 목사다. 12년 동안 한번도 설교에 스트레스를 받지 않은 때가 없었다. 이제 설교에 대해서는 어느 정도 자신이 붙을 나이가 되었으련만 전혀 그렇지를 못했다. 더욱이 설교 후에 듣는 아내의 잔소리는 정말 듣기 싫은 충고였다. 이 일로 김 목사 부부는 많이 다투기도 했다. 교회가 생각하는 것처럼 성장하지 못하는 것도 자신의 설교 때문이라고 생각하니, 설교를 잘하기 위해 무엇인가를 해야 하기는 하는데 무엇을 해야 할지 도무지 감(感)이 잡히지 않았다. 새벽 설교는 성경 말씀의 순서대로 몇 절씩 해석하는 강해 설교를 간단하게 했지만, 다른 때의 설교는 무엇을 설교해야 할지 항상 걱정이 되고 부담이 되었다.

그러던 어느 날 노회 목사들의 모임에서 후배 목사에게 놀라운 이야기를 들었다. 컴퓨터를 배우고 인터넷을 할 수 있으면 거기에 수만 가지의 설교들이 있다는 것이다. 그 말을 한 목사는 "마치 엄청난 금광을 발견한 것 같더라구. 설교 준비에 전혀 문제가 안 되더라구. 거기서 마음에 드는 설교를 받아 프린트해서 설교하면 되는 것 아녀?" 그의 말을 들은 어떤 목사는 "뭐? 그런 곳이 있어! 나도 컴퓨터를 배워야겠네" 하기도 하고 어떤 목사는 눈만 끔뻑거리며 아무 말도 하지 않았다.

김 목사는 그 자리에서는 아무 말도 하지 않았지만 집에 오자 곧 바로 중학교 3학년인 아들을 불러 컴퓨터를 배우기 시작했고 한 달만에 많은 설교가 있는 곳을 발견할 수 있었다. 설교 사이트에는 별별 설교들이 다 있었다. 김 목사는 그 설교들을 다운 받아 프린트를 해서 설교를 해 보았다. 성도들은 아무 것도 모르고 김 목사의 설교에 은혜를 받는 것 같았다. 그래도 김 목사는 그렇게 설교하는 것에 대한 양심의 가책을 받았다. 자기가 알기로는 설교는 기도를 많이 하고 성경과 다른 책들을 보면서 정성스럽게 작성해 선포해야 하는 하나님의 말씀인데 다른 목사의 설교를 그대로 복사를 해서 선포하는 것에 대한 찜찜한 마음을 숨길 수가 없었다. 그래서 속으로 다짐을 했다. '시간이 없고 너무 바빠 설교 준비를 잘 할 수 없을 때만 이런 방법을 사용하리라.'

그리고 김 목사는 예전과 같이 설교에 고민을 하며 기도하고 설교 준비를 했다. 그런데 그렇게 노력해서 작성한 설교가 유명 목사들의 설교와 어떤 차이가 있는지 알고 싶어졌다. 그렇게 비교해 보면 자신의 설교가 어느 수준인지 알 수 있을 것 같았기 때문이다. 그래서 자기와 같은 본문으로 설교한 유명 목사의 설교를 찾아 자기 설교와 비교해 보았다. 그런데 그렇게 정성을 다해 만들어진 자기 설교는 유명 목사의 같은 내용의 설교와 도저히 비교되지 않았다. 자기가 보아도 수준의 차이가 너무 심했다. 그래서 김 목사는 자기가 작성한 설교를 취소하고 유명 목사의 설교를 하고 말았다. 그렇지만 마음은 편하지 못했다. 마치 남의 집에서 밥을 얻어다 '내가 지어 준 밥이니 잘 먹어라'라며 성도들을 속이는 것 같았기 때문이다. 그래서 더욱 더 설교에 대한 고민이 커졌다. 다음 주일 낮 설교는 더욱 더 정성스럽게 준비를 했다. 유명 목사의 설교와 비교하고 싶지 않았다. 그러나 비교하고 싶은 마음을 참지 못했다. 결국 설교를 비교한 후에 김 목사는 다시 실망했다. 그리고 다시 유명 목사의 설교를 할 수밖에 없었다.

이렇게 김 목사는 유명 목사의 설교를 읽어 주는 설교를 하면서 목사로서의 힘을 잃어 갔다. 처음에는 그렇게 설교하는 자신이 싫고 목사 된지 12년이 되었는데도 자신의 설교가 전혀 발전하지 못한 점에 대하여 한심한 생각이 들었다. 그리고 생각해 보니 스스로 자기 설교에 만족해서 설교를 잘하기 위한 어떤 노력도 하지 않았다는 것을 새삼스럽게 깨달았다. 오로지 설교 준비만 했지 설교를 잘하기 위한 공부를 전혀 하지 않았던 것이다.

그리고 갑자기 평소와 다르게 수준이 높아진 것 같은 자기 설교에 대하여 이상한 표정으로 수군거리는 성도들이 있다는 것도 알고 있었다. 그것은 김 목사에게 큰 두려움이 되었다. 그러나 이런 모방 설교에 대한 유혹과 은혜가 없는 자신의 설교를 개선하기 위한 노력을 어떻게 해야할지 갈피를 잡을 수 없었다. 어떻게 해야 은혜롭고 수준이 높은 하나님의 말씀 전달을 할 수 있을 것인가?

모방 설교는 설교를 아주 잘하는 목사의 설교를 모방하는 설교다. 설교를 잘하기 위해서는 훌륭한 설교자의 설교를 배워 그와 같이 설교하고자 하는 설교를 말한다. 모방 설교에 대하여 나는 소극적이지 않다. 우리가 주님의 설교를 모방해서 설교해야 하며 사도의 설교나 설교를 잘하는 목사의 설교를 모방해서 설교하는 것은 매우 좋은 방법이라고 생각한다.

그러나 문제가 있다. 설교는 단순한 메시지의 전달이 아니다. 하나님의 메시지를 잘 전달하기 위해 얼굴, 몸동작, 손발의 움직임, 목소리, 눈의 움직임, 그리고 그 목사의 인격과 생활들이 총 동원된 종합적 전달 수단에 의해 선포되는 하나님의 말씀이다. 우리가 다른 목사의 설교를 인용할 때에 그 분문이나 설교문은 인용할 수 있을지 모르나 그 설교를 선포한 목사의 목소리와 몸놀림과 생활과 인격을 모방할 수는 없다. 그래서 아무리 흉내를 잘 내고 모방을 정확히 한다고 하지만 원래 그 설교의 효과를 내기란 거의 불가능하다. 다시 말해서 그 목사의 설교를 인용한다고 해서 그 목사가 말씀을 선포할 때 성도들이 받았던 은혜를 그대로 성도들에게 끼칠 수 있다고 생각해서는 안 된다. 그것은 전혀 불가능한 일이다. 그러므로 그 설교들을 내 설교로 만들어 선포해야 한다. 만일 이런 노력이 없다면 다른 목사의 설교를 단순히 읽어 주는 대독 설교가 되고 말 것이다.

모방 설교를 잘하기 위해서는 다음과 같은 노력이 필요하다.
유명 목사의 설교를 참고하되 그 설교를 녹음기 재생하듯 따라 하지 말고 완전히 자기 것으로 만들어 선포해야 한다.

① 우선 유명 설교자의 설교에서 설교를 배우려는 자세가 필요하다.

유명 목사의 설교를 단순히 이용해서 자기 교회 성도들에게 그대로 쓰려는 생각을 가지면 안 된다. 유명 목사들의 설교는 많은 성도들이나 성숙된 성도들을 위한 설교가 대 부분이다. 그리고 그 분들은 목회를 아주 오래 하신 분들로 목회 경험이 풍부하며 그런 목회 경험들이 바탕이 되어 그런 설교를 할 수 있는 것이다. 그러므로 그런 연륜과 목회 경험이 없는 젊은 목사들에게는 그 설교가 설교를 하는 목사나 듣는 성도 모두에게 맞지 않는다. 모방 설교를 하는 목사는 한 가지 아주 위험한 착각을 하고 있다. 설교를 듣는 성도들이 유명 목사의 설교를 자기 설교로 받아들이고 있다는 착각이 그것이다. 천만의 말씀이다. 성도들은 자기 목사의 설교 수준을 너무나 잘 알고 있어서 자기 목사에게 걸맞지 않는 설교가 어디서 어떻게 왔는지 아주 쉽게 알아차린다. 몇 번은 속고, 몇 번은 알면서 넘어 가지만, 계속되면 무시하고 멸시하게 될 것이다. 그렇게 되면 남의 것을 훔쳐 자기 것인 양 속여 먹이는 목사를 배척하던지 교회를 떠날 것이다. 인류 호텔의 요리사가 만든 요리를 요리사 견습생이 손님들에게 가져가서 "이 요리는 바로 내가 만든 것입니 다."라고 속이면 싫어하는 것과 같은 이치다.

② 성경 말씀을 많이 알고 잘 알고 난 후에 다른 유명 목사의 설교를 사용해야 한다.

하나님의 말씀을 전후, 좌우 위 아래로 많이 알고 자세히 알고 나면 다른 목사의 설교를 자기 교회에 맞도록 요리하는데 큰 어려움을 느끼지 않을 것이다. 수천 년 동안 이어 온 설교자들의 설교는 어차피 대동소이(大同小異)하다. 내가 아무리 새롭게 설교를 작성해서 선포한다고 해도 그 근거는 성경 66권에 있는 것이며, 어느 때에 누군가에 의해 선포된 말씀일 수밖에 없다. 그런데 같은 본문, 같은 내용의 설교를 했음에도 유명 목사의 설교에는 힘과 감동이 있는데, 내 설교에는 그것이 없다면 감동이 없는 설교를 한 목사에게 전적인 책임이 있다. 우선 하나님의 말씀에 대한 지식이 부족하다. 그리고 말씀을 전하는 목사의 인격에 문제가 있을 수 있다. 말씀은 그렇게 전하지만 실제 생활은 전혀 그렇지 않는 이중적인 인격을 가졌다든지, 아니면 그 말씀을 고지 곧 대로 받아들일 수 없는 목사의 외식된 생활을 성도들이 알고 있기 때문이다. 또 한 가지는 그 설교를 준비하면서 기도가 부족했기 때문이다.

목사는 하나님의 말씀에 능통해서 유명 목사의 설교든지 무명 목사의 설교든지, 하나님의 말씀 한 구절이면 얼마든지 진리를 정확히 선포할 수 있는 말씀의 실력과 영력을 가져야 한다. 그러기 위해서는 말씀을 읽고 연구하는 일과 신령한 기도 생활이 반드시 전제되어야 한다. 그것이 선행되지 않는 모방 설교는 영양은 높지만 싸늘하게 식어 그 맛을 잃은 음식을 성도들에게 먹이는 것과 같다. 그리고 성도들이 '우리 목사님이 저런 좋은 설교를 할 수 있는 실력이 없는데 저런 설교를 하는 걸 보니 설교 준비도 안하는 구나' 라고 생각하게 만든다. 그렇게 되면 목사가 가는 길이 뻔하다.

③ 듣는 성도들의 수준에 맞도록 설교해야 한다.

유명 목사의 설교라고 해서 모든 성도들에게 은혜가 되는 것은 아니다. 듣는 사람의 신앙적 수준에 따라 은혜를 받는 사람도 있고 그렇지 못한 사람도 있다. 목사가 자기 교회 성도들의 설교를 듣고 은혜 받는 수준을 안다면 자기가 아닌 다른 목사의 설교를 있는 그대로 선포할 수 없을 것이다. 그러므로 유명 목사의 설교를 참고할 경우에는 자기 교회 성도들에게 맞도록 설교를 다시 만들어 선포해야 한다. 만일 그렇지 않고 있는 그대로 사용하면 처음에는 모를지 모르지만 나중에 그 설교가 자기 목사의 설교가 아니라 다른 목사의 설교인 줄을 알게 되고 결국 녹음된 설교를 하고 있는 목사를 배척하게 될 것이다.

④ 유명 설교자의 설교 원고를 많이 읽고 먼저 은혜를 받아야 한다.

그 설교에서 목사가 은혜를 받지 못하면 설교를 작성하는데 참고할 가치가 없다.

⑤ 유명 목사의 설교를 세밀히 분석 연구해야 한다.

왜 그 설교가 좋은 설교인가를 알아야 한다는 말이다. 유명 목사의 설교이기 때문에 무조건 좋은 설교라고 생각해서는 안 된다는 말이다. 이 부분의 글은 설교가 좋은 설교가 되게 하는 방법에 기록했다.

⑥ 그 설교를 완전히 자기 것으로 만들어야 한다.

완전히 소화된 설교를 자기 교회 형편에 맞게 다시 각색하고 다듬어야 한다. 아무리 유명한 목사의 설교라고 해도 자기가 섬기는 교회 성도들을 상대하여 설교된 설교는 아니다.

⑦ 설교의 주제와 목적, 제목, 전개에 대한 확실한 확증이 있어야 한다.

고정된 지역에서 목회하는 목사가 유명 목사의 설교 가운데 들어 있는 아파트 주민들의 이야기를 할 수는 없는 것이다.

⑧ 설교 전달 방법을 연구해야 한다.

아무리 좋은 설교라 해도 말씀의 전달 방법이 잘못되어 있으면 전혀 다른 결과를 가져온다. 그러므로 유명 목사의 설교를 연구하되 그 목사의 설교 방법도 함께 연구해야 한다. 이 부분에 대한 글은 제 2부에서 상세히 기록했으니 꼭 참고하기를 바란다.

⑨ 설교와 성도들을 위해 기도해야 한다.

유명 목사의 설교가 많은 성도들에게 큰 은혜를 끼친 것처럼 내 설교에서도 큰 은혜가 임하도록 기도하고 설교해야 한다.

이렇게 유명 설교자의 설교를 자기 설교로 만들지 못하면 힘없고 은혜

없는 대독 설교가 되고 말 것이다. 아무리 좋은 주님의 설교라도 성경에 기록된 말씀을 읽는 것으로 설교를 대신한다면 설교가 아닌 성경 읽기가 되고 만다. 예를 들면 팔복은 누구도 할 수 없는 주님의 귀한 말씀 설교다. 그러나 그 설교가 은혜가 되기 위해서는 그 주제와 의미를 충분히 살리되 현실에 맞도록 각색하고 꾸며야 한다.

설화체 설교

설화체 설교는 다른 형태의 설교와는 완전히 구별된다. 이 설교는 그 주제가 단순한 성구의 말씀이 아니라 사건이나 인물을 대상으로 한다. 그리하여 그 등장된 사건이나 인물을 아름다운 언어라는 붓을 가지고 감동적으로 그린 한 폭의 그림으로 보여 주고 거기에 성도들이 몰입하게 하는 매우 어려운 설교이다. 어떤 설교자들은 이 형태의 설교를 단순한 이야기체 설교로만 생각하고 쉽게 흥미 위주로 이어가는 경우를 본다. 그러나 이 설화체 설교는 어떤 설교보다도 긴장되고 깊이 있는 진리를 보여주는 진지한 설교이다.

① 설화체 설교의 특징

▷ 설화체 설교에서는 사실상 무엇을 하라는 요구가 없다.

▷ 본 설교는 감동적인 그림을 보면서 성도들이 스스로 진리를 발견하고 감동을 받도록 해야 한다.

▷ 말씀의 적용을 설교를 듣는 성도들이 스스로 자기가 무엇을 해야 하는지의 답을 찾도록 한다.

▷ 이 설교는 25분 이내의 시간적 제한을 두는 것이 좋다. 그 이유는 본 설교에서는 예화를 비롯한 기타의 자료를 전혀 사용하지 않고 오직 그 사건이나 인물만을 언어로 그리면서 거기에 내포된 진리를 운반해야 하기 때문이다.

▷ 이 설교는 결론도 설교자가 맺는 것이 아니고 성도들이 결론을 내리도록 한다.

▷ 본문의 사건 또는 인물에서 그대로 결론을 맺도록 해야 한다.

② 설화체 설교의 유의 사항

▷ 설교자가 본 설교의 축을 이루는 사건이나 인물을 객관적으로 보아서는 안 된다.

▷ 성경에 기록된 사건 또는 인물 속에 깊이 주관적으로 몰입해야 한다.

▷ 본문에서 하나님이 무엇을 말씀하시는지를 발굴하는 영성이 있어야 한다.

▷ 분문 사건의 내용이나 인물의 성패를 볼 수 있는 설교자의 깊은 통찰력이 있어야 한다.

▷ 일반 사람들이 보고 느끼는 차원을 벗어나 설교자만이 발견할 수 있는 깊은 진리와 효율적인 메시지를 찾아야 한다.

▷ 이것은 철저한 성경 해석 다음에 이어지는 깊은 기도와 함께 그 사건과 인물의 한복판에서 서서 스스로를 조명해 보는 과정이 필요하다.

▷ 이 설교는 제시하고자 하는 사건이나 인물을 한 폭의 그림처럼 묘사할 수 있는 상상력과 문장력이 있어야 한다.

▷ 잡다한 언어나 예화 등은 일체 사용할 수 없다는 특성 때문에 이 설교에서는 함축성 있는 어휘와 시적인 언어의 개발을 필요로 한다.

▷ 무게 있는 언어나 진지한 장면의 전개가 길어지면 설교의 효과성이 감소된다.

▷ 설교자가 다루고자 하는 사건이나 인물을 화려한 문장과 서술로 이어가는 과정에서 진리를 비실제적인 것으로 만들 위험성이 있다.

설득 설교

설득 설교는 기독교 진리를 반대하는 사람들을 말씀으로 설득하여 믿게하는 설교다. 이런 의미에서 일종의 변증적인 성격을 가진다. 이 설교는 바울이 각 회당에 들어가 그리스도와 그 부활을 논증하고 설득할 때 쓰였다. 이 설교는 그리스도의 신성, 세례, 낙태, 이혼, 윤리적 설교에 쓰이는 것이 좋다. 진리를 거스르는 자들을 굴복시킬 충분한 논리와 근거를 제시해야 한다. 만일 그렇지 못하면 듣는 성도들에게 오히려 역공을 받을 수 있다. 설교자인 목사는 설득을 해야 할 사람들을 위해 기도 많이 하고 성령님의 능력을 힘입어 설교해야 한다. 그리고 담대해야 한다. 머뭇거리지 말라. 설교 후에 반대자들과 토론하는 것을 피하지 말라.

윤리 설교

성도가 세상을 어떻게 하나님의 말씀대로 살아가야 하는가를 말하는 설교다. 이 설교는 우리가 사는 현실에 맞추어 설명되어서는 안 되며 설교자의 상식과 지식과 경험과 환경적 요소를 내세워 그것이 진리인 양 주장해서는 안 된다. 하나님의 말씀에 맞추어 현실을 비판하고 잘못된 것을 고치게 하여 주님의 말씀에 순종하여 살도록 해야 한다.

윤리적 설교는 교리적 설교와 매우 비슷한 성격이 있다. 전자는 행위에 관련되고 후자는 진리에 관련되어 있다. 그리고 하나님의 말씀은 진리와 행위로 구성된다. 그러므로 윤리적인 설교는 매우 그 가치가 높다. 그러나 윤리는 그 기준이 무엇인가에 의해 크게 달라진다. 아프리카의 원주민들이 옷을 벗고 춤추는 것은 그들의 당연한 윤리다. 그러나 우리의 윤리는 종로 한복판에서 그렇게 춤을 추면 미친 사람 취급을 당한다. 윤리는 시대적으로도 차이가 난다. 옛날에는 용납되었던 일이 지금은 용납되지 않는 윤리가 있다. 그러므로 윤리적인 설교는 성경에 제시된 윤리를 표준해서 선포되어야 한다. 여기서 윤리적 설교의 어려운 점이 있다. 성경의 윤리 표준이 성도들의 상황 윤리에 맞지 않을 때에 두 개념에 충돌이 생기는 것이다. 설교자는 이 점을 매우 신중히 다루어야 한다.

설교자는 상황 윤리에 맞추어 성경의 윤리를 해석해서는 안 된다. 그러나 오늘 많은 설교자들이 이 점에서 잘못을 범하고 있다. 반드시 상황 윤리가 성경 윤리로 개선되도록 설교를 해야 하는데 쉽지 않는 일이다. 성경에서는 이혼에 대하여 한 가지 규정만 말씀하신다. 간음의 원인이 아니고서는 이혼을 금하고 있다. 그러나 현실은 간음이 아닌 다른 많은 이유로도 이혼을 한다. 이런 여러 가지 다른 이유로 이혼을 한 성도들을 앞에 두고 어떻게 설교를 해서 성경에서 말씀하신 정당한 이유를 설명할 수 있으며 설교할 수 있을 것인가는 설교하는 목사들의 책임이다.

영감 설교

이 설교는 설교자나 성경의 신비한 요소들을 강조하여 하는 설교다. 영감 설교는 하나님의 말씀에서 영적인 면을 강조하므로 하나님께 영광을 돌리고 성도들을 고무시키며 자극하고 감동되게 하는 면이 있다. 그러나 이 설교는 복음적이기 보다는 연극적인 면이 많이 강조되어 과장되는 일이 있다. 그리고 설교자가 경험한 신비한 무엇을 선전하기 위한 의도가 다분히 작용한다. 그러므로 이 설교에서는 성경에 나타난 정확한 상황 이해가 있어야 하고 목회자의 체험을 말해서는 안 된다.

심리 설교

성경의 인물들을 중심으로 그 심리를 묘사한 설교를 말한다. 심리 설교에는 많은 지식이 필요하다. 그러나 그것이 지식으로 그쳐서는 안 되며 성도들의 주님을 사랑하고 충성하도록 생각을 바꾸는 것으로 완성되어야 한다.

변증 설교

다른 종교의 공격으로부터 기독교의 진리를 보호하기 위한 설교다. 이 방법을 헤겔 철학적인 방법이라고 말하는 학자도 있다. 이 설교는 세 가지 방법을 세 부분으로 구성해서 설교한다. 즉 정. 반. 합이 그것이다. 그런데 젊은 설교가들은 자기가 아는 지식을 자랑하기 위해 명제, 반 명제, 종합이라고 말하고 이 말을 다시 설명하므로 짧은 설교시간을 낭비한다. 이 설교는 논쟁으로 이어질 소지가 다분하다. 중세의 교회에서는 많이 행해졌으나 지금의 교회에서는 별로 하지 않는다.

대비 설교

두 개념 사이를 왔다 갔다 하면서 대비하여 설교하는 방법이다. 주님께서도 이런 대비 방법을 쓰셔서 두 가지 개념을 확연히 하셨다. 빛과 어두움. 반석과 모래, 하나님과 재물, 부자와 나사로, 지옥과 천국, 사랑과 미움이 그것이다.

대비 설교 방법은 한 가지 개념과 다른 반대편 개념을 대비하는 방법, 한쪽을 모두 설명하고 다른 쪽을 설명하는 방법, 말로 대비하는 방법, 얼굴 표정으로 대비하는 방법, 몸 동작의 대비 방법, 성도들을 두 편으로 갈라 대비하는 방법 등이 있다.

대비 설교는 설교를 듣는 성도들이 설교자의 이야기를 확실하고 분명히 알아듣기 쉽게 한다. 그러나 두 개념의 대비를 흥미 위주로 해서는 안 된다. 또 동등한 가치가 있는 것으로 해서도 안 된다. 반드시 핵심이 되는 점을 기억하게 해야 한다.

상황 설교

어떤 학자는 이 설교를 생활환경에 대한 설교라고 한다. 현실적 상황을 성경을 이용해 설명하고 해석하는 설교다. 일종의 시사적인 설교라고 할 수 있다. 그러나 이 설교를 자주 하면 시국 강연을 하는 것처럼 되기 쉽다. 더욱이 이 설교에 자료가 되는 정치, 경제 이야기는 성도들이 너무 식상한 주제이기 때문에 삼가는 것이 좋다. 사회적으로 큰 문제가 되고 있는 사건을 다루는 것은 좋을 것이다. 그러나 이 설교가 종말론 설교가 되어 성도들을 공갈 위협하는 수단으로 전락해서는 안 된다.

교파 설교

성경적 설교 규범에서 벗어나는 종파적 설교는 교파 노선에 대해 변명하고 합리화하며 다른 교파를 공격하고 비판하는 비열한 잔소리에 불과하다. 이런 설교에서 가장 중요하게 생각하는 것은 정성들인 주석이 아니라 오히려 교리와 "우리 그룹"에 대한 충성일 뿐이다. 이것은 살아 있는 하나님의 말씀이 아닌 것을 지지하는 특별한 신학적 입장의 표명이다. 주로 정통적인 교회에서 보다 이단적 요소를 가진 교파에서 자기 합리화 수단으로 사용된다.

반증 설교

설교자가 하나님의 말씀을 선포하기보다는 성도들이 제기하는 질문에 답변하는 설교가 반증 설교다. 이 설교는 주제도 없고 하나님의 말씀의 지시도 없으며 오로지 사람의 욕구만 있는 설교가 되기 쉽다. 설교라기보다는 토론이라고 하는 것이 좋을 것이다.

이데올로기적 설교

이 설교는 주변 문화의 편견과 가치를 반영한다. 이 설교는 성도들이 속해 있는 특정 그룹의 철학과 가치 체계를 설명하는 설교다. 오늘날 만연하는 이데올로기의 형태들은 초대 신앙, 새로운 사회 복음, 개혁파 전통, 미국식 생활 방식 등 여러 가지 차원에서 볼 수 있다. 이데올로기적 옹호자들은 당대의 지배적인 의견을 반영한다. 그러므로 엄격한 의미에서 설교라 할 수 없다.

사건 설교

필립 브룩스라는 설교가는 하나님의 말씀이 보스턴 시민들의 생활에 어떤 변화를 주었는가를 실제 일어난 사건들을 통해 설명했다. 이 설교는 하나님의 말씀에 의해 변화되는 사람들의 삶을 설명함으로써 하나님의 말씀이 어떻게 생활 속에서 살아 역사 하시는가를 잘 보여 줄 수 있다. 그러나 실제로 일어난 사건과 하나님의 말씀을 무리하게 연결시키거나 정확하지 못한 사실 설명은 오히려 설교의 질을 떨어뜨릴 위험도 있다.

부사적 설교

이 설교는 스펄전 목사가 많이 사용해서 좋은 설교임을 입증한 설교 형태다. 여섯 가지 질문에 대한 답변으로 설교가 이루어진다. 그 여섯 가지는 '누가' '언제' '어디서' '무엇을' '어떻게' '왜' 이며 이에 따라 설교가 진행된다.

알레고리 설교

이 설교는 절대 해서는 안 된다. 이 풍유적인 설교는 "선한 사마리아 사람"(눅 10:33)의 비유 말씀을 '사마리아인은 주님'으로 '여리고는 신앙적 타락'으로 '두 데나리온은 신앙과 구약'으로 해석한다.

사다리 설교

제임스 스투어트라는 설교자가 많이 사용한 방법이다. 청취자들이 현재 있는 상태에서부터 한 단계씩 위로 올라간다. 그들의 상황을 이해하고 그들의 입장에서 시작한다. 예들을 쌓아올리고 격려하면서 목표하는 지점으로 이끌어 준다. 쉽게 말하자면 기초부터 시작해서 단계적으로 설명하는 것이다.

원인 결과 설교

아모스의 설교와 같다. 결과에서 시작해서 원인을 찾는다. 예를 들어 사람들이 당하는 고통을 묘사한다. 그리고는 그 원인 무엇인지 살펴본다. 피상적 원인은 물론 돈, 병, 이별, 외로움 등이다. 하지만 더 근본적인 원인은 죄요, 더 깊은 곳에는 하나님과 단절됨을 지적할 수 있다. 이런 진행이다.

순서 설교

어떤 일의 과거, 현재, 미래를 말하거나 그때는 이러저러했는데 지금은 이러저러하다는 식이고 다시 지금은 이러저러한데 미래는 어떠하다는 식의 진행 방법이다. 어떤 인물을 묘사할 때, 하나님을 모를 때, 하나님을 알고 예수를 영접했을 때, 그리고 신앙이 성숙했을 때, 등으로 말해 볼 수 있겠다.

동기 유발 설교

주의를 끈다. 성도가 필요로 하는 것을 가르쳐 준다. 신앙적인 해답으로 그것을 만족시킨다. 그것을 영상화한다. 그리고는 행동하게 만든다.

염주 설교

부흥회 설교가 대부분 이런 식이다. 염주를 꿰어 놓은 것 같이 예화로 연속된다. 오랜 시간 동안 청중의 관심을 붙들어 두는데 좋다. 하지만 이 역시 논지를 벗어나서 흥미 위주로 진행될 가능성이 많다. 아무리 예화가 많고 내용이 길어도 한 가지 주제에서 벗어난다면 아무 것도 기억되지 않을 것이다.

필요와 해결 설교

일상생활에서 당하는 문제 또는 요구에 대한 응답을 주려는 시도이다. 고통이나 문제를 지적함으로 성도의 흥미를 유발한다. 그리고는 청중들이 공감할 수 있는 해결을 찾아간다. 물론 결론은 언제나 그리스도의 복음에서 얻어야 한다. 성도의 관심사를 필요 점으로 하는 게 중요하다.

황소 눈(bull's-eye) 설교

결정적인 충격 효과를 노리는 방법이다. 다섯 과정으로 진행한다. 정신 차려. 바로 당신의 문제를 말하는 거야. 원리는 이것이다. 예를 들어서 말하겠다. 그러니 이렇게 하라. 중요 요점은 원리를 말하기 전에 청중의 관심과 흥미를 잡아야 한다는 것이다. 그 다음 복음의 원리를 적용시켜야 한다.

강물 설교

작은 지류들이 모여서 하나의 큰 물결을 이루는 모습이다. 그러니까 분명하고 직접적인 예를 몇 개 들어서 공통의 원리를 뽑아낸다. 전형적인 귀납적 방법이다. 사실 설교도 객관성을 유지하기 위해서 공통적인 원리를 찾아낼 필요가 있다. 그래서 누구에게나 적용되게 한다.

장면 회상 설교

유명한 텔레비전 드라마나 영화 또는 소설의 내용에서 설교를 만들어 내는 것이다. 여러 사람들이 아는 내용이나 설교자만 아는 내용이든 상관없이 그 나름대로 청중의 흥미를 유발할 수 있다. 또한 그것으로부터 감동적인 내용을 만들어 낼 수 있다. 가끔 사용하면 큰 감동적 설교를 할 수 있다.

전기 설교

성경 안과 밖에서 대상을 찾아서 어떤 인물의 전기를 설명한다. 반드시 완전한 인물일 필요는 없다. 잘못된 사람이라도 교훈은 줄 수 있기 때문이다. 방법은 꽃밭을 뒤지듯이 탐구하고 밝혀내어 결론으로 발전해 나아간다. 하나님께서 한 인물에게 어떠한 은혜를 입혀서 그가 어떻게 되었는지 말한다.

이 외에 상관 설교, 분석 설교, 예화 설교, 인물 설교, 독백 설교, 역사 설교, 경험 설교, 간증 설교, 계절 설교, 심방 설교, 부흥 설교들이 있다. 이런 설교 유형은 설교자의 주장에 따라 수없이 많다. 그러므로 설교자가 여기서 말한 유형 이외의 새로운 유형의 설교를 할 수도 있겠으나 하나님의 말씀을 바로 전하는 원칙에는 벗어나지 말아야 한다.

설교자는 7년 내에 같은 설교를 하지 않도록 주의해야 하며 절기 설교는 같은 설교를 3년 내에 해서는 안 된다. 그리고 심방 설교의 본문은 400개 정도 준비하는 것이 좋다.

설교와 설교자

설교자는 하나님의 말씀을 전하는 스피커와 같다

"그 때에 내가 말하되 화로다 나여 망하게 되었도다 나는 입술이 부정한 사람이요 입술이 부정한 백성 중에 거하면서 만군의 여호와이신 왕을 뵈었음이로다. 때에 그 스랍의 하나가 화저로 단에서 취한바 핀 숯을 손에 가지고 내게로 날아와서 그것을 내 입에 대며 가로되 보라 이것이 네 입에 닿았으니 네 악이 제하여졌고 네 죄가 사하여 졌느니라 하더라" (사 6:5-7)

아주 무더운 7월 말 어느 주일에 그 목사는 강단에 서서 설교를 했다. 피곤에 지친 목사의 모습이 강단에 나타났다. 목소리에는 힘이 없고 15분 동안 선포된 설교는 전혀 준비되지 못한 설교였다. 목사의 설교와 다른 순서를 모두 합해 주일 예배는 정확히 한 시간 만에 끝났다. 목사는 설교 후에 교회의 여러 가지 여름 행사에 대해 상당히 오랫동안 광고를 했는데 광고 시간이 설교 시간 보다 더 길었다. 목사의 광고 가운데 놀라운 광고가 있었다. 그는 그 무덥고 비가 많이 오는 장마철에도 쉬지 않고 성도들의 가정을 심방했다고 했다. 그리고 이번 주간도 약 30명의 가정을 심방한다고 했다. 다른 목사들은 무더운 여름에 일을 쉬고 휴식을 하고 있는데, 이 교회 목사만은 열심히 일하고 있었다. 그리고 너무 피곤하고 지쳐서 목사의 가장 중요한 사역인 설교 준비를 전혀 하지 못한 것 같았다. 그런 목사를 보면서 40대의 부부 집사는 이렇게 말했다.

"오늘 목사님이 왜 그래요?"

"몰라서 물어! 목사님이 너무 피곤해서 그렇잖아. 장로들이 8명이나 있으면서 그게 뭐야. 한 사람도 목사님이 얼마나 피곤한지 모른단 말야. 오늘 저녁에 장로들을 좀 만나야겠어."

설교는 하나님의 말씀을 오늘의 상황 속에서 선포하는 것이다. 그런데 설교는 단순히 성경을 해석하는 것이 아니라, 설교자의 인격과 삶이라는 그릇 속에 담겨서 전해지기 때문에 설교와 설교자는 따로 분리시켜 생각할 수는 없다. 목사의 가장 중요한 기능이 설교이기 때문에 목사가 된다는 것은 한평생 설교자의 삶을 살아야 함을 의미한다. 목사의 역할 중에는 교육, 상담, 심방과 다른 업무들도 엄밀히 따져 본다면 설교와 무관한 것이 아니다.

설교는 선택된 사람에 의한 하나님 말씀의 선포이다. 설교자 자신이 메시지 근원은 아니다. 메시지는 하나님께로부터 온다. 그리고 설교자는 메시지의 통로다. 메시지는 목사의 인격체를 통하여 움직인다. 따라서 설교자인 목사는 하나님의 말씀을 전달하는 전달자다. 설교는 궁극적으로 사람들에게 전하여지는 것이므로 설교자는 좋은 통로가 되어야 한다. 만약 설교자가 좋은 그릇이나 통로가 되지 못한다면 도리어 메시지의 흐름을 방해하게 된다.

설교는 말씀을 잘 깨달은 사람은 누구나 할 수 있다는 주장이 있고, 반드시 목사 안수를 받은 사람이 해야 한다는 주장이 있다. 전자는 가능하기는 하지만 설교가 일반 성도의 전문적인 사역이 될 수는 없고 많은 위험성을 내포하기 때문에 찬성할 수 없다. 그 이유는 설교의 일차적인 작업은 신학적 작업이요, 해석학적 작업이어서 단순히 하나님의 말씀을 몇 가지 체험하는 정도로 이해하면서 설교를 한다는 것은 위험한 발상이기 때문이다. 더구나 성경을 읽고 간증을 하는 것은 설교와 동일시할 수 없다. 그러므로 설교자는 정상적인 일반 교육과 신학 교육을 받아서 복음의 열정과 성경 해석학의 본질을 아는 전문가, 교회가 인정하고 노회에서 정상적으로 목사 안수를 받은 목사여야 한다. 물론 노회에서 목사 안수를 받는 것이 영적 지도자가 되는 조건의 전부는 아니지만, 적어도 그러한 절차가 있는 것은 교회의 덕과 질서를 위해 반드시 필요하다.

설교자의 요건

설교자가 갖추어야 할 요건들은 다음과 같다. 우선 지난 세기의 대 설교학자인 존 브로더스(John 4. Broadus)의 설교자 자격론을 중심으로 해서 몇 가지를 생각하고자 한다.

소명(召命; Calling)

소명의 일반적인 개념은 하나님으로부터의 부르심을 의미한다. 설교에 대한 소명감이 없는 사람은 목사가 되어서도 안 되고 설교해서도 안 된다. 왜냐하면 설교는 하나님으로부터 소명을 받은 사람이 하는 사역이기 때문이다. 사도 바울은 말하기를 "사도로 부르심을 받아 하나님의 복음을 위하여 택정함을 입었다"(롬 1:1)라고 고백하였다. 즉 복음을 전파하기 위해 보내심을 받은 자(롬 10:15)가 되었다는 말이다. 여기서 말하는 소명은 깨달은 하나님의 말씀에 대한 증거의 열정을 말한다.

신령한 은혜의 체험이 있어야 한다

목사가 되는 요건으로써 신학 공부를 마치고 교회가 요구하는 시험에 합격함으로써 목사 안수를 받을 수 있고 직업적으로 목사직을 수행할 수도 있다. 그러나 그러한 외형적인 절차만을 통해서 설교자가 된다면 복음 운동은 생명 없는 화석(化石)이 될 것이다. 설교자는 우선 자신의 구원에 대한 확신이 있어야 한다. 그리고 하나님을 만난 살아 있는 영적 체험이 있어야 한다. 그것은 생명 운동은 살아 있는 체험을 가진 설교자를 통해서만 역사하기 때문이다. 자기도 확신하지 못하는 복음을 어떻게 다른 사람에게 증거할 수 있겠는가?

끝임 없이 연구하고 기도하는 사람이어야 한다

앞서 말한 대로 설교는 첫걸음부터 신학적 작업, 성경 해석학적 작업이 기초가 되어야 하므로, 신학의 수립이 안 된 사람은 설교자로서 위험하다. 리스쳐(Richard lischer)는 "설교는 신학의 마지막 언어"라고 말했다. 모든 설교에는 반드시 설교자의 신학이 나타나도록 되어 있다. 그러므로 신학 수업을 확실히 하지 않은 사람에게서 바른 진리 운동을 기대하기는 어렵다. 그리고 설교자는 신학 연구를 학교를 졸업한 것으로 그쳐서는 안 된다. 끊임없이 자기를 개발하고 설교에 필요한 모든 연구와 훈련이 필요하다. 그리고 하나님의 능력이 함께 하도록 자신을 드려 기도하고 헌신하는 신령한 생활이 있어야 한다.

하나님이 주신 달란트를 개발해야 한다

효과적인 설교자가 되기 위해서는 하나님께서 주신 설교의 달란트를 개발하는 것이다. 마치 10달란트를 가진 자와 같아야 한다.

설교자는 언제나 건강해야 한다

설교자는 언제나 건강해야 한다. 정신적으로나 육체적으로 건강하지 못한 설교자는 은혜로운 설교를 할 수 없다. 그리고 설교를 듣는 성도들에게도 시험이 된다. 어디가 아픈 사람은 아프다는 말을 하게 되는 것인데 설교자의 아픔은 설교에 반영되기 마련이어서 성도들을 근심되게 한다.

설교자는 성령님의 조력자가 되어야 한다

성령님이 주체가 되고 설교자는 조력자가 되어야 한다. 즉 설교자는 성령께 전적으로 의지해서 말하고 살아야 한다. 설교는 설교학이나 설교 기술을 배우는 것으로 되지 않는다. 설교자의 역동적인 힘은 자기 자신에게서 나오는 것이 아니라, 성령님의 사역에서 나오는 것이다.

설교 준비 법

설교의 좋고 나쁨은 설교자의 인격과 준비하는 시간과 비례한다

스펄전 목사가 한번은 형편없는 설교를 했다. 그는 이 일이 너무 마음 아파 하나님께 회개하며 기도했다. "주 하나님, 당신은 무에서도 무엇인가를 하실 수 있지 않습니까? 그 형편없는 설교를 축복해 주십시오." 그 후 그는 한 주간 내내 주님을 의지하면서 이 기도를 했다. 한 밤중에도 일어나 기도를 했다. 그 다음 주일은 지난 주일의 엉터리 설교를 보상하려는 마음으로 준비를 많이 해서 멋진 설교를 했다. 성도들도 그 설교에 많은 은혜 받았다고 했다. 그 자신도 굉장히 흡족했다. 그 때 그는 속으로 이렇게 생각했다. "이 두 편의 설교의 결과를 한번 비교해 보아야 하겠다." 그 결과는 참으로 놀랄 만큼 달랐다. 첫 번째의 엉터리 설교를 통해서는 41명이나 주님을 영접했지만 두 번째의 그 멋진 설교를 통해서는 단 한 영혼도 구원을 받지 못했던 것이다.

목회에서 가장 중요한 사역이 무엇인가? 이 질문에 대한 목회자의 대답은 70%가 설교라고 한다. 이 응답은 설교자들의 생활 속에서 그대로 반영된다. 설교자는 항상 설교에 대한 부담을 안고 살고 있다. 그러면서도 설교자들은 설교 준비를 위하여 자기 시간의 30%도 쓰지 않는다. 그렇게 되는 이유는 많다. 한국 교회의 목사들은 심방을 비롯하여 각종 행사와 설교가 아닌 다른 일에 너무나 많은 시간을 쏟고 피곤한 주말에 설교 준비를 위해 책상에 앉는다. 이런 설교자에게 은혜로운 말씀이 주어지고 그 말씀의 깊은 의미를 깨달을 수 있는지 의심하지 않을 수 없다. 성급함과 초조감과 피곤과 졸음 속에서 과연 영혼을 깨우치는 신선한 설교가 준비되기는 불가능한 일이다.

설교가 목회에서 70%의 비중을 차지한다면 설교 준비도 그 정도를 할애해야 하는데 그렇지 못하는 모순이 설교자의 고민을 만든다. 만일 설교자가 자기 시간의 70%를 설교 준비하는데 사용한다면 설교에 대한 고민이나 부담감을 전혀 가지지 않아도 될 것이다. 오히려 설교하고 싶은 열정으로 설교할 곳을 찾아 눈을 번듯 거릴 것이며 심령에 철철 넘쳐흐르는 말씀 전할 곳을 찾아 기도할 것이다.

말씀의 샘이 넘치는 목사님이 계셨다. 80이 넘으신 목사님은 성경 전권을 거의 외우다시피 했다. 그 목사님은 설교를 하기 위한 어떤 정해진 시간이 없었다. 대상도 없었다. 장소도 없었다. 입을 열기만 하면 설교가 튀어 나왔다. 일본 순사에게 고문을 당하면서 때리면 예수님이 튀어 나왔다는 어떤 목사님의 심령과 같았다. 그 목사님에게는 하나님의 말씀은 물론이고 세상 살아오신 모든 경험과 보고 듣고 하신 모든 일들이 설교 재료들이고 하나님의 말씀 전달 매개체가 되었다.

성공적인 설교란 쉬운 것이 아니다. 설교를 쉽게 생각하는 사람들은 성공적인 설교가 무엇인지조차도 모르는 사람들이다. 설교란 한 인간의 신앙과 정성어린 마음과 언어의 기술과 그리고 지적인 모든 바탕의 최고점을 요구하는 중요한 일이다.

하나님께서 성도들에게 하시고자 하시는 말씀을 찾으라

설교할 하나님의 말씀을 찾아야 한다. 하나님께서는 특정한 날, 특정한 시간에 특정한 사람들에게 하시고자 하시는 말씀을 찾아야 한다는 말이다. 하나님이 성도들에게 하시고자 하시는 말씀을 찾는 고민이 심각하고 그 말씀을 찾기 위해 노력하면 할수록 그 설교자는 위대해질 것이다.

설교 본문을 찾는데 참고가 되는 것들은 다음과 같다.

▷ 설교자가 자신의 영성을 위해 항상 읽고 있는 성경 본문이다.

▷ 성도들의 영적 생활에 필요한 말씀이다.

▷ 우리들의 일상생활에서 부딪치는 사건들과 환경적인 요인들이다.

▷ 교회 의식에 따른 교회력이다.

▷ 설교자 자신의 개인적인 은혜와 확신이다.

일반적으로 한국 교회의 설교자들이 설교 본문 말씀을 앞에 두고 취한 태도는 다음의 세 부류로 분류된다.

첫째 부류는 본문을 읽고 자신이 느끼고 생각한 것을 본문의 뜻으로 정해 버리는 지극히 경망스러운 설교자들이다. 이들은 때로는 자신의 생각을 말하기 위하여 거기에 맞는 본문을 찾는 경우가 많다. 이런 설교자들은 성령님의 도움으로 말씀의 뜻을 이해하려는 노력의 필요성마저 느끼지 아니한다.

둘째 부류는 가장 간단한 방법으로 주석을 겸한 성경 한 권으로 말씀의 뜻을 채우려는 단순노력형의 설교자들이다. 그리고 더 이상의 석의(釋義)의 필요성을 느끼지 못한 채 대충 넘기는 경우다.

셋째의 부류에 속한 사람은 설교의 이론을 충실히 따르는 형태이다. 먼저 칼빈의 말대로 성령님의 동행을 간구(懇求)하고 자신의 오감을 깨우쳐 말씀을 깨닫게 해 달라는 기도를 한다. 그리고 시간의 제한을 받지 않고 자신이 찾아 볼 수 있는 각각 달리 번역된 성경과 원어 사전과 성서 사전을 비롯한 각종 사전류를 펴고 오늘의 말씀의 뜻을 찾기에 골몰한다. 그리고 다수의 성경 주석을 가지고 자기의 성경 해석이 바르게 되었는지를 스스로 점검한다. 그리고 본문 말씀에 대한 또 다른 해석을 찾는다. 여기에서 미래의 설교자들이 가야 할 바른 길이 어떤 것인가를 점검하게 된다.

성도들이 듣고자 하는 설교를 찾으라

성도들이 듣기 바라는 하나님의 말씀이 있다. 그들은 언제나 변화무쌍하고 요구도 다양하다. 그러므로 그들의 바라는 말씀을 찾기란 매우 어려운 일이다. 그러나 꼭 찾아야 한다. 설교자가 자기가 하고 싶은 설교를 하고, 성도들이 바라는 말씀이 아닌 엉뚱한 말을 전하게 되면 그들은 은혜를 받지 못하고 실망해서 낙심될 것이며 쓸데없는 잔소리를 들었다고 할 것이다. 어떤 성도는 아무 것도 바라지 않은 채 설교를 듣는다. 그런 성도들에게도 자신의 문제가 무엇이며 그 문제의 해답이 무엇인지를 알 수 있도록 설교해야 한다.

성령님께 의존하고 기도하라

설교 준비에 있어서 가장 중요한 것은 성령님의 인도하심을 받는 것이다. 사도 요한이 "바람이 임의로 불매 네가 그 소리를 들어도 어디서 오며 어디로 가는지 알지 못하나니 성령으로 난 사람은 다 이러하니라"(요 3:8) 하신 말씀처럼 성령님을 따라 준비된 설교가 최고의 설교다. 설교자는 모든 것이 하나님을 의지하여 기도하고 하나님의 모든 것이 설교자에게 의존되어 있는 것처럼 사역해야 한다.

설교자는 성령의 손에 잡힌 하나님의 말씀을 전하는 도구다. 그러나 설교는 녹음기와 같은 단순 도구가 아니다. 그러므로 설교자는 하나님의 말씀을 전달하기 위하여서는 자나깨나 성령님의 명령을 기다리고 받고 그 말씀을 잘 전하기 위한 자료를 찾는 것이 생활의 가장 중요한 일이 되어야 한다. 사실 설교 준비는 끝없는 정성과 노력이 요구되는 특별한 사역이다. 이런 까닭에 설교자는 남달리 건강한 영성을 가꾸어 영적으로 건강한 호흡을 하며 하나님의 말씀을 깨달을 수 있는 지적인 바탕과 성장을 쉬지 아니해야 할 존재이다.

설교의 개요와 목적과 요점을 정리하라

설교의 본문과 제목이 정해지고 말씀을 전하고자 하는 충동이 충만해졌다고 해서 무조건 설교를 하려 하면 안 된다. 이미 설교자의 마음에 자리

잡은 하나님의 말씀을 성도들이 잘 알아들을 수 있도록 그 내용을 배열해야 한다. 배열하는 방법을 이렇게 하라.

▷ 논리적으로 배열하라.

▷ 가장 약한 요점에서 요긴하고 강조될 요점으로 배열하라.

▷ 가장 강력한 강조점은 가장 마지막에 두라.

▷ 설교의 개요는 짧게 해야 한다.

▷ 각 요점들이 자연스럽게 진행되게 하라.

이런 요점 정리 작업은 한 번에 끝나지 않는다. 몇 번씩 거듭 정리하면서 설교자의 눈에 익숙하게 배열되어야 하며 설교 현장에서 짧은 순간에 모든 것을 볼 수 있도록 익숙해져야 한다.

설교의 주제와 목적을 부각시켜라

하나의 설교에는 하나의 주제와 목적만 있어야 한다. 모든 성경 본문에는 여러 가지 주제와 목적들이 있다. 예를 들면 요한복음 3:16의 말씀에도 '하나님' '세상' '사랑' '독생자' '저를 믿는 자' '멸망' '영생' 이라는 주제와 목적이 있다. 이 모든 것을 한 번에 다 말할 수는 없다. 주제와 목적이 많아지면 설교 전체의 질서가 무너지고 혼란스러워 무슨 설교를 하는지 알아들을 수 없고 기억할 수 없다. 주제와 목적은 한 마디로 표현될 수 있어야 한다.

설교에 대한 강력한 충동이 있어야 한다

설교자는 설교를 직업의식이나 다른 여러 가지 목회 사역 가운데 한가지라고 생각해서는 안 된다. 설교 이외의 모든 목회 사역은 전적으로 설교를 위해 존재하는 것이다. 사도행전에서 교회가 크게 성장하고 해야 할 일이 매우 많아졌을 때에 사도들은 모든 것을 다 집사들에게 맡기고 오직 기도하는 것과 말씀 전하기만 전심전력하기로 했다(행 6:4). 여기서 우리는 기도하는 것이 말씀 전하는 것과 함께 강조되고 있음을 주목해야 한다. 사도들이 교회의 모든 일을 그만 두고 기도하고자 한 기도는 말씀 전하기 위한 기도였음을 알아야 한다. 사도들은 하나님의 말씀을 전하기 위한 강력한 충동을 받았고 하나님이 성도들에게 하시고자 하시고 성도들이 하나님께 듣고자 하는 말씀을 찾기 위해 전심전력 기도할 수밖에 없다는 것을 깨달은 것이다.

하나님의 말씀에 대한 해박 다식한 지식이 있어야 한다

하나님의 말씀을 전하는 설교자가 하나님의 말씀을 잘 알아야 한다는 것은 두 말 할 여지없는 지당한 말이다.

성경에 대한 해박 다식한 지식을 얻기 위해서는 무엇보다도 성경을 많이 읽어야 한다. 어떤 사람은 성경을 이해하기 위해 성경을 해석하는 참고서를 많이 보는데 그래서는 안 된다. 성경을 많이 보되 기도하고 볼 것이며 설교를 위한 성경 보기와 말씀에서 은혜를 받기 위한 성경 보기를 병행해야 한다. 성경을 보면서 마음에 와 닿는 말씀이나 깨달아 지는 말씀, 전하고 싶은 말씀, 전해야 하는 말씀들을 메모해서 잊지 않도록 해야 한다.

설교에 대한 철저한 준비가 있어야 한다

설교에 대한 준비는 책상에 앉아 원고를 쓰는 시간이 아니다. 그 시간은 이미 충분히 준비된 설교를 정리하는 시간일 뿐이다. 목사의 설교 준비는 24시간 365일이 되어야 한다. 그리고 모든 생각, 생활, 상황, 만나는 사람들이 설교 준비에 쓰여져야 한다. 설교자인 목사는 하나님의 말씀을 바로 전하기 위해 선택된 사람이라는 것을 한 시도 잊어서는 안 된다. 항상 메모지를 가지고 다니라. 아주 작고 성능 좋은 디지털 녹음기를 가지고 다니라.

저수지의 물이 차고 넘쳐 흘려 넘치는 것과 같이 설교자의 마음에 하나님의 말씀이 넘쳐야 한다. 성경 읽기, 기도, 심방, 성도에 대한 정보, 매스컴, 시대 상황, 역사, 타인과의 대화, 보는 것, 듣는 것, 말하는 것, 관찰에서 오는 사실들, 독서 – 소설, 역사, 일기, 주간지, 신문, 시집, 잡지, 시사 – 들이 모두 설교를 위한 자료들이 되어야 한다. 이런 자료들은 설교를 위한 파일에 잘 정리되어야 필요할 때 잘 쓸 수 있다.

설교 잘하는 목사들의 설교를 연구하라

나는 설교 책을 많이 보아야 설교를 잘 할 수 있다고 주장한다. 내 서가(書家)에는 유명 목사들의 설교 책이 수 십 권 있다. 모두 몇 번씩이나 읽었고 어떤 설교는 내 설교로 만들어 설교 한 설교도 있다. 그러나 설교 책을 읽는 것은 설교를 배우기 위해서이지 그 설교를 대독하기 위함이 아니다. 인터넷의 설교들도 설교를 배우기 위해 자세히 볼 필요가 있다. 문장과 문장의 구성들, 글의 띄어쓰기와 강조점, 본문의 해석과 적용의 방법,

예화의 사용 등을 배워야 한다. 또 설교를 잘하는 목사들의 설교 테이프도 함께 들으면서 음성의 높낮이, 강조되는 부분 등을 배워야 한다. 할 수 있다면 요즘 많이 유행하는 영상 설교를 보고 들으면서 목사들의 설교 몸놀림(body language)까지도 배워야 한다. 케이블 기독교 방송에서 방영되는 목사들의 설교를 보고 들으라. 그렇게 해서 그 분들의 설교 장점을 내 것으로 해야 한다. 그러나 아무리 이렇게 준비를 해도 자신의 설교와 비교하여 장단점을 발견하지 않으면 소용이 없다. 할 수 있다면 자신의 설교하는 모습을 동영상으로 찍고 설교 잘하는 목사의 동영상과 비교해 보고 자신의 설교와 유명 목사들의 설교를 비교 검토해서 그 분들의 장점과 나의 약점을 노트하라. 혼자 하기 어려우면 몇 사람이 함께 모여서 피차에 설교를 듣고 평가하는 것도 좋은 방법일 것이다. 그래서 성도들에게 감화와 감동을 주어 회개케 하고 주님을 더 잘 믿도록 해야 한다. 목사의 설교에 대한 발전은 곧 두 달란트 받은 종이 열 달란트를 받는 축복이며 작은 일에 충성한 종에게 큰일을 맡기시겠다는 주님의 은총이다. 그리고 곧 교회 성장으로 확인된다는 것을 알아야 한다.

신선한 설교를 하라

언제나 신선한 설교를 하도록 해야 한다. 교회를 개척하거니 부임해서 3년 정도가 되면 성도들이 목사의 설교에 식상(食傷)하게 된다. 그렇게 되는 가장 큰 이유는 똑 같은 스타일의 설교를 하기 때문이다. 쌀을 가지고 3년 동안 같은 음식을 만들어 먹으면 꼭 먹어야 하지만 먹기 싫어지는 것과 같은 현상이 생기는 것이다. 그러므로 설교자는 성도들이 신선한 설교를 들을 수 있도록 설교하는 방법을 연구해야 한다. 설교에 대한 좋은 책을 보고 연구할 것이며, 설교 동지회를 만들어 설교에 대한 정보를 교환하라. 쇠는 쇠를 날카롭게 한다. 설교를 위한 세미나에 열심히 참석해서 새로운 설교 방법을 배우라. 이 책의 뒷부분에 상당히 많은 설교 기법에 대한 글이 있으니 참고하기 바란다.

설교자의 능력을 유지하라

설교자가 설교에 대한 모든 것을 충분히 저축하고 있어야 한다. 그러기 위해서는 계속적인 성경 보기와 연구, 성령님께 의존하는 열정적인 기도, 지속적인 자기 평가가 있어야 할 것이다.

전달의 수단의 다양화

설교 전달 수단의 다양성은 설교를 즐겁게 하고 잘 들리게 하는 아주 좋은 방법이다. 이것은 설교 형태와 전달 방법의 다양성으로 유지할 수 있다.
신선한 설교를 하기 위해서는 같은 주제로 설교하더라도 다른 본문을 선택하고 예화나 문장 구성, 강조점, 음성, 몸놀림과 예배 분위기에 변화를 주면 성도들은 신선감을 느낄 것이다.

설교 원고를 쓰라

설교의 원고는 수필이나 소설, 일기와 다르다. 그리고 설교의 최종적인 마감도 아니다. 설교자의 원고 쓰기는 매우 번거롭고 힘든 일이다. 그러나 설교 원고를 쓰지 않고 설교를 하게 되면 설교가 혼란스러워지고 같은 말을 반복하게 되며, 잘못된 성경 지식이나 예화를 하게 된다. 이런 실수로 인해 성도들에게 준비가 덜된 설교를 한다는 인상을 주게 된다. 설교 원고를 쓰지 않는 설교자의 변명은 듣기에 매우 그럴 듯하지만 게으르고 나태하다는 이유밖에 아무 것도 아니다. 내 친구 목사는 설교를 잘하는 편이다. 그러나 설교 원고를 쓰지 않는다. 그의 말은 성경 하나만 들고 강단에 올라가 기도하면 성령님께서 무엇을 말해야 할지를 가르쳐 주시고 그렇게 지시를 받아 하는 설교가 가장 은혜로운 설교라고 한다. 그러나 그의 설교는 언제나 산만하고 같은 말이 반복되어 설교를 식상하게 했다. 어떤 설교자는 쪽지 설교를 한다. 즉 대지와 소지만 적어 가지고 가서 설교를 하되 설교 현장에서 살을 붙이는 것이다. 이 방법도 바람직하지 않다. 앞에서 말한 것과 같은 실수를 저지르기는 마찬가지다. 설교에 대한 모든 준비가 끝이 난 후에 설교 원고는 완벽히 기록해야 한다. 마치 원고가 없으면 한마디도 설교할 수 없는 것처럼 기록해야 한다. 그리고 설교할 때는 원고가 없는 것처럼 설교할 수 있어야 한다.

설교 원고를 기록하는 방법은 다음과 같다.

① 설교에 합당한 최고, 최적의 단어와 쉬운 단어를 사용하라.

② 설교 듣는 성도들의 오해나 알아듣지 못하는 말이 없도록 명료한 단어와 문장을 사용하라.

③ 문장은 단순, 간결, 명료하되 짧게 하라. 짧은 문장이 힘이 있다.

④ 말씀에 대한 확신 넘치는 단어와 문장을 쓰라.

⑤ 문단과 문단의 연속성을 잃지 말라.

⑥ 한 단어나 문장을 설명하기 위한 다른 단어와 문장을 사용해서는 안된다. 잔소리처럼 된다.

⑦ 주어와 서술부를 직결 시키라. 이 주어와 서술부 사이에 다른 형용사가 들어가면 문맥이 통하지 않고 개념 파악이 안 된다.

⑧ 설교의 전체의 흐름을 쉽게 파악하게 하라.

⑨ 단어와 문장의 띄어쓰기를 잘하고 문단과 문단을 줄 바꾸기 하라. 이것은 설교하는데 말의 원만한 흐름과 확실한 의미 전달을 위해 대단히 중요하다. "아버지가 방에 들어 가셨다"가 "아버지가방에들어가셨다"가 되고 "아버지 가방에 들어 가셨다"가 되면 안 된다.

⑩ 색연필을 가지고 강조해야 될 부분, 예화, 설명, 설득, 이야기, 대화를 확실히 표시하여 적절히 표현하도록 해야 한다.

⑪ 마치 설교를 듣는 성도들이 앞에 있는 것처럼 기록하라.

⑫ 원고를 모두 쓸 때까지 설교의 주제와 개요를 잃지 말라.

⑬ 원고를 수정하고 수정하라.

⑭ 설교의 원고 수정을 통해 불순물을 제거하라. 쓸대없는 가지치기를 잘하라는 말이다.

설교 원고 정리 법

① 설교 쪽지를 모아 기록하라.

② 설교 원고를 하나님의 선포되는 말씀이 되도록 편집하라

③ 성도들이 가장 잘 알아들을 수 있는 단어와 문장으로 수정 보완하라.

④ 같은 의미를 가진 아름답고 풍요한 다른 단어와 문장으로 고치라.

⑤ 설교의 주제와 내용에 맞는 문장으로 고치라.

⑥ 생생한 단어와 문장으로 만들라.

⑦ 필요한 성구나 예화를 첨가하라.

⑧ 필요 없는 성구, 단어, 문장, 예화들을 과감히 삭제하라.

⑨ 설교에 들어 있는 자기 이야기, 지식, 가정 같은 개인적인 자랑을 버리라.

⑩ 원고에 쓰이는 글은 정자(正字)로 기록하되 크게 써서 상당한 거리에서도 확연히 보이게 해야 한다.

설교 원고에 따른 설교 방법

① 원고 없이 하는 방법

성경에 무식하고 설교에 익숙하지 않는 설교자는 절대해서는 안 된다. 이런 설교는 많은 경험과 하나님의 말씀에 대한 풍부한 지식과 뛰어난 기억력과 설교를 듣는 새로운 성도들이 있을 때에 가능하다. 초청을 받아 설교하거나 한 번 설교하는 것으로 끝나는 경우는 가능하다.

사실 이 방법은 예수님, 모든 선지자들, 사도들이 사용했다. 이 방법은 숙달된 설교 준비와 설교에 대한 확고하고 분명한 주제와 내용이 있고 한두 개의 문장만 있으면 가능하다. 그리고 성령님께서 확실히 함께 해 주실 것이라는 믿음이 절실히 필요하다.

② 외워서 하는 방법

좋은 설교문을 작성한 후에 몇 번씩이나 읽고 외워 설교 원고 없이 설교할 수 있는 자유를 얻는다면 그는 곧 위대한 설교가가 될 것이다. 가장 바람직한 설교 자세다.

③ 원고를 보고 설교하는 방법

목사들이 가장 많이 사용하는 방법이며 위대한 설교를 탄생시킨 방법이다. 그러나 설교 원고에 매여 듣는 성도들을 잊거나 원고에 너무 집착한 나머지 성도들을 안타깝게 해서는 안 된다. 앞에서 말한 것처럼 큰 글자로 설교 원고를 쓰고 설교자에게 익숙한 표시를 해서 물이 흐르듯 설교해야 한다.

④ 메모 설교

설교의 제목과 대지 소지를 메모하여 설교하는 방법이다. 그러나 이 방법도 원고 없이 하는 설교의 실수를 범할 수가 있으니 주의해야 한다.

설교의 최종 점검

설교 작성을 하기 전에 다음과 같은 질문을 도표로 만들어 최종 점검을 하라.
① 설교의 주제가 무엇인가?
② 하나님께서 성도들에게 무엇을 말씀하시려는가?
③ 설교의 목적은 무엇인가?
④ 왜 이 말씀을 하시려는가?
⑤ 설교 본문 말씀이 적합한가?
⑥ 설교 제목에는 말씀의 모든 의도가 함축되었는가?
⑦ 서론, 본론, 결론의 요점들은 확실한가?

설교 발전을 위해 이렇게 하라

설교에 대한 성도와의 대화를 두려워하지 말라

설교는 설교자와 성도와의 대화라는 점을 생각하고 설교자의 메시지가 성도들에게 어떻게 인식되었는지 알아보는 것이 좋다. 또한 설교의 어떤 부분에서 은혜가 되었으며 불만이 있는지를 솔직하게 말하게 하고 설교에 반영하는 것이 좋을 것이다. 이 일은 목사가 교회를 부임하여 3년 안에 장착되게 해야 하는 작업이다. 그것은 새로 만난 목사와 성도 사이가 3년 정도는 아주 무난하기 때문이다. 그러나 3년이 지나면 성도들의 의식 속에 목사에 대한 실망과 별 볼일이 없는 목사라는 인식이 생긴다. 그러나 설교에서 성도들의 욕구를 채워주면 그런 의식이 생기지 않을 것이다. 전체 성도와 대화하기가 어려우면 목사를 가장 잘 이해하는 친근한 성도 몇 사람을 설교의 자문역으로 위촉하는 방법도 있을 것이다. 그들에게 진리가 아닌 다른 모든 것을 말하게 하고 참고해서 설교의 발전을 도모한다면 목회 생명이 아주 길게 될 것이며 교회는 날마다 성장할 것이다. 그것은 목사가 성도들이 가장 듣기를 원하는 하나님의 말씀을 가장 좋은 방법으로 전달하기 때문이다.

교회 안에 설교 세미나 교실을 만들라

다음 주일에 설교하기로 된 내용을 설교 자문 위원들에게 알려 주고 설교 가운데 잘못된 점을 지적하게 하여 설교에 반영하는 방법이다. 목사의 성도에 대한 일방적이고 독선적인 이해는 엉뚱한 오해를 살 여지가 대단히 많다.

설교를 위한 소그룹을 운영하라

소그룹 운동을 통해서 그 그룹이 필요로 하는 설교의 내용을 설교자는
수집할 수 있을 것이다.

좋은 설교와 나쁜 설교

하나님께서 말씀하시기를 원하시고
성도들이 듣고 싶어하는 하나님의 말씀은 어떤 것인가

"그가 또 내게 이르시되 인자야 너는 받는 것을 먹으라. 너는 이 두루마리를 먹고 가서 이스라엘 족속에게 고하라 하시기로 내가 입을 벌리니 그가 그 두루마리를 내게 먹이시며 내게 이르시되 인자야 내가 네게 주는 이 두루마리로 네 배에 넣으며 네 창자에 채우라 하시기에 내가 먹으니 그것이 내 입에서 달기가 꿀 같더라" (겔 3:1-3)

"너는 말씀을 전파하라 때를 얻든지 못 얻든지 항상 힘쓰라 범사에 오래 참음과 가르침으로 경책하며 경계하며 권하라" (딤후 4:2)

목사의 생명력은 설교에 있다. 설교는 목사의 사역 가운데 가장 어렵고 소중하고 복되다. 교회의 성장과 성도들의 신앙 성숙도 목사의 설교가 좌우한다고 볼 수 있다. 설교가 이만큼 중요하고 거룩한 사역이기 때문에 목사들은 설교에 대하여 많은 신경을 쓰며 평생 설교를 위해 기도해야 하고, 설교에 대한 책들을 많이 보고 설교 잘하기를 연구해야 한다. 일평생 설교에 대한 고민도 해야 한다. 그래야 하나님의 말씀을 바르게 전하고 성도들의 영혼을 살릴 수 있다.

내가 이곳에 기록한 성도들이 듣기 싫어하는 설교들은 반드시 나쁜 설교를 말하는 것은 아니다. 물론 잘못하고 있는 설교는 두 말할 여지가 없다.

그러나 모든 설교가 잘못하고 있기 때문에 성도들이 싫어하는 것은 아니다. 좋은 설교지만 성도들이 자기들의 입맛에 맞지 않아서 듣기 싫어하는 설교도 있다. 죄를 가르치고 회개하라고 하는 설교들이 바로 그런 설교들이다. 신학적인 설교도 그렇다. 성도의 하나님께 대한 의무를 강조하는 설교도 좋은 설교지만 성도들이 듣기 좋아하지 않는 설교다. 그것은 아이들이 피자를 먹고 싶어하는데 밥을 먹으라고 하니 싫어하는 것과 같은 이치다. 목사가 꼭 강조해서 말해야 하는 설교들을 성도들이 듣기 싫어한다고 설교하지 않으면, 목사는 하나님께 그 책임져야 할 것이라고 주님은 말씀하셨다(겔 3:18, 20). 이런 설교들을 어떻게 해야 성도들이 잘 듣고 죄를 회개하고 바른 신앙생활을 하게 될지는 목사가 평생 해야 하는 고민이다. 목사가 성도들이 듣기 좋아하는 설교만 하면 말씀의 지나친 편식으로 건강한 성도가 될 수 없다. 그러므로 어떤 말씀을 어떻게 전해야 하는가는 깊이 기도하고 연구하며 고민을 많이 해야 하는 목사의 가장 중요한 사명이다.

좋은 설교지만, 듣기 싫어하는 설교

쓴 약이 몸에 좋지만 쓴 약을 먹기 좋아하는 사람은 극히 드물다

김 목사는 오늘도 설교에 대한 부담을 털어 버리지 못한다. 그럴 필요가 있는가 라고 생각해 보지만, 생각 이전에 김 목사의 마음은 설교에 대한 부담감을 털어 버리지 못한다. 그것은 지난 몇 달 동안 계속된 기독교의 아주 중요한 진리를 조목조목 가르치며 선포하는 설교에 성도들이 별로 은혜를 받지 못하는 것 같기 때문이다. 김 목사가 이렇게 설교를 하게 된 이유가 있다. 보잘 것 없는 작은 봉사와 마땅히 해야할 섬김에 대하여 지나치게 칭찬을 듣고 싶어하는 성도들에게 하나님의 말씀 진리를 바르게 가르쳐서 주님을 위해 생명을 바쳐도 더 이상 바랄 것이 없다는 점을 강조하기 위해서였는데, 시간이 갈수록 점점 성도들의 설교에 대한 반응이 시큰둥해지는 것을 감지하게 되었다.

교리 설교

교리는 하나님의 말씀을 체계화해서 진리를 조직적으로 알게 하는 믿음의 원리다. 그러므로 기독교 교리는 성경 공부나 설교에서 아주 중요한 역할을 한다. 목사가 어떤 신학교에서 신학을 공부하고 어떤 신학적 교리를 배웠는가는 어떤 설교를 하는가에 결정적인 역할을 한다. 또한 모든 설교의 주제도 기독교의 교리에서 벗어날 수 없으며 교리와 관계없는 설교란 있을 수가 없다. 기독교의 중요한 교리는 하나님, 그리스도, 성령, 교회, 구

원, 회개, 대속, 칭의, 화해, 성화, 천국, 영생으로 소위 조직 신학에서 다루고 있는 모든 진리를 말한다.

그러나 교리 설교가 사람들의 이성이나 지성이나 감성의 이해를 구하기보다는 조건 없는 믿음을 강요하는 면이 강하기 때문에 무엇이든지 납득되는 것을 선호하는 현대인들에게는 거부감을 가지는 진리가 되었다. 그리고 딱딱한 원리 추구로 말미암아 재미가 없다는 이유로 설교에서 소외되었다. 그것은 교리 설교가 다른 설명이 없이 말씀의 진리를 단순히 전하는 특징이 있기 때문이다. 실제로 교리 설교를 많이 하는 교회는 성장이 둔화되었다는 보고도 있다. 그러나 교리의 바른 주장이 없이는 하나님의 진리를 바르게 선포할 수 없으며 성도의 믿음이 바로 설 수도 없다. 교리는 모든 설교를 바르게 하고 하나님의 말씀 전체를 이해하기 쉽도록 체계화한다. 설교자는 교리 설교를 하되 경직된 느낌을 가지지 않도록 교리 설교에 많은 연구를 해야 한다.

죄를 지적하는 설교

오늘의 성도들이 제일 듣기 싫어하는 설교 가운데 하나는 죄에 대한 설교다. 죄에 대한 설교를 듣는 성도들은 마치 자기가 아무 죄도 없는 것처럼 '우리가 무슨 죄를 저질렀다고 저렇게 소리를 높여 설교를 하는고…' 라고 중얼거리며 매우 불유쾌한 얼굴을 하며 고개를 뻣뻣이 세우고 목사와 악수도 안하고 총총히 교회를 떠난다. 그리고 다시는 교회에 안 올지도 모른다. 목사는 죄에 대한 설교를 한 후에 찜찜한 기분을 감출 수가 없다. 그러나 목사가 어찌 죄에 대하여 설교를 하지 않을 수 있다는 말인가? 우리는 하나님의 말씀 "인자야 너는 비록 가시와 찔레와 함께 처하며 전갈 가운데 거할지라도 그들을 두려워 말고 그 말을 두려워 말지어다. 그들은 패역한 족속이라도 그 말을 두려워 말며 그 얼굴을 무서워 말지어다"(겔 2:6)라 하신 말씀도 알고 "가령 내가 악인에게 말하기를 너는 꼭 죽으리라 할 때에 네가 깨우치지 아니하거나 말로 악인에게 일러서 그 악한 길을 떠나 생명을 구원케 하지 아니하면 그 악인은 그 죄악 중에서 죽으려니와 내가 그 피 값을 네 손에서 찾을 것이고"(겔 3:18)라고 하신 무시무시한 말씀도 안다. 그리고 이 말씀을 들어야 할 사람들이 바로 내가 아닌가 라고 생각한다. 그래서 감히 예레미야가 고민하고 말한 말을 흉내내는 심정이 되기도 한다. "내가 다시는 여호와를 선포하지 아니하며 그 이름으로 말하지 아니하리라 하면 나의 중심이 불붙는 것 같아서 골수에 사무치니 답답하여 견딜 수 없나이다"(렘 20:9). 그러나 골수에 사무쳐 말하지 않을 수 없어 죄를 말하고, 죄 짓지 말라 하고, 회개하라고 하면 성도들은 온 몸을 뒤틀며 반항하고 항의하고 못 마땅해 하니 정말 이 일을 어찌할 것인가 고민이 아닐 수 없다.

성경에서는 성령님이 오셔서 "그가 와서 죄에 대하여 의에 대하여 심판에 대하여 세상을 책망하시리라"(요 16:8)하셨고 죄와 의와 심판에 대하여 말씀하실 때에 성경을 통해 말씀하신다고 하셨다(딤후 3:16-17). 그러므로 결국 성경은 죄를 말하게 하고, 의를 말하게 하며, 심판을 말하게 하는데, 말씀을 선포하는 설교에서 죄를 말할 수 없으니 목사가 제대로 된 설교를 하고 있다고 어찌 말할 수 있을까?

성도들이 죄에 대하여 듣기 싫어한다고 말하지 않으면 어찌되는 것일까? 죄에 다하여 가르치지 않아서 성도가 죄를 지으면 그 사람은 그 죄 값을 받겠지만 가르치지 아니한 책임을 목사에게 묻겠다고 하시니 정말 답답한 일이 아닐 수 없다.

죄에 대한 설교를 하면 교회가 절대 부흥되지 않는다. 그러면 어찌할 것인가? 성경 말씀을 가르치는 수밖에 없다. 가르치되 아주 지혜롭게 가르칠 수 있어야 한다. 예를 들면 성경을 읽게 하되 죄를 지은 사람이 왜 죄를 범했는지, 그 죄가 어떻게 누룩처럼 퍼져 가는지, 그 범죄의 결과가 어떠했는지, 그 범죄가 오늘 우리들에게 어떤 교훈을 주는지, 그와 같은 유형의 현대적인 범죄가 무엇인지를 연구하게 하고 발표하게 한다든지 해야 한다.

의무를 강조하는 설교

기도하기, 전도하기, 구제하기, 어려운 성도 돌보기, 교회 청소하기, 사랑하기 등 성도들에게 성도의 의무를 강조하는 설교에 성도들은 부담을 느낀다. 특히 건축 헌금하기, 십일조 바치기 등에 신경질적인 반응을 보이는 성도들이 있다. 그러므로 될 수 있으면 이런 설교를 해서는 안 된다. 그렇다고 이런 성도의 마땅히 행할 의무를 설교하지 않을 수 없다. 만일 성도들이 자기들이 하나님 앞에 해야 할 의무를 소홀히 한다면 어떻게 하나님의 교회가 성장할 수 있을 것인가? 그러므로 이런 성도의 의무들은 설교보다는 말씀을 가르치는 시간을 이용하는 것이 현명할 것이다.

나는 회개 설교와 의무 설교를 아주 힘 있게 잘하는 목사를 안다. 그의 설교를 듣고 있으면 스스로 범죄 했다고 생각하지 않을 수 없으며 성도의 책임을 다하지 못한 부끄러움과 죄송한 마음을 감출 수 없다. 나는 그렇게 그런 설교를 거침없이 잘 할 수 있는 목사가 무척 부러웠다. 그러나 이런 설교를 아무나 할 수 있다고 생각하지 말라. 영적 권위가 있어야 하고 그만큼 성도들에게 신뢰와 존경을 받아야 한다. 목사가 성도들에게 하나님의 종으로서 어떤 말씀이라도 설교를 할 수 있으려면 한 교회에서 적어도 10년 이상 잘 섬기고, 500명 이상의 성도들에게 전적인 존경을 받을 때에 가능하다. 만일 그렇지 못한데 회개를 말하고 의무를 강조하면 성도들에게 미움을 받게 될 것이다.

이런 설교를 마음대로 할 수 있게 되기까지 목사 자신에게 무엇이 필요하며 목사의 어떤 생활이 있어야 할까? 두 말할 여지없이 하나님의 종으로 존경을 받도록 살아야 하고 그것이 전적으로 인정되어야만 한다. 일반적인 경우에 자식들은 부모의 책망과 가르치는 인간의 의무에 대하여 의의를 제기하지 않는다. 그것은 부모가 자식을 사랑하며 잘되기를 바란다는 믿음이 바탕에 깔려 있기 때문이다. 목사도 성도들에게 이런 믿음을 가지도록 살아야 한다. 그것은 다른 어떤 것으로도 가능하지 않다. 오직 하나님의 종, 진실한 종이 되었을 때만 가능한 일이다. 이런 하나님의 종의 권위와 사랑을 가지고 죄를 책망하고 의무를 설교해야 한다. 그래야 듣는 성도들이 시험에 들지 않으며 순종할 것이다.

듣기 싫어하는 설교

목사가 듣기 싫은 설교를 계속하면 성도는 교회를 떠날 것이다

하나님이 보이지 아니하는 설교

설교의 주인은 바로 말씀의 주인이신 성삼위 하나님이시다. 그런데 목사의 설교 가운데 하나님이 보이시지 않고 설교자나 세상의 온갖 사건들과 저속하기 그지없는 이야기들만 보인다면 이것은 정말 심각한 문제가 아닐 수 없다.

물론 설교가 하나님의 말씀을 읽고 지나가는 일은 아니다. 세상 이야기도 있고 예화도 있고 설교자 자신의 이야기도 있을 수 있다. 그러나 이 모든 말들은 하나님의 말씀을 바로 전하기 위한 매개체일 뿐이다. 아무리 좋은 이야기라 해도 하나님의 말씀을 바로 전하는데 방해되는 말은 해서는 안 되는 말이다.

목사의 집안에 좋은 일이 생기면 목사의 집이 보이고, 목사가 여행을 다녀오면 다녀온 여행지의 모습이 보이며, 선거철이 되면 강단에 정치하는 사람들이 나타나는 설교와 같이 강단의 주인 바꾸기는 성도들을 당황하게 하고 설교에 식상하게 할 것이다,

어떤 목사의 말이다. "오늘의 한국 땅에서 진행되고 있는 설교 사역의 현장에서 우리는 말씀의 주인이 보이지 아니함을 참으로 안타깝게 생각한다. 설교자의 용모만이 감상되고 그의 개인적인 체험담을 들으면서 그와 관계된 연상(聯想)만이 계속된다. 그리고 회중은 거기에 도취되어 웃고 울

다가 '기도합시다'의 구령에 따라 기도를 한 후 폐회 찬송을 부른다. 그들을 붙들고 오늘의 설교에서 하나님을 만났는지의 여부를 묻는다면 그 대답이 과연 어떻게 나올 것인가를 생각해 볼 필요가 있다.

진정한 성서적인 설교는 바우만의 충고대로 "하나님이 현존하심을 전달하여야 한다." 그는 오늘의 설교자들이 가장 많이 사용하고 있는 다음의 종결어(終結語)에서 너무나 뚜렷하게 나타나고 있으며 그로 인한 설교의 탈선이 얼마나 심각한가를 충분히 입증을 해 주고 있다. 설교 종결어의 주어는 어떤 경우도 설교자 자신이다. 여기서 외국의 설교자와는 달리 한국의 설교자는 너무나 자신의 등장을 극심한 경지에까지 끌고 가고 있다. 이러한 현상의 결과는 설교 내용이 설교자의 말과 경험과 지식과 그가 즐겨쓰는 예화로 완전히 채색된다. 그리고 회중들로부터 '아—멘'만 유발시키면 어떤 이야기들도 하나님의 순식간에 말씀으로 변화된다는 착각에 빠지고 있다. 이러한 현장에서 너무나 뚜렷이 나타난 현상은 막상 전해져야 할 하나님의 말씀은 설교자의 말에 가려져서 보이지도 않고 들리지도 않는다는 사실이다. 말씀의 주인이 나타나지 않은 설교, 그것은 가장 심각한 설교의 위기를 몰고 온 위급한 요소라 아니할 수 없다.

하나님이 보이지 않고 나타나지 않으며 계시지 않는 설교는 생명 없는 자기선전이나 세상의 무엇을 광고하는 연설에 불과하다. 이런 이야기를 많이 듣는 성도들은 틀림없이 죄인의 본색을 드러내서 이를 드러내고 목사를 물어뜯으려 할 것이다. 목사는 가끔 자기가 선각자가 되어야 한다는 의식에서 이 시대에 일어나는 모든 일들을 분석하고 관조하여 성도들에게 알려 주어야 한다고 생각하고 세상 이야기를 장황하게 말하려 한다. 50-

60년대 우리나라가 전쟁과 기근과 혼란으로 한참 어려울 때에 목사들은 종말론적 설교를 많이 하면서 당장에 주님이 재림하신다고 소리 높여 설교했다. 어떤 목사는 주님께서 자신에게만 알려 주신 특별한 계시라고 말해서 성도들을 미혹하기도 했다. 그러나 그 설교들은 모두 허구에 불과한 것이었으며 성도들로 하여금 세상살이를 비관하게 하고 공포와 공갈로 설교자의 무엇을 얻기 위한 수단이 되고 말았다. 종말 즉 주님의 재림은 그 시간이나 정황이 가장 중요한 것이 아니다. 구원 얻을 만한 믿음을 주님으로부터 선물 받았다면 정황과 시간이 어떻든 아무 상관이 없는 것이다. 그럼에도 그 시대에는 복음의 진수를 외면하고 혼란과 가난이 주님의 재림을 촉발하는 원인인 것처럼 설교를 많이 했다.

그러나 지금은 모든 것이 달라졌다. 그런 공갈 협박식의 설교가 성도들에게 먹히지 않는다. 오직 살아 역사하시는 참된 복음만이 죽은 심령을 살리며 그런 역동적인 새 삶을 주는 말씀의 은혜를 성도들은 사모한다. 이런 설교는 오직 하나님께서만이 하실 수 있는 말씀이요, 바르게 나팔을 부는 설교자의 인격과 생활과 입술을 통해 전달된다.

거룩한 말씀이 없는 설교

나는 가끔 설교를 준비할 때에 내가 읽은 책의 이야기나, 누구에게 들은 예화나 신문에 보도된 어떤 사건들을 이야기하기 위해 성경 본문을 선택하고 설교를 한 일이 있었다. 즉 세상 이야기를 하기 위하여, 내 생각을 전달하기 위하여, 어떤 특별한 목적을 위하여 하나님의 말씀을 이용하는 것이다. 성전 건축이나 다른 목적을 위해 목사가 설교에서 흔히 이용하는 방법이다.

이 문제에 대하여 어떤 목사의 말을 그대로 인용하고자 한다. "설교가 하나님의 말씀으로 들리지 않은 가장 직접적인 원인은 기록되어진 말씀이 설교자에 의하여 현장의 언어로 선포되지 않고 해석되지 않은데서 생긴다. 설교는 설교자의 사상이나 경험이나 유명한 이야기를 들려주는 종교 수필 또는 교양 강좌가 아니다. 언제나 본문으로 봉독한 성경 말씀을 선포하고, 해석하고, 적용하는 것이 설교자의 정도(正道)다. 그러므로 진정한 설교자는 자신의 설교 현장에 얼마나 많은 회중들이 모여 열광적으로 '아멘'을 연발하는가에 눈을 뜰 것이 아니라, 자신이 얼마나 충실히 하나님의 말씀을 순수하게 그들에게 전했는지에 깊은 관심을 가져야 한다"라고 했다.

그러나 오늘의 한국의 강단에서는 참으로 부끄러운 설교자의 연출이 속출하고 있다. 즉 설교자가 하나님의 말씀인 본문의 봉사자가 아니라 지배자로서 군림하고 있다는 사실이다. 설교자가 자신의 생각과 사상, 그리고 세상 돌아가는 이야기와 흥미진진한 예화를 나열한 후에 하나님의 말씀인 본문을 들려주는 현상이 너무나 빈번하게 발견되어지고 있다. 다시 말하면 자신의 지식과 분석, 또는 경험을 말하고 난 다음에 그 경험담에 좀더 튼튼한 신빙성을 부여하기 위하여 설교가 시작되기 전에 봉독한 본문을 인용하는 것이다. 우리는 하나님의 말씀이 설교자를 선전하는 하나의 징검다리 역할 이상을 하지 못하는 안타까운 설교 현실을 우리의 한국 교회에서는 너무 자주 본다. 이러한 선상에서 오늘도 설교하는 목사들은 다음의 말에 깊은 주의를 기울일 필요가 있다.

"하나님의 말씀의 재원(財源)이 시대적인 사건, 문학, 철학, 정치 이데 올로기 등이 될 수는 결코 없을 뿐만 아니라, 심지어 설교자 자신의 경험과 감정까지도 설교의 원천이 되어서는 안 된다. 오직 설교의 메시지는 성경에만 그 원천을 두어야 한다."

여기서 목사가 알아야 할 또 한 가지 사실은 설교와 간증을 혼동하지 말라는 것이다. 설교는 단순한 신앙 간증과는 너무나 다른 구속력을 가진다. 신앙 간증은 자신이 전하고자 하는 메시지가 자신의 경험과 판단에 기준을 두기 때문에 회중들로부터 공감대만 형성되면 된다는 지극히 한정된 제약을 받는다.

그러나 설교는 그 기준이 그 날의 설교 본문에 있다. 그 본문은 설교자와 회중 모두에 의하여 함께 읽혀진다. 거기서 회중들은 그 말씀에 대한 기본적인 이해를 소유한 상태에서 설교자가 그 말씀을 어떻게 선포하고 해석하고 자신들의 삶의 장에 적용시켜 주는지를 주시한다. 그러기에 설교는 수많은 회중의 감시를 받으면서 본문이 말씀한 범위를 벗어나서는 안 되는 엄격한 제한을 받는다. 결과적으로 설교자는 말씀의 주인이신 하나님으로부터, 그리고 그 말씀을 듣기 위하여 설교자의 앞에 앉아 있는 무리들로부터 우선적으로 봉독되어진 말씀의 지배자가 아닌 봉사자가 될 것을 철저히 요구를 받게 된다는 말이다.

만일 목사가 이런 하나님의 말씀의 확실하고 분명한 제한성을 다른 이야기들로 흐려 애매모호(曖昧模糊)하게 하여 하나님의 말씀만이 가진 죄인을 변화시키는 능력을 희석(稀釋)시켜 세상에서 흔히 듣는 잡담(雜談)이나 죄인들의 입에서 얼마든지 오르내리는 말로 전락시킨다면 하나님과 성도들에게 도저히 용서받지 못할 것이다. 살아 있는 하나님의 말씀을 사람의 이야기로 만들지 말라.

왜곡된 하나님의 말씀

하나님의 말씀은 하나님의 말씀으로 해석해야 한다는 것이 의의가 있을 수 없는 정설이다. 그러나 오늘 날 하나님의 말씀은 어떤 상황에 맞추어 해석되는 일이 많다. 즉 자기를 선전하거나 자기의 지식을 자랑하기 위한 수단으로 이용되기도 하며 어떤 경우에는 생계 수단으로 이용되기도 한다. 심지어 어떤 사람들에게는 하나의 농담거리로 사용되기도 한다. 예를 들면 주님께서 막달라 마리아를 돌려 치려는 사람들을 앞에 두고 땅에 글을 쓰신 일이 있으셨는데, 그 글을 보고 살기등등했던 사람들이 하나, 둘씩 그 자리를 피하고 말았다는 것이다. 그리고 묻기를 그 이유가 무엇이냐고 한다. 그 질문에 대한 답은 주님께서 막달라 마리아와 재미를 본 사람들의 이름을 기록했기 때문에 자기 이름을 본 사람들이 놀라 도망을 치고 말았다는 것이다. 그리고 함께 낄낄거리며 웃는다.

우리들의 도덕적인 양심으로는 자기 아버지를 농담의 대상으로 삼지 않는다. 그런데 강단에서 목사들이 성도들을 즐겁게 하기 위해 하나님과 주님을 농담거리로 삼는 일이 있다. 목사의 농담은 주님을 비하하거나 놀리는 것은 아니다. 그러나 절대 이런 짓을 해서는 안 된다. 주님의 심각한 말씀과 행동이 이런 식으로 격하되어 농담의 소재가 된다면 성도들은 분노할 것이다.

"지저스 크라이스트"(Jesus Christ)라는 뮤지컬이 이화 대학의 강단에서 공연되었을 때 많은 사람들이 그 공연을 보며 극찬을 했다. 그리고 그 후에도 몇 번인가 그 뮤지컬이 어디선가 공연되었다. 그런데 그 뮤지컬의 내용은 막달라 마리아가 예수님을 연인으로 사랑했는데 그 사랑이 열매 맺지 못했다는 슬픈 내용이다. 주님이 죄인을 구원하시기 위해 세상에 오셔서 베푸신 사랑이 한 여자의 사랑을 받아 주지 아니한 비정하고 매몰찬 사랑으로 묘사가 되고, 그 사랑을 얻지 못한 타락한 여인의 슬픔으로 묘사가 되어 버린 것이다. 그런데 이 공연에 대하여 우리 기독교에서는 어느 누구도 의의를 제기하거나 그 잘못된 짓을 꼬집어 항의하고 말하지 않았다.

우리 교회에서 있었던 일이다. 여름 성경 학교를 하게 되었는데 우리 전도사가 강사를 한 사람 초청해 왔다. 그는 우리나라에서 뿐 아니라 동남아 일대를 다니면서 어린이 집회를 전문적으로 인도하는 유명 강사라고 했다. 그는 주로 인형극을 공연했다. 나도 전도사의 그런 소개를 듣고 상당히 기대를 하며 그의 공연을 보았는데 그 내용이 주님의 이름으로 사단을 물리치는 것이었다. 처음에 그 공연을 보면서 약간 꺼림칙한 기분이 들었으나 내일은 내용이 달라지겠거니 하고 두고 보기로 했다. 그런데 유감스럽게도 그 다음 날도 그는 예수님의 이름으로 귀신 쫓아내는 이야기를 계속했다. 물론 성경에 나오는 이야기들이다. 아이들은 분위기를 한껏 잡고 음산한 목소리로 인형극을 진행하는 그 전도사의 이야기에 함빡 빠져들었다. 3일 동안 진행된 여름 성경 학교의 중요한 집회 시간이 이렇게 귀신 쫓아낸 이야기로 50%나 사용되고 말았다. 나는 그를 더 이상 집회를 못하게 돌려보냈다. 왜냐하면 아이들이 그 인형극을 보고 난 뒤 얼마나 그 인형극이 충격적이었는지 다른 배움에 대해서는 전혀 관심이 없고 오직 "예수 이름으로 명하노니 사단아 물러가라"는 말만 외쳐 대고 다니기 시작했기 때문이다. 참으로 어처구니가 없었다.

지금 장사하는 사람들은 장사 속으로, 정치하는 사람들은 정치 속으로, 지식을 가졌다는 사람들은 그들 나름대로, 종교를 가진 사람들은 자기들의 종교적인 척도(尺度)로, 각각의 사람들이 자기들의 이익을 위하여 하나님의 말씀을 이용하는 현상이 정말 두드러지게 만연되고 있다. 기독교 안에서도 이단에 속한 무리들이 하나님의 말씀을 이용하여 자기들을 합리화하기에 급급하다.

성도들은 이런 하나님의 말씀을 이용하여 무엇을 얻고자 하는 설교를 극도로 싫어한다. 목사의 이런 설교를 듣고 함께 웃고 즐기는 것 같지만 되돌아서서 '오늘도 쓸데없는 잡소리만 들었다'라고 입을 삐죽인다. 하나님의 순수하고 아름다운 말씀이 전해지지 않고 왜곡된 말만 계속 전한다면 그의 목회 생명은 단축될 것이다.

이것을 우리들은 정말 경계하고 조심해야 한다. 하나님의 말씀을 하나님의 말씀으로 해석하고 그 말씀을 그 말씀으로 받아들여 그 말씀에 순종하고 복종하고자 자기를 성찰하고 개선해서 바른 신앙을 가질 수 있도록 설교해야 한다. 성도들은 그런 설교를 원한다. 흥미 위주의 설교를 하지 말라. 호기심을 만족시키거나 새롭고 충격적인 무엇을 주려는 유혹을 여지없이 떨어 버리라.

잘못된 성경 해석

목사가 설교나 성경을 가르치면서 성경을 잘못 해석하는 경우가 흔히 있다. 왜냐하면 성경을 배우지 않았기 때문이다. 우리들이 다 알다시피 신학교에서 배운 성경은 성경의 극히 일부분에 불과한 것으로써 성경을 해석하는 원칙과 몇 가지 사례를 배웠을 뿐이다. 즉 신학교에서 성경 전체를 알 수 있도록 배운 것도 아니고, 부분적으로 해석할 수 있는 완전한 지식을 배운 것도 아니다. 그런데 신학교를 나온 목사들이나 성도들은 신학교를 졸업했기 때문에 성경을 아주 잘 알 것이라고 스스로도 생각하고 다른 사람도 그렇게 인정해 준다.

더욱 웃기는 것은 목사가 정통적인 보수 개혁 신학교를 졸업했기 때문에 성경 해석에 엄청난 오류가 있어도 그것을 문제 삼지 않는다는 점이다. 그러나 목사가 이단적인 요소가 있는 신학교를 나왔다면 그가 바른 성경 해석을 했더라도 무조건 이단으로 몰아붙이는 것이다. 즉 목사가 어느 신학교 출신인가에 따라 잘못된 성경 해석도 바른 것이 되고, 이상한 신학교 출신이기 때문에 바른 것도 그릇된 해석으로 매도되는 것이다. 이런 말도 안 되는 일들이 우리 한국 교회에 비일비재(非一非再)하여 가장 보수적이라는 교단의 강단에서 가장 들어 줄 수 없는 성경 해석이 난무하는 경향이 있다.

150여 명이 모이는 교회의 목사가 가정 주간에 설교를 했다. 나는 특별한 기회가 있어 그 설교를 들을 수가 있었다. 목사는 요셉이 애굽에서 고생하다가 성공한 이야기를 본문으로 설교를 했는데 아주 큰 오류를 범하고 있었다. 그 목사는 땀을 뻘뻘 흘리면서 온갖 손짓 몸짓을 하고 목소리를 높였다가 낮추었다 하면서 듣는 성도들에게 은혜를 끼치기 위해 몸부림을 쳤다. 정말 열정적인 설교요 혼신의 힘을 다한 설교를 했다. 목사의 설교를 듣는 성도들은 목사의 유도에 따라 연신 아멘을 외쳤다.

그러나 그 설교는 크게 잘못된 설교였다. 목사는 "요셉이 애굽에 팔려가 그렇게 견딜 수 없는 고생을 했어도 꿈을 가진 사람이었기 때문에 그 고생을 견딜 수 있었고 드디어 성공했습니다. 우리도 꿈을 가지고 노력하고 우리 아이들에게도 꿈을 가지고 노력하는 사람이 되게 하면 반드시 성공할 것입니다. 그러므로 지금 현실이 답답하고 어렵다고 해도 낙심하지 말고 꿈, 즉 희망을 가지고 살아서 요셉처럼 크게 인생을 성공하시기를 축원합니다." 그 축원 소리에 성도들은 화들짝 놀라 큰 소리로 "아–멘"을 외쳤다. 더욱 가관인 것은 설교 후에 하는 목사의 기도였다. "하나님 아버지, 우리 모든 성도들이 요셉처럼 큰 희망을 가지고 인생을 크게 성공하게 해 주시옵소서. 아멘." "아멘" 언뜻 보기에는 그럴듯한 설교요 기도지만 이런 설교는 하나님의 복음이 아니며 그 기도는 하나님께서 들어주시는 기도가 아니다. 사람이 역경 중에 희망을 버리지 않으면 성공할 수 있다는 것은 누구나 하는 말이다. 희망과 성공 사이에 꼭 있어야 할 하나님이 없어 복음이 아닌 '적극적 사고방식의 강연'인 것이다. 이것은 인본주의적인 값싼 연설에 불과하다.

요셉이 꿈을 꾼 것은 하나님이 꿈꾸게 해 주신 꿈이지, 사람들이 자기 멋대로 생각하는 이상과 꿈이 아니며 희망 사항이 아니다. 그리고 요셉이 노력을 해서 애굽의 총리가 된 것이 아니다. 사람의 노력과 인내심에 의해 성공한 것이 아니라는 말이다. 요셉은 하나님께서 아브라함에게 약속하신

약속을 이루기 위해 미리 애굽에 보내심을 받은 사람으로서 하나님이 주신 지혜와 명철에 의해 성공하게 된 사람이니 곧 하나님의 축복을 받은 사람이다. 그리고 요셉의 일생에 가장 중요한 단어가 있는데 '하나님께서 그와 늘 함께 하셨다' 는 말씀이다. 이 말씀은 아무리 어려운 상황에서도 하나님께서는 요셉을 보호하시고 인도하셨으며, 요셉은 그런 하나님을 절대적으로 믿고 순종했다는 말이 된다. 그래서 이 본문의 설교는 '사람이 성공하기 위해서는 필연적으로 하나님의 축복하심과 인도하심을 받아야 하니 믿음의 생활을 잘 해서 요셉과 같은 축복을 받고 살아야 한다' 고 설교해야 한다. 그런데 그 목사의 설교에 이런 하나님과 요셉의 관계가 한 가지도 언급이 되지 않았다. 오직 사람이 이상과 꿈을 가지고 그 꿈을 이루기 위해 노력하면 요셉과 같이 성공할 수 있으니 낙심하지 말라고 강변했다. 이것은 설교가 아니다. 이것은 복음이 아니다. '인생이 성공하기 위해 무엇을 해야 하는가' 라는 제목을 붙일만한 연설인 것이다.

어떤 목사가 주님이 오시기 전에 어린아이를 밴 여자에게 화가 있으리라는 말씀을 가지고 "어린아이를 잉태했다는 것은 죄가 많다는 말씀이다" 라고 해석했다. 이 해석은 60년대에 주님의 재림이 가까웠다는 것을 강조하며 다닌 부흥 목사들이 단골로 쓰던 공갈 협박용 성경 해석이었다. 어린아이 잉태한 것을 죄가 많다는 것으로 해석해 버리면 얼마나 하나님의 말씀에 많은 문제가 생기는지 아는가?

이런 목사가 알게 모르게 저지르는 말씀 해석의 오류는 결국 그 목사의 목회 생명을 단축시킨다. 성도들이 목사의 말씀 실력 없음을 알게 될 것이고 그렇지 않을 지라도 하나님께서 그대로만 두고 보시지 않으신다는 것을 명심하여야 한다. 나에게는 지난 30여 년 동안의 설교 노트가 그대로 보관되어 있다. 그 설교 노트들을 자세히 들여다보기가 겁이 난다. 그 설교 가운데 얼마나 성경을 잘못 해석한 설교들이 있을까 두렵기 때문이다.

목사들이 언제 하나님의 말씀을 배웠던가? 몇 번이나 성경을 통독하였으며 그 말씀에서 은혜를 받고 감격, 감사하여 눈물을 흘린 일이 있던가? 진실로 '달고 오묘한 그 말씀' 이라는 찬송가가 마음에 와 닿는 신앙 고백을 해 본 일이 있는가? 사단은 목사의 성경 무식을 틈타고 들어 와 하나님의 말씀이 선포되는 신령한 강단을 자기 말을 전하게 하는 무대로 사용하고 있다. 목사들은 그런 사단의 장난에 놀아난 일은 없는지 스스로 자신을 돌아보자.

우리 노회에 수십 년 동안 중으로 있던 분이 개종하여 목사가 된 사람이 있었다. 나이가 50이 넘어 개종한 그 분은 어떤 중소 신학교를 나왔고 목사가 되어 우리 노회에 가입했다. 하도 귀한 목사라고 생각되어 어떤 여전도사가 결혼을 자원해서 오붓한 가정을 이루었다. 그런데 고생이 말이 아니었다. 그 분이 고생하는 것을 보다 못한 노회 목사들은 그 목사를 초청해 사경회를 하고 생활비를 도와주기로 묵시적인 약속을 했다. 그래서 나도 순서대로 그 목사를 초청해 집회를 하기로 했다. 특별한 목사가 집회를 인도한다 하니 성도들이 많이 모였다.

그런데 그 목사가 하나님의 강단을 차지하고 참으로 어처구니없는 짓을 하기 시작했다. 그는 열심히 설교를 했다. 그러나 그것은 설교가 아니었다. 그의 이야기는 주로 그가 승려로 어떤 생활을 하다가 목사가 되었는지를 말하는 것인데 승려로 있을 때의 이야기를 하면서 불교에 대한 이야기를 이틀 동안 계속했다. 예를 들면 불교 승려들이 깊은 경지에 들어가면 고승이 되는데 그들은 앞으로 되어질 세상일을 모두 잘 안다는 것이다. 박 정희 전 대통령의 부인인 육 여사가 시해(弑害)를 당하기 전에 서울의 모 사찰의 주지는 이미 그 날짜를 다 알고 있었으며 죽는 모습까지도 알았지 만 천기를 누설할 수 없어 말하지 못하였다고 말했다. 그는 불교의 경지가 깊어지면 천하는 움직일 수 있는 힘도 얻는다고 말했다. 그 외에도 불교의 경전인 팔만대장경이 어떻고, 목사 되기는 쉽지만 정식 승려가 되기 위해 서는 어떤 수련과 고행을 겪어야 하는가라는 등 도무지 그가 목사인지 고 승인지 구별을 알 수 없는 말만 했다. 그럴 수밖에 없었을 것이다. 그는 수 십 년 동안 불교의 승려로 살았다. 그러나 목사 된 지는 겨우 일년밖에 되 지 않았고 그의 개종은 3년을 넘지 못했다. 그러니 아는 것은 불경밖에 없 는 것이다. 그는 자기가 알고 있는 것을 말한 것뿐이다. 그런데 그게 하나 님의 말씀이 아니라, 석가의 말인 것이다. 그는 아직도 석가의 제자로서의 탈을 벗지 못하고 있었던 것이다. 그 목사의 이야기를 들은 우리 성도들은 머리 아파했다. 강단에서 보는 우리 성도들의 모습은 사단에게 직격탄을 맞고 정신을 잃어버린 졸병들의 모습 바로 그것이었다. 그래서 나는 집회 를 도중에 중단하고 그만 두게 했으며 노회의 여러 교회에 집회를 취소하 도록 했다. 나중에 그 분이 부천 어디에선가 교회를 개척했다고 하는데 어 떻게 하고 있는지 아직 소식을 모른다.

성도들은 이런 엉터리 성경 해석과 다른 이야기들을 듣고자 하여 교회 를 나오는 것이 아니다. 그리고 목사가 하나님의 말씀을 바로 전해야 말씀 의 능력이 살아 성도들에게 은혜가 되는 것이지, 잘못 해석된 말씀을 전하면 영적으로 혼란스럽고 시험을 당하게 된다.

목사 자신을 말하는 설교

설교를 듣기 원하는 성도는 하나님의 살아 있는 역동적인 복음을 듣기 원한다. 그런데 어떤 목사는 하나님의 말씀이 아닌 자기 이야기를 하면서 그것이 바로 하나님의 말씀인 것처럼 착각한다. 성도들은 이런 목사의 자기 이야기를 싫어한다. 목사의 자기 자랑이나 자기선전을 하지 말라. 설교자는 하나님의 말씀을 성도들에게 그들의 언어로 전하는 '말씀의 사자' 다. 이러한 관점에서 칼빈은 '설교자는 하나님의 말씀을 위탁받은 대사' 라고 했다. 그리고 칼 발트도 설교를 정의하여 말하기를 "하나님이 선택한 설교자를 통하여 인간들에게 들려주신 하나님 자신의 말씀"이라고 했다. 그래서 설교는 언제나 오직 하나님의 말씀을 선포하고, 해석하고, 삶의 현장에서 사용할 수 있도록 힘을 주어야 한다. 한국의 신학 교육의 초창기부터 설교학을 가르쳤던 곽안련 교수는 "목사는 성도에게 마치 '내 말을 들으라 내가 아는 바를 너희에게 말하겠다' 와 같은 태도"는 절대 금물이라고 했다. 그러나 오늘의 어떤 목사들은 이런 설교의 존엄성을 무시하고 자기 이야기를 마치 하나님의 복음인 양 전하고 있다. 하나님의 말씀과 자신의 이야기를 혼동하고 있는 것이다.

모든 설교의 주어는 성삼위(하나님, 예수님, 성령님)로 분명하게 구성되고 그 뜻을 밝혀 주고 적용을 해주는 것이 올바른 설교의 본질이다. 이럴 때만이 메시지의 주인이 주님이 되시고 설교자는 말씀을 전하는 단순 도구의 역할을 하게 된다. 만일 어느 누가 하나님이 아닌 자신을 설교의 주체로 한다면 엄청난 범죄를 저지르는 것이다.

대게 자기 이야기를 복음처럼 말하는 목사들을 보면 사실상 별 볼일이 없는 일들을 대단한 일인 것처럼 침소봉대(針小棒大)하여 말하고 그것을 본 받으라고 강요한다. 그들은 자기가 빈곤한 가정의 출신이라든지 아니면 청년 때에 엄청난 고생을 많이 했는데 오늘 이렇게 여러분에게 설교를 하는 성공적인 삶을 살았다든지 하는 따위의 유치하고 보잘 것 없는 자기 성공담을 말하는 경우가 대단히 많다. 어느 누가 그런 설교 아닌 이야기를 듣고 있겠는가?

우리는 구약의 선지자들이 하나님의 말씀을 전할 때 "여호와께서 말씀하시기를"이라는 말을 수 없이 거듭 반복하고 있음을 주시해야 할 것이다. 선지자들의 말씀 선포를 예로 들어 설교를 하자면, "하나님은 이사야 선지자를 통하여 다음과 같이 말씀하고 계십니다. 그 말의 뜻은 바로 이런 말씀입니다" 또는 "우리 주님은 오늘도 우리를 향하여 세상의 빛과 소금이 되라는 명령을 하고 계십니다. 그 뜻은 이러한 의미를 가집니다. 예를 들면 이런 경우를 말합니다" 라고 말해야 한다. 그런데 착각 잘하는 목사는 이 말씀을 "제가 길을 가는데 어떤 노인이 짐을 지고 가서서 그 짐을 대신 져 주었습니다. 그랬더니 그 노인이 대단히 기뻐했습니다. 바로 이런 것을 세상의 빛과 소금이 된다고 말하는 것입니다"라고 말해서 복음이 아닌 자기 이야기를 한다.

목사의 착각적 과신(過信)

인간이란 자신이 행하고 있는 일에 대한 확신을 가질 필요가 있다. 자신감을 가지고 자신의 임무를 수행하는 것은 일의 효율을 극대화 할 수 있다. 그리고 일정한 일을 오랫동안 계속하면 그 분야에 전문인이 되어 스스로 진전시킬 수 있는 요령과 기술이 터득된다. 그렇게 되면 누구의 추종도 불허하는 자신의 고유한 영역을 가진 도사(道士)의 경지에 이른다. 설교 사역도 같은 맥락에서 설교에 도사가 된 목사가 있다. 이렇게 설교 도사가 되었다고 자부하는 목사는 강단에 설 때 넘치는 자신감을 가지고 유창한 설교를 펼쳐 나아간다. 그 자연스러운 몸놀림과 거침없이 쏟아져 나오는 달변에서 성도들은 목사의 전문성과 그 성스러운 직책에 대해 고개를 숙이지 않을 수 없다. 그리고 아멘을 연발하면서 그 설교에 심취된다. 실제로 나는 내가 아주 어렸을 때부터 전국에 부흥회를 다니는 어떤 목사가 설교에 넘치는 자신감을 보인 일을 보았다. 그는 우리 교회에 부흥 목사로 초청을 받았을 때에 "김 목사 이번 부흥회에 어떤 점을 강조했으면 좋을 것 같아"라고 질문했고 "하나님의 말씀만 전해서 성도들이 은혜 받게만 해 주세요"라는 주문대로 그렇게 설교를 했다. 물론 원고는 한 장도 없었다. 그 목사는 건축이면 건축, 전도면 전도, 기도면 기도, 헌신이면 헌신, 모든 우리 기독교의 전문 설교에 대단한 자신감을 가지고 있었던 것이다. 이런 설교자는 어떤 경우에도 자신의 부족에 대한 무엇을 알지 못하며 인정하지 않는다.

그러나 아무리 설교에 자신이 넘치는 목사도 자기 설교를 비디오에 담아 스스로 볼 필요가 있다. 나도 남 못지 않게 설교에는 자신이 있었다. 그런데 내 설교에 아주 실망한 일이 있었다. 친구 교회에서 장로, 집사, 권사의 임직식에서 설교를 맡아 하게 되었는데 모든 예식을 비디오로 찍었다. 며칠 후 찍은 비디오 테이프를 보내왔다. 나는 무척 반가워하며 그 테이프를 보게 되었는데 얼마 후 크게 실망해서 끄고 말았다. 내가 설교한 장면 때문이다. 25년도 더 넘게 설교한 내 모습이 겨우 저 정도인가를 보게 되었던 것이다. 우선 마음에 들지 않는 것이 신경을 건드리는 높은 목소리였다. 말을 할 때마다 너무 많이 노출되는 아랫니(耳)도 그랬다. 잘 한다고 며칠씩 준비한 설교 내용도 혼란스러워 귀에 잘 들어오지 않았다. 한 가지도 마음에 드는 것이 없었다. 그러나 아내는 잘하고 있다고 했다. 100% 마음에 들지 않는 목사의 설교를 잘하는 설교로 듣고 있는 아내와 성도들은 그동안 어떤 은혜를 받았을까? 정말 나 자신에 대한 스스로의 감정이 참담했다.

자신의 설교가 나처럼 만족스럽지 못한 목사가 많을 것이다. 반대로 만족한 목사도 있을 것이다. 그런 목사는 얼마나 좋을까? 이 일이 있고 난 후 나는 내 설교의 모습을 다시 보기 싫었다. 그러나 그것은 대단히 잘못하고 있는 것이다. 자신의 설교 모습을 보고 자기가 만족할 수 있도록 스스로를 끌어올리는 노력이 있어야 발전한다. 이런 자각과 개선을 위한 노력이 없는 목사들은 착각적 과신의 늪에 빠져서 스스로 만족하며 설교를 한다. 그리고 어느 날 갑자기 설교의 교조적(敎條的) 자세를 취하게 되고 아무도 어떻게 해 볼 수 없는 교만의 자리에 둥우리를 틀고 안주해 버린다. 평생을 설교학 교수로 살았던 일리온 죤스(Ilion Jones)는 조각가 도발드슨(Thorvaldsen)의 말을 연상하면서 "목사가 자신의 설교에 만족할 때 그는 스스로 내리막길을 가고 있는 것이다"라고 했다. 그리고 그는 "목사가 자신은 초보 단계를 벗어난 완벽한 설교자라고 자랑할 수 있는 시간은 결코 오지 않는다"고 가르쳤다. 완벽한 설교를 추구하는 설교자는 있으나 완벽한 설교는 있을 수 없다는 것이 설교학에서 반복하여 가르치는 말이다.

그런데도 자신의 설교가 최상의 단계에 이른 것 마냥 믿고 더 이상의 발전을 추구하지 않는 착각적 과신의 주인공들이 우리의 한국 교회에 강단에 너무 많이 서 있음을 본다. 진정 설교의 자만과 교만에 빠져 있는 목사에게는 성령의 도움이 떠나고 다음의 말씀만 그 귀에 들려줄 것이다. "교만은 패망의 선봉이요, 거만한 마음은 넘어짐의 앞잡이니라." 성도들은 이런 교만한 자의 거만한 설교를 극도로 싫어한다.

외식하는 목사의 설교

나는 우리 한국적 상황과 인식에서 성도와 세상 사람들은 아직까지 목사에 대한 어떤 기대감을 가진다고 생각한다. 그것은 우리 사회의 진실한 양심이며, 정(正)의 척도며, 죄인이 찾아 갈 마지막 구원의 길이 되는 것이다. 사람들이 목사에 대하여 그런 기대를 가졌다고 해서 그들의 기대대로 목사가 살고 있는지는 의문이다. 최근 들어 이런 의문과 회의(懷疑)는 더욱 더 깊어져서 과연 우리 사회가 목사에 대하여 무엇을 기대하고 있는가를 의심할 지경이 되고 말았다.

어떤 목사가 한국 교회의 평신도를 대상으로 연구 조사한바 있는 "설교 사역자에 대한 평신도의 의식구조 분석"에서 다음과 같은 질문을 하고 답을 얻었다. "귀하가 아는 설교자들에 대하여 생각할 때 그들의 설교와 삶의 연관성이 어떠하다고 보십니까?" 여기에 대한 응답자의 80.2%가 "완전치는 못하지만 설교대로 살려고 노력한다"라고 하였고, 10.3%는 "설교자는 설교하는 대로 생활한다"라고 대답했다. 이러한 응답의 비율은 서구 교회와 비교해서 월등하게 높은 비율이다. 그런데 이 조사를 한 목사는 이런 현상은 "이 땅이 유교 문화의 영향권에서 오랫동안 정착해 온 결과로서 도덕성의 강조와 선비의 고결한 인격성에 대한 높은 기대가 그대로 나타난 현상이라고 본다"라고 말했다. 즉 우리 민족의 전통적 사고방식에 의한 답이지, 설교하는 목사가 실제로 말씀대로 살고 있는 것을 확인했기 때문에 한 대답은 아니라는 말이다.

설교하는 목사에 대한 기대가 이처럼 너그럽고 관대한 사람들의 대답을 그렇다고 해도 목사 스스로가 하나님 앞과 자기 양심 앞에서 이 질문에 대한 솔직한 대답을 해 보아야 한다. 정말 가장 고결한 성직자인 목사가 자신이 전달한 메시지를 먼저 실천하는 본을 보이고 있는가 라는 질문에 대하여 대단히 부정적으로 대답이 나왔다. 최근 들어 이런 자책(自責) 섞인 대답이 나오는 것은 우리 주변에서 일어나고 있는 목사들이 각종 바람직하지 못한 행태에서 기인된다. 성전에서의 살인 사건, 밀수에 가담한 목사들의 이름, 그리고 외화 낭비에 선두 주자로서의 목사의 생활, 외국 신학교의 분교를 설치하고 박사 학위를 남발하는 주범들, 출처를 알 수 없는 박사들, 교회 안에서 행해지는 간음과 모략중상들의 사건들이 매스컴에 오르내리는 현상은 오늘의 설교 사역을 가장 멍들게 하는 치욕적인 사건들이다.

설교자가 가져야 할 아름다운 모습은 주님의 모습 바로 그것이다. 과거 우리 한국 교회가 인구 비례 3%의 성도들이 나머지 97%의 국민을 선도했던 때의 목사상은 남다른 것이었다. 일상생활에 있어서는 누구도 따를 수 없는 헌신적이고 검소한 생활의 주인공이었으며, 원수를 용서하고, 밤새워 나라와 민족의 죄 짐을 지고 통곡하며, 생명을 바쳐 애국 애족을 실천했던 분들이다. 풍기는 인격에 있어서는 누구도 따를 수 없는 고결한 품성과 지식을 소유한 것이 한국의 목사들의 모습이었다.

그러나 오늘의 목사는 물질의 풍요를 앞서서 누리는 상류 사회의 생활인들로 변화되고 그렇지 못한 몇몇의 목사들은 그 계층에 들어가기 위해 온갖 작태를 벌이고 있다. 그리고 어떤 목사는 자기는 죄인이지만 주님의 말씀은 바로 전한다 하면서 자기가 선포한 설교와 자기의 생활의 이질 현상(異質 現狀)을 아주 당연한 것처럼 미화(美化)하고 있다. 어떤 부흥 목사의 부인이 하루는 부흥회를 인도하는 남편에게 찾아와 모든 성도들이 보는 앞에서 '집에 가면 마귀가 되고, 교회에 오면 천사가 되니 나는 천사와 같이 살고 싶다' 면서 강단에 이불을 폈다는 이야기가 있다. 오늘 설교는 천사처럼 하면서 살기는 마귀처럼 사는 목사가 없는지 생각해 보자. 그리고 이로 인해 생기는 우리 한국 교회의 비극이 얼마나 클지도 헤아려 보자. 주님의 경고처럼 우리는 모두 망하고 말 것이다.

자기를 주님과 선지자로 말하는 설교

내가 만난 다른 목사는 엄청난 비교를 했다. 그날의 설교는 본문이 엘리야가 아합에게 쫓겨 로뎀 나무 아래서 죽기를 소원하는 말씀(왕상 19:4)이었다. 목사는 이 말씀을 본문으로 성도들이 어떤 어려움을 당해도 하나님을 믿는 믿음으로 낙심하지 말아야 한다고 했다. 그런데 그는 갑자기 말을 바꾸었다. 자기가 엘리야와 같은 죽음의 고비를 여러 번 넘겼으며 낙심된 일을 당했다고 하면서 엘리야가 죽을 고통에서 하나님을 믿고 승리한 것처럼 자기도 그렇게 승리했다고 했다. 물론 목사와 성도가 어려움을 당했을 때에 엘리야와 같이 하나님을 믿는 믿음으로 승리하자는 말은 정말 잘한 말이라고 생각한다. 그러나 그 목사는 자기도 엘리야와 같은 낙심을 했다고 몇 번씩 강조해서 말했다. 그 목사는 이제 겨우 40대 중반이 이었는데 어떻게 자기가 엘리야와 같은 고통을 당했다고 말할 수 있다는 말인가? 지금 어느 누가 엘리야와 같은 고통을 당한 사람이 있다는 말인가? 그런 고통을 당하자고 해도 그런 고통을 주는 사람이 우리 주변에는 없다. 그런데 그는 자꾸 자기가 엘리야와 같은 고통을 당했다고 하면서 성도들에게 자기와 같은 믿음을 가지고 승리하라는 듯이 말하고 있었다. 그럴 수는 없는 것이다. 우리는 흔히 우리들을 주님과 비교하기도 하고 어떤 때는 하나님과도 비교하는 도저히 있을 수 없는 망령된 이야기를 아주 거리낌 없이 설교하는 경우가 있다. 그것은 설교하는 목사가 스스로 하나님만큼 높다고 생각하기 때문에 생겨지는 무의식적인 망말인 것이다.

이런 설교는 듣는 사람들, 특히 인생의 경험이 풍부한 나이 많은 사람들에게는 정말 듣기 싫은 정도가 아니라 역겨울 정도다. 나이가 40인 사람이 60인 사람에게 자기를 본 받아 세상을 살라고 해서는 좀 이상하다. 가끔 그럴 수도 있을 것이다. 그러나 그럴지라도 목사는 자기를 낮추고 드러내서는 안 된다. 어디 설교가 목사를 본 받아 살라고 가르치는 것인가? 하나님을 본받고 그리스도를 본받고 하나님의 종 엘리야를 본 받아 살아야 한다고만 말해야 한다. 혹 성도들이 목사를 본받자고 해도 그렇게 해서는 안된다고 말해야 한다. 하나님과 주님과 엘리야는 모두 우리와 비교될 수 없는 분들이다. 목사가 강단에 선다고 하나님이 되고 그리스도가 되고 사도가 되고 선지자가 되는 것은 절대 아니다.

목회의 수단과 방편으로 이용되는 설교

설교가 목회의 수단이 될 수 있는가 라는 질문은 젊은 목사들에게 혼란을 가져다 줄 것이다. 그것은 너무나 많은 목사들이 설교를 설교의 근본 목적이 아닌 다른 목적으로 이용하고 있고 이런 일이 보편화되어 있기 때문이다. 설교가 목회의 한 방법으로 된 예는 수없이 많다. '설교를 잘해야 교회가 부흥된다', '이번 부흥회에서는 우리 성도들이 은혜를 많이 받아 성전 건축 헌금을 충분히 해야 한다', '설교를 잘하는 목사' 같은 말들이 하등 이상할 것이 없는 말들로 들리는 것이 바로 그것이다. 왜 이런 말들이 잘못된 발상과 인식에서 나온 말인가는 설교의 본질을 헤아려 보면 금방 판단된다. '설교는 하나님께서 직접 말씀하시지 않고 설교자인 목사를 당신의 자녀들 앞에 세워 말씀하게 하시는 것을 말한다.' 설교에 대하여 이 이상의 무엇을 말해서는 안 되며, 이 이하의 무엇을 말해서도 안 된다. 그러므로 '설교를 잘 해야 교회가 부흥된다' 는 말은 목사가 하나님의 말씀을 잘 전했더니 많은 성도들이 하나님의 말씀을 듣기 위해 모였다는 의미로 정립되어야 한다. '설교를 잘 하는 목사' 라는 말도 마찬가지로 해석되어야 한다. 이런 의미에서 '잘하는 설교', '설교 잘하는 목사' 라는 말은 하나님의 말씀을 시대적 상황에 따라 바로 전하는 것을 의미한다. 하나님의 말씀은 모두 작금(昨今)의 성도들이 듣기 좋아하는 말씀만 있지 않다. 잘 못 믿는 자에게는 잘 믿으라 하시고, 죄인에게는 회개하라 하시며 회개하지 않으면 저주를 받는다고 하신다. 이미 받은 축복이 크니 늘 감사하고 충성하라고 하신다. 세상 무엇보다도 주님을 더 사랑하라고 하신다. 온 세상에 나가 복음을 전하라 하시며 가진 것을 팔아 가난한 자를 구제하라고 하신다. 네 이웃을 네 몸과 같이 사랑하라 하시고 주님을 위해 생명을 바치라고 하신다. 성경 이야기에서 말하겠지만 하나님의 말씀은 칭찬보다는 경고가, 받는 축복보다는 헌신이, 선별된 지식보다는 하나님을 아는 지혜와 지식이, 자신보다는 하나님과 이웃이, 미움과 다툼과 시기 질투보다는 사랑과 이해와 용서가 훨씬 더 강조되고 있다. 그런데 설교하는 목사가 이렇게 더 많이 강조된 죄 문제, 의무와 책임, 헌신과 희생, 자기 이익 보다 하나님을 위한 충성 등을 강조한다면 그 목사를 설교 잘하는 목사라고 할 사람이 얼마나 되겠는가?

그래서 '설교 잘하는 목사' 의 정의는 하나님의 말씀을 바로 전하는 설교자라는 정석(定石)대로 해석되지 않고, 듣는 성도들의 기분을 즐겁게 해주는 설교자라는 의미로 해석된다. 설교를 아주 잘하는 목사라고 해서 모셔 왔는데 성경의 말씀대로 비례해서 설교를 한다면 성도들은 결단코 그를 용납하지 않을 것이다. 즉 자기들의 입맛에 맞는 설교를 하는 것이 아니라 하나님의 말씀대로 설교했다는 이유 하나만으로 그는 하루아침에

'설교 못하는 목사'로 매도되어 이삿짐을 싸야 할 것이다.

그리고 설교의 엄격한 의미에서 '설교 잘하는 목사'라는 말은 존재할 수 없다. 하나님의 말씀을 누가 전하든지 바르게 전하면 전하는 사람이 목사든 어린 아이든 상관없이 하나님의 말씀은 말씀으로 힘이 있어야 한다. 발람은 당나귀가 전하는 하나님의 말씀에도 크게 놀랐다(민 22장).

설교는 기본적으로 어떤 경우에 있어서도 설교자 개인의 불편한 심기를 표현하거나 자신의 유익을 추구하려는 목적을 달성하기 위한 방편이 될 수 없다. 설교란 어떤 상황에서도 자신의 감정을 발산하는 무대가 될 수 없고 회중을 선동하여 자신의 개인적 집단으로 만들 수 없고 이익을 추구할 수도 없다. 이런 관점에서 설교자가 교회 성장을 목표로 세우고 그것을 달성하기 위한 수단으로 이용되어서는 안 된다. 성전 건축도 마찬가지다.

그런데 설교의 본질적인 성격이 어떤 목사들에 의해 퇴색하고 있다. 어떤 목사는 자신의 무식과 개으름을 숨기기 위해 신비주의를 도입하기도 한다. 방언과 예언의 신비한 현상을 유도하여 그것이 말씀 위에 군림하도록 하는 것이다. 또 어떤 목사는 자신에게 순종하지 않는 사람들을 제어하고 지배하기 위한 방법으로 설교를 사용한다. 그런 목사는 자신의 권위를 절대화하며 하나님의 이름으로 상대를 저주하기도 한다. 이럴 때 그는 자기가 하나님이 된 것처럼 착각한다. 뿐만 아니라, 하나님의 말씀을 전하는 강단이 헌금을 모금하는 금고로 변하기도 한다. 이런 현상들을 설교가 목회자의 뜻을 이루기 위한 수단으로 이용된다고 말한다. 한 때 목사 사회에서는 부끄러운 이야기들이 오고 갔다. 부흥 집회를 위하여 강사를 모실 때 특유한 방법으로 헌금을 많이 하게 하는 강사를 초빙했다. 그 때 강사는 자신과 교회가 집회 중에 거두어 드린 수입을 어떻게 분배해야 한다는 약속을 했다고 한다. 혹시 지금도 이런 후안무치(厚顔無恥)한 일이 없는지 모르겠다. 생각하면 얼마나 한국 교회 강단이 철저하게 탈선하고 있었는지를 잘 말해 주고 있다. 어떤 형태든 설교가 목사의 야망 달성을 위한 목회적 수단으로 이용되는 효과적인 이기(利器)로 전락된다면 거기에는 밝은 내일이 있을 수 없다. 오직 어둡고 침울한 장래만이 있을 뿐이다. 설교는 "은혜의 효율적인 방편으로서 하나님의 말씀을 전하는 것"이지 결코 목사의 욕구를 채우기 위하여 또는 정신적 피곤을 풀기 위한 수단이 아니다. 진정한 설교는 "죄인을 살리기 위해 독생자 예수 그리스도를 십자가 위에서 죽게 하시고 다시 살리신 구속의 역사를 통하여 인간에게 베푸신 하나님의 생명의 선물을 전하는 것" 뿐이다.

발전 없는 목사의 설교

1960년대 후반에 클라이드 리드(Clyde Reid)는 「설교의 위기」(Empty Pulpit)라는 책을 출판했다. 그는 여기서 강단이 비어 있다는 말(empty pulpit)을 했는데, 이 말의 의미는 설교 없는 교회 강단을 의미한 말이 아니라, 오히려 목사가 설교를 하는데도 좌석에 앉아 있는 성도들은 말 할 수 없이 허전해 하고, 전혀 의미를 발견하지 못하며 말씀의 열매를 맺지 못하는 심각한 곤경을 당하고 있다는 것을 뜻했다. 그런데 지금 우리 한국 교회의 현실은 '비어 있는 강단' 이 아니라, 더욱 심각한 지경에 이르러 '설교의 몰락' 또는 '설교의 임종' 이라는 슬픈 비판들이 등장했다.

이와 같이 된 가장 큰 이유는 목사들이 설교에 대해여 공부하지 않으며 앞에서 말한 여러 가지 이유들로 인해 되어진 결과다. 한국 목사 특히 앞으로 교회를 책임지고 나아 갈 젊은 목사들이 '하나님의 바른 종' 되기 위해 공부하지 않고 노력하지 않는 단적인 증거가 있다. 인터넷 사이트 가운데 회원이 2,000명이 넘고 매일 접속하는 사람이 500명이 넘는다는 사이트 운영자인 목사를 만났다. 젊고 의욕이 넘치는 목사는 목회에 대한 유익한 세미나를 교통이 좋은 지역에서 그 분야에 실력 있는 강사 목사들을 초청하여 가졌다. 그는 적어도 2,000의 회원들 가운데 1/10인 150명은 오지 않겠는가 라고 기대했다. 그러나 회비를 한푼도 받지 않는 목회 세미나에 참석한 사람은 겨우 10여명이었다. 목사는 내게 이런 말을 했다. "목사님, 요즘 목사들은 공부하러 오라고 하면 안 옵니다. 그 대신 인터넷에 동영상을 띄우면 많이 봅니다." 이 말의 의미가 무엇인가?

내가 'Moksa' 홈을 운영하면서 설교 게시판을 이용해 이런 광고를 한 일이 있었다. "나는 30여 년 동안 설교를 했습니다. 그 경험을 살려 설교 분석을 해 드리겠으니 혹 원하시는 분이 있으시면 설교 원문을 이 메일로 보내 주시기 바랍니다." 그리고 목사 홈 페이지에 기록되어 있는 친구 목사의 설교 한편을 분석해서 올려놓았다. 그런데 내가 생각하는 것 보다 훨씬 반응이 좋지 않았다. 겨우 한 분 목사가 자기 설교를 보내 와서 분석해 보내 주었을 뿐이다. 물론 나의 이런 잘난 척하는 짓이 가소로워서 반응이 없었겠지만 또 다른 이유도 있다고 생각했다. 그것은 목사들이 설교를 배우기 싫어한다는 것이다. 아니 배울 필요가 없다고 생각하는 것 같았다. 어찌 된 일인지 나는 목사들이 자기 나름대로 자기는 설교에 대해 달관(達

觀)했다고 생각하는 것 같았다.

물론, 오늘의 한국 교회 설교 사역은 아직도 건재(健在)한 면이 많다. 선진국의 교회에서 볼 수 없는 목사의 뜨거운 기도가 있고 생사를 걸고 뛰는 목회의 열심히 있다. 그리고 아직도 순교의 피가 흐르고 선교의 뜨거운 열기가 쉬지 않은 교회가 우리 한국 교회다. 어떤 곳에서도 쉽게 찾아 볼 수 없는 하나님 말씀에 대한 심취성(深醉性)이 강한 성도들이 가득하다. 그리고 아직도 앞에서 열거한 설교의 위기 요소에 물들지 않은 맑고 귀한 목사들이 우리 한국 교회를 지탱하고 있다. 그러나 여기서 만족해서는 안 된다. 세상에서는 생존 경쟁이 살아남기 위해 새벽부터 저녁까지 입에서 단내가 나도록 이리 뛰고 저리 뛰는 사람들이 많다. 우리 목사는 자신이 살기 위해서가 아니라 다른 사람을 살리기 위하여 설교하는데, 이 작업이 얼마나 많은 정성과 노력을 요구하는지 알아야 한다. 안일과 자만은 목사 자신과 가족과 교회와 이 사회와 하나님의 나라 건설을 동시에 파괴시키는 무서운 사단의 병기다.

현실성이 없는 설교

이런 설교는 설교하는 목사가 성도의 현실을 이해하지 못하는 데서 생긴다.

내가 잠시 몸담아 있던 노회에서는 이상한 풍속이 있었다. 노회 때나 매월 모이는 교직자 월례회에 예배를 드리는데 설교하는 목사가 언제나 고정되어 있었다. 고정된 설교자는 회기(會期)의 노회 장이다. 그런데 그 해 노회 장은 나이도 40이 넘었고 목회도 상당히 오래 한 목사인데도 설교가 전혀 은혜가 되지 않았다. 목사가 노회 목사들을 앞에 두고 설교를 할 때에는 자기 나름대로 자신이 있는 말씀을 전하겠는데 늘 핵심이 빠진 듯한 설교를 했다. 우선 그 설교가 상당히 어려웠다. 어려운 문제를 다루고 있을 뿐 아니라, 어렵게 표현하고 목사들의 현실과는 전혀 상관이 없는 문제를 주제로 했다. 또 한 가지는 그 설교가 자기의 설교가 아니라는 점이다. 누군가 유명 목사의 설교를 노트에 기록해 와서 말하고 있기 때문에 설교의 주제와 내용이 듣는 목사들의 요구와는 너무 많이 빗나가고 있는 것이다. 아마 지난 주일에 교회에서 설교한 설교를 그대로 가져 와 설교하는 것 같았다. 노회 목사들이 모였으면 목회를 어떻게 잘 할 수 있는지를 말해야 하고, 어려운 환경에서 목회하고 있으니 위로와 격려가 있는 설교를 해야 하는데, 그 목사는 으레 어디서 그런 주제를 가져오는지 '성도들의 애국심' '우리 한국 교회의 문제점'을 주제로 장황한 설교를 했다.

현실감이 떨어지는 설교는 목사에게 참으로 심각하고 중요한 문제다. 설교가 듣는 사람들이 전혀 생각하지 않고, 관심도 없는 주제를 다루고 있거나 전혀 현실감이 없는 이야기를 한다면 그 설교는 따분하고 지루하기 그지없는 연설이 되고 만다. 나는 그 목사의 설교를 들으면서 언젠가 목사의 설교에 대한 진지한 논의와 연구가 노회 적으로 있었으면 생각했지만 아깝게도 그런 기회를 얻지 못했다.

가정의 달 5월에 목사들은 가정 문제, 자녀와 교육 문제들을 설교의 주제로 해서 설교한다. 그런 설교들은 성도들 모두에게 아주 교훈이 되는 설교들이다. 그것은 모든 성도들이 이 문제에 깊은 관심을 가지고 있기 때문이다. 루엘 호웨(Reuel L. Howe)는 수백 개의 설교 테이프를 듣고 평신도들과의 토의를 거친 뒤에 이렇게 결론을 내렸다. 회중석에 앉아 있는 사람들은 "이의 없이 너무 많은 사상을 설교에 포함시키고 있다고 불평한다"는 것이다. 그래서 "그 많은 사상들이 자신들에게 주어질 때에 그것들은 너무나 복잡해서 자신들의 삶과 의미 있는 연결을 시킬 수가 없다"는 것이다.

현실감 있는 설교를 하기 위해서는 그 자료를 심방하면서 찾거나 부 교역자들과 이야기하면서 얻든지 아니면 장로나 성도들과의 대화에서 얻을 수 있어야 한다. 그리고 수많은 정보들을 얻을 줄 알아야 하고 그것을 가장 적절히 사용하여 설교에 반영시키는 노력이 필요하다. 성도들이 그 짧은 25분 동안의 시간에 무엇을 듣기 위해 교회를 나오는지, 그리고 그 짧은 시간에 하나님께서는 어떤 말씀을 성도들에게 하시고 싶어하시는지를 알고 설교하는 중책이 목사에게 있다. 하나님께서 원하시지 않고 성도들도 듣고 싶어하지 않는 설교를 매 주일 하고 있다면, 그 목사의 목회 생명은 틀림없이 단축될 것이다. 사람들이 그런 목사를 배척하지 않는다면 하나님께서 사랑하는 자녀들을 위해 그를 강단에서 몰아내실 것이 뻔하다. 아니면 성도 모두를 다른 곳으로 이주시킬 것이다. 이런 설교는 풍요 가운데 말씀의 기근을 가져 와 성도를 영적 아사지경(餓死地境)으로 내몬다.

연설 같은 설교

우리가 신학교를 다니면서 소위 설교학이라는 것을 배운다. 그런데 그 설교학이라는 과목이 얼마나 엉성하고 배울 것이 없는지…. 그것을 배웠다고 해서 설교에 대하여 달인이 되었다든지 아니면 설교에 대해 충분한 지식을 가졌다고 생각하면 큰 착각이다.

초년생 목사들은 대게 설교를 연설하는 것처럼 한다. 연설 같은 설교는 우리가 교회에 가서 얼마든지 들을 수 있는 그런 종류의 설교를 말한다. 평소에 쓰지 않는 이상한 목소리, 평소의 대화와 다른 높은 말소리, 일상생활에서 쓰지 않는 언어들과 표현 방법, 얼굴 표정, 몸놀림이 동원되는 그런 설교를 말한다. 그야 말로 사람이 이상하게 변해서 소리를 지르고 평소와 완전히 다른 사람이 된 듯한 모습으로 줄줄이 연설을 하는 것이다. 예를 들면 선거철에 유세(遊說)하는 후보자들이 연설하듯 하는 설교를 말한다.

강남의 어떤 교회가 있었다. 그런데 그 교회에서는 아주 맹랑한 교육을 한 일이 있었다. 부흥사가 되기 위한 교육이다. 교육 과목 가운데 부흥사 목소리 만들기가 있었는데 그게 좋은 목소리를 쇳소리가 나게 만들어 듣기 거북스럽게 하는 것이었다. 목사의 목소리가 쇳소리가 나는 것은 기도를 많이 하고 설교를 힘있게 하다 보니 그렇게 되는 것인데 여기서는 아예 그렇게 목소리를 망가뜨리고 새롭게 만들어 성도들을 기만하는 짓을 했다. 그곳에서 교육을 받은 목사들이 변질된 듣기 싫은 목소리를 얻어 얼마나 부흥사로 태어났는지 모르지만 그런 모조품 부흥사가 우리 한국 교회에 활개를 친다면 우리 목사들은 점점 설 땅을 잃게 될 것이다.

그런 일상생활과 다른 목소리와 표현들과 몸놀림은 듣는 성도들에게 설교의 의미를 쉽게 이해할 수 없게 하고 지루하게 만들어 설교가 빨리 끝나기를 바라는 조바심을 일으킨다. 주님의 설교를 자세히 연구해 보라. 그야 말로 주님은 연설이 아닌 설교를 하시지 않는가? 늘 하는 일상 대화를 연

구해 보라. 우리 하나님께서 사랑하는 성도들과 일대일의 대화를 하는 것
처럼 설교를 하라. 대화식 설교는 배워야 한다. 대화식 설교에 대하여 뒤
에 설명했다.

긴 설교

설교를 길게 하지 말라. 20분 내지 25분 정도면 족하다. 그런데 이 짧은
시간에 어떻게 성도들의 마음을 움직여 은혜를 받게 할 것인가? 사람이 정
신을 차리고 다른 사람이 말하는 것을 귀담아 들을 수 있는 시간은 20분
정도라고 한다. 20분이 지나면 말이 청취되지 못하고 귓전을 때리며 흘러
버린다고 한다. 60-70년대는 설교를 길게 했다. 친구 목사는 부흥회를 가
서 10시부터 시작한 낮 성경 공부를 오후 4시까지 계속하기도 했다. 그러
나 이런 이야기는 이미 옛날 이야기다.

문제는 이렇게 인색하고 짧은 시간에 성도들에게 하나님의 말씀이 은혜
가 되도록 어떻게 설교하는가 이다. 정말 어려운 일이 아닐 수 없다. 이 점
에 대한 설명을 이곳에서 다 할 수 없어 따로 설교 잘하기에서 말하겠다.
좋은 설교는 듣는 사람의 마음을 움직여야 한다. 즉 감동과 감화력을 가진
설교를 말한다. 나는 일반 대중가요를 부르는 사람들의 노래에서 설교에
대한 많은 것을 배운다. 그들은 3-5분 동안 노래를 부르는데 얼마나 많은
정성을 쏟는지 얼굴과 온 몸에 땀이 난다. 그렇다고 그들이 땀이 날 정도
로 큰 소리만 하는 것이 아니다. 사람을 감동하게 한다. 그들의 노래를 들
으면서 청소년들은 혼절하기도 하고 어른들은 감동되어 눈물을 흘리기도

한다. 한번만 들은 노래가 아니고 수 없이 많이 들어 알고 있는 노래지만 가수들이 부를 때는 감동되어 울고 즐거워하는 것이다. 그런데 같은 노래를 다른 사람이 부르면 장난이 되고 만다. 왜 그런 차이가 생길까? 목소리가 좋아서인가? 물론 그런 면도 있을 것이다. 그러나 그것보다도 노래를 부르는 그들이 그 노래를 부르기 위해 수 천 번 노래 연습을 하고 거기에 자기들의 모든 인격과 영혼의 힘을 불어넣어 부르기 때문이라고 생각한다. 그런 노력으로 감동을 주지 못하면 유명한 가수가 될 수 없고 성공할 수가 없다. 3-5분 동안 사람이 듣고 즐거워하는 노래를 부르는데도 이토록 노력하고 심혈을 기울이는데, 하물며 죄인을 살린다는 목사들이 20-25분 동안 죽은 영혼을 살리는 하나님의 말씀을 전하면서 듣는 사람들을 감동시키지 못한다면 분명 아무 쓸모 없이 강단만 점유하는 죄인이 되고 말 것이다.

이 글은 읽는 목사들이 설교를 아주 잘 해서 사람들을 변화하게 하는 하나님의 종들이 되기를 바란다. 성도들은 목사의 설교에 은혜를 받고 감동을 받으면 그 교회가 이층이든 지하실이든, 임대 교회든 성전을 가진 교회든, 크든 작든 가리지 않고 그 교회를 찾아가게 될 것이다. 암사동에 있는 어떤 아파트 단지에서 아주 잘 생긴 목사가 상가를 분양받아 교회를 개척하고 5,000만원이라는 큰돈을 들여 인테리어를 잘 했다. 누구든지 그 교회를 처음 나왔을 때는 놀라면서 마음에 들어했다. 그러나 예배를 드린 후에는 다시 그 교회를 찾지 않았다. 그래서 그 교회는 개척한 후 2년이 넘었는데도 의자가 텅텅 비어 있다. 이유가 무엇인가? 목사가 성도들이 듣기 싫은 설교만 골라 하고 있기 때문이다. 사도 바울처럼 하루 종일 설교해도

들을 만한 설교를 할 수 없거든 설교를 길게 하지 말라.

주제가 많은 설교

목사들은 설교에 욕심을 가진다. 하나님의 말씀을 잘 전하되 많은 것을 충분히 잘 전하려 한다. 이런 생각은 매우 좋은 것 같지만 사실은 그렇지 않다. 한 설교에 주제를 몇 개씩 설정하고 설교하면 듣는 사람이 혼란스러워 하고 무엇을 말하는지 종잡을 수 없게 되어 머리 아파한다. 목사가 설교에서 무엇을 말하고 있는지 모르게 되는 것이다.

예를 들면 요한복음 3:16에는 성경 말씀의 모든 중요한 진리가 함께 들어 있다. '하나님' 이라는 말은 신론이고, '세상을' 하는 말씀은 인죄론이며, '이처럼 사랑 하사 독생자를 주셨으니' 라는 말씀은 기독론이다. '이는 저를 믿는 자 마다' 라는 말씀은 교회론 이며 '멸망하지 않고 영생을 얻으리라' 는 말씀은 구원론이다. 그런데 우리가 모두 알다시피 신론도 기독론도 얼마나 그 범위가 넓고 그 진리가 심오한가. 그런데 목사가 이 말씀을 본문으로 선택해서 설교를 할 때 모든 것을 다 말하려 하면 정말 무엇을 말하려는지 알 수 없는 혼란에 빠지고 말 것이다. 이 말씀에서 한 가지만 설명하고 설교하기도 사실 쉽지 않다.

설교의 주제는 한 가지만 해야 한다. 두 가지도 많고, 세 가지는 혼란하며, 네 가지는 무슨 소리를 하는지 한 가지도 알아듣지 못하게 한다. 그리고 머리가 아파 다시는 설교들을 생각을 못하게 한다.

대지와 소지가 많은 설교

20-25분 동안 설교를 하는데 대지와 소지가 많으면 아주 혼란스러워진다. 설교하는 목사는 설교를 질서 있고 알아듣게 하기 위해 대지와 소지를 설정하는 것이 좋다. 그러나 설교의 대지와 소지는 원고에만 있어야 한다. 첫째, 둘째, 둘째의 첫째 소지는… 이렇게 설교하면 듣는 사람은 설교 내용 보다 대지와 소지의 숫자를 세는데 신경을 쓸 것이다. 그러므로 설교할 때는 대지, 소지를 말하지 않고 물 흐르듯이 설교를 해서 앞뒤의 말씀과 내용이 잘 연결되도록 해야 한다. 대지는 많으면 세 가지 정도로 하고 적으면 한 가지만 해도 좋다. 특히 대지 가운데 소지를 나누고 그것도 모자라 소 소지를 나누어 설교를 한다면 정말 설교하는 사람이나 듣는 사람이나 혼란스러울 것이며 나중에는 무엇을 말하는지 모르게 되고 말 것이다. 이렇게 혼란스럽게 대, 소지를 나눈 설교가 있다. 그 유명한 척 스미스 목사의 설교문이 그렇다. 그러나 그 목사는 설교할 때 대지, 소지를 전혀 말하지 않는다. 그래서 듣는 성도들은 그 목사의 설교 원고가 그렇게 복잡하게 나누어진 대, 소지를 가졌다는 사실을 전혀 모르고 은혜를 받는다.

대, 소지를 나눌 때는 반드시 다른 색연필로 표시를 해서 설교자가 혼란을 일으키지 않게 해야 한다.

싫증이 나고, 지루하며, 재미가 없는 설교

틸리케는 "우리의 설교가 이제는 더 이상 사람들에게 닿지 않고 있으며 선명하지 못하고 지겹기만 하기 때문이다"라고 말했다. 의사소통이 안 되는 중요한 원인들이 어디에 있든지 간에 재미없고 지루한 설교는 성도들로 하여금 설교에 염증을 내게 하며 흥미를 잃게 만든다. 그리고 그 원인을 제공한 사람은 바로 설교자 자신이다. 설교가 싫증이 나고 재미없는 증거는 아주 쉽게 판단된다. 설교를 듣는 성도들이 대부분 졸고 있으면 바로 그것이 재미없는 설교에 대한 무언의 질책이라고 받아 들여야 한다. 졸고 있는 성도들 깨우기 위해 종을 치고 강대상을 칠 필요가 없다. 졸리지 않도록 설교를 하면 된다. 수단과 방법을 가리지 말고 목사의 설교에 흥미를 잃은 이유를 찾아 개선하지 않으면 밤낮 잠만 재우는 목사가 되고 말 것이다.

알아듣기 어려운 설교

목사는 하나님의 말씀을 학문적인 면에서 전문적으로 공부 한 사람이다. 그러므로 전문 지식을 가진 다른 사람들과 마찬가지로 목사의 전문 분야인 신학을 설교에 자주 이용하는 버릇이 있다. 이런 신학을 말할 때에 목사는 아주 잘난 척하기도 한다. 듣는 성도들을 향하여 '너희가 신학을 아느냐' 라는 말투로 설명하는 것이다. 그러나 노련한 목사는 그렇게 말하지 않는다. 신학을 말하되 신학이 아닌 성경으로 풀어 말한다. 성도들도 목사에 뒤지지 않을 만큼 알 것은 다 안다. 그들이 신학교를 다니지 않았을 뿐이지, 수십 년 동안 설교를 듣다 보면 신학도 알고 성경도 안다.

그런 성도들을 앞에 두고 목사가 "인죄론이라는 것은, 신론이라는 것은, 신학적인 입장에서 칼빈을 어떻고 루터는 어떠하며, 발트는 어떠하다"라고 하면 듣는 사람 가운데 속이 뒤틀린 사람들은 "칼빈이고 루터고 발트고 좋아하시네. 빨리 끝이나 내시지" 하면서 주보에 안경 쓴 목사의 얼굴을 그리기 시작한다.

신학 뿐 아니다. '무슨 무슨 적(的)' 이라는 말을 쓰지 말라. 철학적, 과학적, 의학적, 예술적 등 가급적이면 적, 적, 쩍, 쩍 하지 말라. 그런 전문적인 지식을 아주 평소에 말하는 일상용어로 바꾸어 알아듣기 싶게 바꾸어 말하는 고도의 표현 기술이 있어야 한다. 그러기 위해서는 사용되는 전문 용어에 대한 해박하고 확실한 지식이 있어야 할 것이다. 부모가 어린 자식들에게 일상적인 대화 중에 '무슨 무슨 적' 이라는 말을 사용하지 않는다. 그런데도 강단에 올라가기만 하면 자기가 무슨 대 학자나 된 것처럼 연신 '무슨 적, 어떤 적' 을 찾으니 듣는 성도들은 어려운 공부를 하는 것 같아서 머리가 아프다.

말의 뜻이 분명하지 않는 설교

말은 하나님이 자신을 세상에 드러내는 가장 좋은 도구다. 그리고 그 도구는 사람의 말을 통해 나타난다. 설교는 설교자의 생각을 전하는 것이 아니며, 하나님의 말씀을 전해서 죄인을 하나님의 사람으로 변화되게 하는 아주 중요한 매개체다. 그리고 설교는 말로서 이루어진다. 말은 입에서 나오는 말이 있고 다른 형태의 말도 있다. 몸짓으로 하는 말이 있고 음악이나 그림이나 다른 어떤 매체를 이용한 말도 있다. 그러나 가장 많이 사용되는 언어는 입의 말이다. 설교자의 설교는 말을 가장 많이 사용하여 이루어진다. 그런데 설교자의 말이 분명하지 않고 그 의사 전달이 확실하지 않는다면 성도들은 은혜를 받지 못한다. 그러므로 말 잘하기를 위해 특별한 공부가 필요하다. 옛날에는 수사학이라는 것이 있어서 말 잘하는 방법을 가르쳤다고 하는데 지금은 없다. 그렇다고 말 잘하기를 배우지 않고 천연적인 말투와 어투를 사용해서 하나님의 말씀을 전달해도 된다고 생각해서는 안 된다. 쉴 새 없이 말 잘하기를 연구하고 배워야 한다. 그런 학원을 찾아가 배우고 국어사전을 옆에 놔두고 말의 바른 사용법을 배워야 한다. 긴 말을 짧고 간결하게 하는 법을 배우고 같은 말이라고 상대방에게 감동과 기쁨과 확신을 줄 수 있는 말 잘하기를 배워야 한다. 사람이 자기 생각을 상대방에게 바로 전한다는 것은 대단히 중요한 성공의 방편이다. 그것은 목사에게도 마찬가지다. 언어로 전달되지 않는 생각을 전하기 위해 설교자는 몸 언어(body language)를 연구하고 배워야 한다. 눈 맞추기(Eye contact), 표정 관리, 손놀림, 발의 움직임들을 통해 하나님의 말씀을 전할 수 있어야 한다.

한 시간 동안 설교했는데 잘못되어 무슨 말을 하고 있는지 알아들을 수 없어 지루해 하는 것 보다 설교하는 목사의 종잡을 수 없는 말투는 정말 견딜 수 없는 고통을 가져다준다. 호소적인 설교, 결단을 촉구하는 설교, 회개를 말하는 설교, 헌신를 말하는 설교, 사랑의 고백 설교, 위로와 치유의 설교들이 모두 한결 같은 어투로 설교된다면 그것은 이미 설교가 아니라 연설이다. 설교 가운데 논술, 전개, 사건 설명, 대화, 이야기, 베드로가 물에 빠져 죽게 되었을 때에 구원을 바라는 화급한 소리, 귀신 들린 아버지의 말, 죽은 나사로가 살아났을 때에 주변 사람들의 놀라는 말들이 한결같이 같은 음성과 어휘로 되었을 리는 없다. 입체적인 언어 구사법을 훈련하라. 그래서 듣는 성도들이 목사의 설교를 들으면서 눈을 감고 있으면 그 상황이 눈에 보이듯이 설교해야 한다. 그러기 위해 얼마나 많은 연구와 노력이 있어야 할까?

말하고 그 말을 해석하는 잔소리 많은 설교

설교의 초보자들은 어떤 말을 하고 그 말을 다시 설명하는 일이 있다. 그렇게 되면 그 설명하는 말은 대개 상당히 긴 시간이 필요한데 결국 그 아까운 20분 동안에 말하고 설명하느라 다른 말씀 전할 시간이 짧아지고 그 설명은 잔소리가 된다. 설명할 때 쓰는 말이 있다. '이 말이 무슨 말인가 하면…잔소리' '다시 말하면… 잔소리' ' 이 말에 대하여 누구누구는 이런 설명을 했다… 잔소리', '본문에 말씀하신 이 말을 내가 생각해 보니 이런 말이다… 잔소리' '일테면… 잔소리'

설명을 할 필요 없이 설명하는 말을 먼저 하면 얼마나 좋을까? 부득이 설명을 해야 하거든 아주 짧게 알아듣기 쉬운 말로 해야 한다. 설명이 길어지면 하나님의 우리 사랑하심도 잔소리로 듣게 되어 버린다. 그런 설교를 듣고 나가면서 성도들은 "우리 목사님은 우리들이 다 아는 이야기를 왜 그렇게 잔소리로 말하는지…졸려 혼났네"라고 한다. 일주일에 한 번 교회에 와서 목사의 설교를 듣고 혼이 나가면 되겠는가?

말을 많이 해야 설교자의 의사가 잘 전달되는 것은 아니다. 오히려 잔소리가 된다. 적게 말하고 강력하며 생생한 표현을 할 수 있어야 한다. 그리고 마지막이라고 말하고 이제까지 한 설교를 다시 설명하고 계속 말하면 듣는 사람들이 짜증을 낸다.

확신이 없는 말투와 불필요한 언어사용

설교자의 확신 없는 말투는 그 정도가 참으로 심각하다. 그런 말투 가운데 가장 두드러진 것은 '것입니다' 와 '같습니다' 가 있다. 조그만 신경을 쓰고 듣고 있으면 설교 중에 이런 말들이 거침없이 무수히 사용되고 있음을 알 수 있다. '…이라 할 수가 있을 것입니다', '하여야 할 것입니다', '되어야 하는 것입니다', '되는 것입니다', '기원하는 것입니다', '바라는 것입니다', '생각하는 것입니다', '믿는 것입니다' 등등

또 확신이 없는 가정법의 언어사용이 심각하다. '인 것 같습니다', '싶습니다', '짐작됩니다' 같은 말들이 그것이다. 언제부터인가 이런 말이 우리 사회에 대 유행을 하고 있다. 아름다운 꽃을 보면서 '이 꽃은 정말 아름답다' 라고 말하지 않고 '아름다운 것 같아요' 라고 말한다. 하나님의 말씀을 전하는 설교자의 이런 '것입니다' 와 '같습니다' 의 말버릇은 선포된 하나님의 말씀에 도저히 부합되지 않는 말들이다.

설교자는 언제나 확신이 차고 넘쳐야 한다. 여기서의 자기 확신이란 자신의 신념이나 성격을 두고 하는 말이 아니다. 자신을 통해 성도들에게 전달되는 하나님의 말씀에 대한 확신이다. 그러므로 설교자는 하나님의 말씀을 전할 때에 '하나님께서 이렇게 말씀하셨습니다' 라는 확정적인 언어를 사용해야 한다.

그런데 설교하는 중에 "–인 것 같습니다", "–인 듯싶습니다" 등의 표현을 해서 하나님의 말씀에 대한 진리성을 흐리게 한다. 이런 말버릇을 가진 목사는 "예수님께서 기도하라고 하셨는데 이 말씀은 기도해야 주신다는 말인 듯 싶습니다" 또는 "기도하라는 말씀인 것 같습니다"라고 한다. '–인 것 같다' 는 표현은 추측을 나타내는 말이다. 그리고 '–싶다' 역시 관형어 아래에 '듯이나 성' 들과 함께 쓰여 추측을 나타내는 말이다. 어떻게 하나님의 말씀을 추측으로 전할 수가 있을까? 설교자 자신이 '이 말씀은 이 뜻이다' 라는 확신이 없으면 그 메시지는 전하지 말아야 한다. 하나님의 확실한 말씀을 설교자가 어정쩡한 표현으로 전하면 받아들이는 성도들은 어떤 결과를 초래할 것인가? 불확실과 혼란만 가져 올 뿐이다.

일상적인 말버릇의 잘못이 훨씬 더 심각한 목사도 있다.

'오늘의 이 말씀을 칼빈은 하나님의 말씀이라고 해석한 바 있습니다. 그리고 발트는 주님의 말씀이라고 해석하였습니다. 글쎄요, 이 말씀의 뜻을 어떻게 해석해야 할 지 모르겠습니다. 저의 생각은 그 뜻이 성령님의 말씀인 것 같습니다. 여러분께서는 각자 적당히 해석하시는 것이 좋을 것 같습니다.' 도저히 들어 줄 수 없는 설교를 하고 있는 것이다. 이런 말들은 설교에 전혀 사용할 수 없는 말들이다.

설교에 사용해서는 안 되는 말 가운데 '––라고, ––라는' 것도 있다. 이 말은 인용격 조사(따옴 자리토씨)로서 분별없이 사용할 때 그러한 폐단이 나온다. 예를 들면 '성경은 죄인들이 하나님께 나아 와야 한다 라고 기록하고 있습니다', '예수님은 우리가 원수를 사랑해야 한다라고 말씀하십니다', '바울은 우리가 항상 기뻐해야 한다 라는 말을 강조하고 있습니다',

'우리가 늘 하나님께 기도해야 한다 라는 것은 중요한 일입니다' 등이다. 이런 문장에 '--라고', '--라는' 등등의 인용격 조사가 사용되어야 할 이유가 전혀 없다. '--한다라고' 는 '--한다고' 로 바로잡고, '--한다라는' 은 '한다는' 으로 바로잡으면 아무런 문제가 없다. 즉 '성경은 죄인들이 하나님께 나아 와야 한다고 기록하고 있습니다', '우리가 늘 하나님께 기도해야 한다는 것은 중요한 일입니다' 라고 해야 한다.

이상의 경우는 거의 습관에서 우러난 부작용이다. 어떤 설교자는 설교자의 단순한 분석이나 지식의 전달보다는 좀더 광범위하고 객관적인 자료를 인용하려 한다. 이것은 매우 좋은 일이다. 그럴 때는 이상과 같은 인용격 조사를 사용할 수 있다. 그러나 그것이 습관화되어서 필요 없는 곳에서까지 이러한 말들이 사용되고 있는지를 점검해야 한다.

그런데 목사가 이런 세세한 언어사용 방법까지 공부하고 생각하며 사용한다는 것은 쉽지 않다. 그리고 우리 한국말의 토씨와 형용사와 접두어와 접미어의 사용이 너무 어려워 여기에 대한 공부를 본격적으로 하지 않는 사람은 누구도 정확한 언어를 사용하기가 어려울 것이다. 그렇지만 듣는 사람은 잘못된 언어사용으로 인해 이질감을 느끼게 되고 은혜를 받는데 지장을 초래하게 된다. 설교자는 최소한 언어의 사용에서 이질감을 유발하지는 말아야 한다. 가급적이면 설교자는 쉬운 말을 사용하되 하나님의 말씀을 전하는 일이므로 단호하고 결정적인 어휘를 구사해야 한다. 그리고 문장을 짧게 해야 같은 말이라도 힘이 있고 듣는 사람이 잘 알아듣는 효과를 가져 온다. 한 문장에 '그리고, 그러나, 그러므로' 등과 같은 접속어를 계속 사용하면 설교의 진의가 흐려지고 혼란스럽게 된다.

외국어로 말하고 그 말을 해석하는 것

목사가 외국어를 말해야 하는 경우가 있다. 우리말이 좋기는 하지만 우리말로 설명이 안 되는 하나님의 말씀들이 있기 때문이다. 즉 사랑이라는 말이 그렇다. 천국이나 지옥이나 낙원이라는 말도 그 중에 속한다. 사랑이라는 말의 차이는 이미 잘 알 것이다. 우리 성도들은 천국이라는 말은 천국으로 안다. 그러나 지옥이라는 것을 인식할 때는 불교의 지옥을 연상하고 낙원을 말하면 천국과는 조금 다른 세상으로 천국 가기 전에 임시로 머무르는 세상 정도로 안다. 카톨릭식 사고방식이다. 이럴 때 목사는 그 말을 설명할 필요가 있고 설명을 위해 그 말의 원래의 단어를 사용할 수가 있을 것이다.

그런데 히브리어나 헬라어나 라틴어나 영어나 독일어나 다른 외국 언어를 사용할 필요가 없는데 구태여 그것을 말하고 설명하는 경우가 있다. 그런 외국어들은 주석에 얼마든지 나와 있는 단어들로서 누구든지 쉽게 찾아 사용할 수 있는 단어들이요 단어의 해석이다. 그런데도 성도들이 생전 듣지도 보지도 못한 이상한 외국어를 말하고 설명한다는 것은 성도들의 비웃음을 살 우려가 있다는 것을 알아야 할 것이다.

성도들이 외국어를 사용할 수 있는 목사와 그렇지 못한 목사를 너무 잘 구분한다. 사용할 수 있는 사람, 즉 신학대학원의 교수가 영어를 말하고 간단히 설명하면 거부감을 느끼지 않지만 영어를 못하는데 영어를 잘하는 것처럼 설교 노트에 발음을 우리말로 기록해 말하고 설명한다면 비웃을 것이다. 만일 그렇게 영어를 잘하는 목사라고 생각해서 미국 사람이라도 오게 한다면 얼마나 망신을 당할까? 외국어는 가급적 안하는 것이 좋다.

우리 한국말로 선포되는 하나님의 말씀 강단에서 누구든지, 그가 비로 신학교의 교수로서 영어를 아주 잘한다고 해도 안하는 것이 하는 것 보다 훨씬 더 덕이 된다.

내 조카는 아주 큰 교회를 다닌다. 그 교회의 부목은 미국의 어떤 신학교에서 공부를 하고 교육학 박사를 받았다. 그 목사는 설교 중에 영어를 잘 사용했다. 그런데 그 교회는 외국인을 위하여 영어로 설교하는 목사가 있다. 그 목사는 별 말이 없는데 미국에서 오래 살다 온 한 성도가 듣다못해 잔소리를 했다. 그 부목이 즐겨 사용하는 단어가 잘못 사용되고 있다는 것이다. 그리고 그 무식한 단어 사용이 온 교회에 널리 퍼졌다. 그리고 성도들은 그 목사를 무시하기 시작했다. 그가 받았다는 박사 학위에 대해서도 이런 말 저런 말이 많았다. 그가 잘못 사용한 단어가 누군가에 의해 그의 박사 논문까지 검토하게 하는 위력을 발휘한 것이다. 그리고 박사 논문을 본 그 성도는 유치하기 짝이 없는 논문이라고 소문을 내고 다녔다. 꼭 그 이유만은 아니겠지만 그 목사는 10년도 더 넘게 있었던 그 교회를 사임했다.

성도들은 목사의 한 가지 허물을 목사가 가진 모든 허물이라고 생각한다. 무엇 때문에 안 해도 되는 외국어를 해서 그런 부끄러움을 자초하겠는가? 우리가 우리말도 잘 못하고 있는 경우가 많다. 외국어를 말하고 싶거든 차라리 말 잘하는 방법을 가르친 책이나 구입해서 탐독하는 게 훨씬 목회에 도움이 될 것이다.

같은 말을 반복하는 설교

같은 말을 계속해서 반복하는 설교를 성도들은 듣기 싫어한다. 위대한 설교가라고 이름이 알려진 어거스틴도 필요 없는 말을 반복했다고 자신의 설교 이론에서 밝힌 바 있다 그는 그가 남긴 '크리스마스' 라는 설교에서 동일한 대명사를 한 문장에서 12회나 사용할 정도였다. 이런 반복되는 말은 설교의 본질을 흐리게 하고 복잡하게 하며 지루하게 만든다. 더욱이 설교와는 전혀 상관이 없는 말을 반복하는 목사도 있다. '에- 에-', '그리고, 그리고', '일테면, 일테면', '말하자면, 말하자면', '에 또, 에또 가서는', '그러므로, 그러므로' 따위의 설교에 전혀 불필요한 말들이다. 설교자가 설교할 때는 그렇게 필요 없는 말을 하고 있다는 것을 모른다. 그러므로 반드시 실제 설교를 녹음해서 설교의 언어사용에 자연스럽지 못한 부분을 고쳐야 한다. 이런 평소에 사용하지 않는 말의 사용은 듣는 성도들의 신경을 매우 거스르게 하며 혼란스럽게 해서 설교가 은혜가 되지 못하게 한다.

복잡한 말이나 고어를 자주 사용하고 해설하는 설교

설교자가 당하는 유혹 가운데 아는 체하려는 것이 있다. 이 유혹을 떨어 버리지 못하면 필요 없는 유식(有識)을 자랑하게 된다. 보통 사람들이 이해하기 힘든 복잡한 말이나 고어, 외국어들이 바로 아담과 하와가 따먹은 에덴 동산의 과일이다. 필수적으로 설교자는 듣는 성도들이 쉽게 알아들을 수 있는 용어들을 사용해서 하나님의 말씀을 전해야 한다. 꼭 써야 할 전문적인 용어들은 아주 쉽게 풀어 아무 저항 없이 듣도록 요리해서 사용해야 한다. 설교자와 듣는 성도 사이에 의사 전달이 안 되면 그 설교는 실패한 설교다.

심한 사투리와 방언사용

너무 심한 사투리와 지방 방언을 사용하는 것은 듣는 성도들에게 이질감을 불러일으키며 심한 경우에 혐오감을 준다. 그러나 가벼운 사투리와 호감이 가는 방언은 오히려 좋은 인상을 줄 수도 있다.

반복 설교

반복 설교와 예화를 하지 말라. 똑 같은 자기 이야기를 반복하지 말라. '좋은 노래도 세 번 들으면 싫증이 난다' 는 말이 있다. 나도 그런 경험이 있다. 특별히 절기 설교는 그 내용이 모두 같고 짧게 해야 하는 특징이 있다. 그래서 언제가 한 설교를 대충 대충 손보아서 설교를 재탕, 삼탕 한다. 성도들은 아무 표정이 없이 듣고 있지만 알 것은 모두 다 안다. 그래도 하나님의 말씀을 반복 전하는 것은 잘 듣는다. 그 말씀은 모두 하나님의 말씀이기 때문이다. 아브라함의 이야기와 다윗의 이야기 같은 성경 인물에 대한 이야기와 사건의 이야기들은 수 백 번을 들어도 들을 수 있는 진리가 있다. 그러나 자기 이야기와 예화는 절대 그렇지 않다. 수십 년 전에 했던 예화를 성도들은 고스란히 기억하고 있다. 세 번만 자기 이야기를 하면 백

번도 더 많이 들은 이야기라고 생각한다. 생각할 뿐 아니라 '우리 목사님은 설교 준비를 하지 않는 게으르고 나태한 목사', '우리들을 무시하는 목사'라고 낙인을 찍는다.

과감하지 못한 어정쩡한 설교

목사들이 설교하는 것을 두렵게 생각하는 시대가 되었다. 하나님의 말씀이 귀하고 듣는 성도들이 관심이 크기 때문이 아니라, 올바르게 전한 말씀에 대한 성도들의 저항 때문에 이런 현상이 생겼다. 이런 이유로 목사의 설교가 단호하지 못하고 어정쩡한 현상을 가져 왔다. '여러분 새벽 기도회에 나와 꼭 기도하라는 말이 아니고 시간과 장소 구별 없이 언제나 기도해야 한다는 말입니다', '마음을 보시는 하나님께서는 여러분들의 정성을 다한 십일조를 받으실 것입니다. 숫자가 중요한 것은 아닙니다', '너무 바쁘신 분들은 언제 성경 말씀을 읽겠습니까? 요즘 시중에서 파는 성경 녹음테이프를 사서 차를 타고 가시면서 듣도록 하세요' 이런 말은 수 없이 많다. 다 나쁜 말은 아니지만 시류(時流)에 편승한 목사의 어정쩡한 자세가 잘 나타나는 말들이다. 목사가 하나님의 말씀을 있는 그대로 확실히 전하고 핍박을 받는 것이 바른 태도라고 생각한다. 미리 겁을 먹고 게으르고 나태하며 자기변명을 일삼는 성도들과 타협점을 찾아 흐리멍덩한 설교를 자꾸 하면 그 자체를 하나님께서 용납하시지 않으실 뿐 아니라 성도들도 싫어한다. 단호한 하나님의 말씀을 전할 때는 도전적이고 심령을 뒤집어엎는 설교도 할 줄 알아야 한다.

아첨(阿諂)설교

작금에 와서 목사들이 아주 즐겨 하는 설교는 성도들이 듣기 좋아하는 설교다. 그런데 그 설교들이 복음이 아니라 다분히 '아첨 설교'가 많다. 아첨 설교라는 것은 이런 것이다.

우리가 목동에서 교회를 개척할 때 고향 후배 한 가정이 합세를 해 주었다. 정말 고마운 일이었다. 그 고향 후배 부부는 여의도에 있는 어떤 아주 큰 교회를 다녔다고 한다. 그리고 그 부인은 그 교회의 부 구역장이었다고 해서 더욱 더 고마웠다. 한 사람 일군도 귀한 개척 교회에서 그렇게 큰 교회의 부 구역장 출신을 집사로 얻게 되었으니 얼마나 큰 축복인가 라고 생각했다. 그래서 그 부부를 즉시 집사로 임명하고 구역이 확장되었을 때 한 구역을 맡겨 구역장이 되게 했다. 그런데 구역장이 된 여 집사가 전혀 구역 일을 못하는 것이 아닌가? 구역 관리를 위한 심방은 고사하고 구역 예배를 드리는 금요일이 되면 공포에 질린 목소리로 나나 아내에게 전화를 해서 구역 예배를 인도해 달라고 했다. 그리고 어떤 일이 있어도 자기를 기도시키면 안 된다고 신신 당부를 했다. 몇 번 그런 일이 있고 나서 나는 수요 예배드릴 때 그 집사에게 기도를 하라고 했는데 아무리 기다려도 기도를 하지 않아 눈을 떠보니 밖으로 나가고 없었다. 그리고 더욱 가관인 것은 성경을 읽으라고 하면 성경을 찾지 못해 읽지 못하는 것이다. 완전히 초신자였다. 그런데 어떻게 이런 사람을 부 구역장으로 임명했을까? 나중에 기회가 있어 물어보았다. 그 집사는 이런 이야기를 했다. 자기가 그 교회에 등록 한 후 몇 달 후에 구역을 맡은 목사가 부 구역장으로 자기를 임명하면서 "자매님은 정말 열심이십니다. 하나님께서 엄청난 축복을 주실 것입니다.

그런 열심을 가지고 교회 일을 안하면 어쩝니까? 부 구역장을 하십시오" 했다는 것이다. 자기는 교회를 다닌 지 얼마 되지 않았고 아무 것도 몰라 거절했는데 담당 목사가 다시 말했다. "다른 사람도 알아서 하나님의 일을 하는 것이 아닙니다. 아무 소리 말고 목사인 내가 하라는 대로 따라 하면 잘할 것입니다. 자매님이 교회 일을 안 한다면 우리 교회는 하나님의 일을 할 만한 성도가 한 사람도 없을 것입니다." 그래서 교회 일이 별 것이 아니로구나 생각되기도 하고 따라 다니면 하나님의 축복을 받는다는데 못할 것이 무엇인가 싶어 허락을 했더니 선물도 많이 주고 사람들이 부 구역장님이라고 불러 주더라는 것이다. 그리고 그 집사가 마지막 내게 한 말은 "내가 꼭 성경을 읽고 기도를 해야 하나요. 목사님만 따라 가면 되고 누가 기도하면 아멘 하면 되지 않아요."

참으로 어처구니없는 일이 아닐 수 없었다. 감투를 씌어 자기 교회 교인을 삼으려고 그런 수작을 해서 사람 병신을 만들다니. 내가 만나 본 그 교회 교인들은 대체적으로 상당히 교만했다. 마치 자기가 그 큰 교회를 만든 것처럼 생각되는지 우리 같은 작은 교회 목사 알기를 아주 우습게 알고 목사를 자기 교회 주일학교 교사 정도로 취급하는 것을 몇 번 경험하고 아예 상종 못할 인간들의 집단으로 생각하기도 했다.

성도들에게 아첨하는 목사들, 아첨 설교, 초신 자에게 그렇게 믿는 것은 아주 잘 믿는다고 칭찬하여 그 심령을 죽이는 목사들이 있다. 무엇을 얻자는 짓인가? 잘못된 것을 뻔히 알면서도 하나님께서는 그런 일에 진노하시지 않는 너그러운 분이시라고 거짓말을 하고, 게으르고 나태하기 이루 말할 수 없는 성도들을 앞에 놔두고 하나님이 우리를 사랑하시므로 복을 주실 것이라고 장담한다. 성도들의 작은 헌신에 터부니 없는 축복 약속, 아무리 생각해도 하나님께서 벌을 내리지 아니하신 것만도 감사해야 할 사람에게 과장된 칭찬들, 주님의 이름으로 가짜 사인이 된 근거 없는 약속들, 도저히 이루어지지 않을 공수표의 확신들이 모두 목사가 가진 아첨의 목록들이다.

바른 복음을 전하지 못하고 바른 말씀을 가르치지 못하면서 성도들의 비위를 맞추면 성도들은 처음에는 좋아할 줄 모르나 양들이 목자를 아는 것처럼 결국 아첨꾼 목사를 알아보게 될 것이다. 그리고 결국 그런 목사 곁은 떠난다. 성도들에게 아첨해서 교회가 성정하고 부흥된다고 생각하지 말라. 바른 복음을 전하므로 하나님께서 교회를 성장하도록 해 주셔야 바른 교회가 된다.

목사는 성도를 사랑하되 두려워 말며, 성도들을 양육하되 죄와 의와 심판을 가르쳐 양육하고, 성도들이 죄는 모양이라도 버리도록 돌보는 종이 되어야 한다. 그렇게 설교했다고 쫓겨나면 하나님께서 이슬과 바람을 마시면서라도 잘 살 수 있게 돌보아 주실 것이다.

성도의 자존심을 상하게 하는 비유나 말의 표현

내가 개포동에서 목회를 할 때 있었던 일이다. 설교를 마치고 성도들이 돌아가는데 한 집사가 매우 불쾌한 표정으로 인상을 쓰며 인사도 하지 않고 나가 버렸다. 나는 가슴이 덜컹 내려앉았다. 내가 설교를 하면서 무슨 실수를 했는가 해서다. 그러나 아무리 생각해도 설교를 잘못한 것 같지는 않았다. 본인에게 왜 기분이 나빴는지 물어 볼 수도 없고 며칠 동안 심란해 하다가 함께 우리 교회를 나오는 그 언니 집사에게 왜 기분이 상했는지를 알아보게 했다. 언니 집사가 며칠 후에 참으로 어처구니없는 대답을 해 주었다. 지난 주일에 설교 가운데 사람을 더러운 벌레로 비유해서 기분이 아주 나빴다는 것이다. 그러나 설교를 하는 목사가 어떻게 사람을 자기 마음대로 벌레로 비유할 수 있을 것인가? 그 주일에 내가 선택한 본문은 시편 22편인데 6절 말씀인 "나는 벌레요 사람이 아니라 사람의 훼방 거리요 백성의 조롱거리니이다" 라는 말씀에 문제가 생긴 것이다.

이 말씀은 주님께서 십자가의 고난을 당하실 때 그 처지가 벌레와 같이 비참해 지셨다는 말씀이다. 내가 이 말씀을 인용하여 한 말씀은 "주님께서 벌레와 같이 되셨음은 우리를 구원하시기 위함입니다. 만일 주님께서 벌레와 같이 되시지 않으셨다면 우리들이 벌레와 같이 되었을 것입니다. 아니 벌레가 아니라, 그 보다 더 못한 비참한 신세를 면할 수 없었을 것입니다"라는 말이었다. 그런데 이 말에 기분이 상했다고 했다. 사람을 벌레로 비유했다는 것이다. 오해도 이만 저만한 오해가 아니다. 그 여 집사는 서울에 있는 어떤 유명 대학교의 미술 대학을 졸업했고 남편은 어떤 상선 회사의 중역이었다.

그 여 집사가 교만해서인지 아니면 내 설명이 부족해서인지 알 수 없으나, 여하튼 성도들은 자기들을 비하하는 듯한 비유나 자존심을 상하게 하는 설교들을 듣기 싫어한다. 이런 자존심이 훼손되었다는 성도들의 생각을 나는 바르다고 생각하지는 않는다. 우리는 주님의 은혜로만 하나님의 자녀들이 된 것이지 그렇지 못했다면 세상에서 어떤 처지에 있던지 간에 지옥의 형벌을 면치 못할 죄인이 아니던가? 그럼에도 점점 더 성도들은 오만하고 교만하여 자기들의 자존심을 건드리는 설교를 듣기 싫어한다. 그러므로 오해의 소지가 있는 말은 충분한 설명이 필요하다. 그리고 같은 말이라도 '아'와 '어'가 다르므로 자극적이고 기분 상하지 않는 표현을 해서 충분히 말씀의 진의(眞意)를 전달할 수 있는 실력과 성도 사랑하는 마음이 있어야 한다.

저속한 비유와 강력한 표현들

내가 어떤 교회의 집회를 참석했다. 그런데 설교하는 목사가 유치하고 저속한 비유를 말해서 몹시 기분이 상해서 그 자리에서 빨리 나오고 싶은 것을 간신히 참을 정도로 언짢은 마음을 달래야 했다.

그 목사가 한 비유는 이런 것이었다.

"우리가 어렸을 때에 누나의 젖꼭지를 보고 싶어서 목욕하는 누나를 훔쳐보았던 기억이 있습니다. 지금 생각하면 왜 그것이 그렇게 보고 싶었는지 모를 일입니다. 그런데 그렇게 보고 싶던 여자의 젖꼭지를 장가를 가고 보니 날마다 볼 수도 있고 만질 수 있게 되었습니다." 아마 그 목사는 어렸을 때 그런 호기심을 가졌던 모양이다. 자기가 그렇다고 다른 사람도 다 그럴 것이라고 생각을 한 것인지, 아니면 그런 비속하기 짝이 없는 말을 해서 듣는 사람들의 무엇을 자극하려 했는지 알 수 없지만 아주 첨단적인 예화나 하고 있는 것처럼 만면에 웃음을 띠고 자신감이 넘치는 태도로 말하는 목사의 말을 정말 들어 줄 수 없었다.

어떤 목사는 이렇게 말했다. "내가 강원도 어디를 다녀오는데 그 깊은 절벽에서 차가 뒹굴었어요. 아우성이 터지고 사람들이 죽어 너부러졌습니다. 창자가 튀어나온 사람, 머리가 박살 난 사람, 손과 발이 절단된 사람…"

우리 동네에 있는 교회를 갔더니 목사가 월남에 선교 여행을 다녀왔다면서 이렇게 말했다. "월남 전쟁 때에 얼마나 많은 사람이 죽었는지 말도 못합니다. 사람이 그냥 죽은 것이 아닙니다. 아이 밴 임산부를 죽였는데 아이를 엄마 뱃속에서 꺼내서 땅에 집어 던져서 죽이고 그것을 다시 엄마 자궁에 밀어 넣었다고 합니다. 또 땅에 대창을 수십 개 세워 놓고 그 위로 사람을 집어 던져 창자가 터지고 뼈가 으깨어져 죽게 했다고 합니다. 그리고…."

나는 그 날 하나님의 말씀을 듣는 것이 아니라 살인자의 웃음소리를 듣고 있는 기분이 들었다. 그리고 그 말을 듣고 있는 성도들이 한없이 불쌍했다. 그들은 일주일에 한 번 하나님의 주시는 생명의 양식을 먹고 새 힘을 얻기 위해 교회를 찾아 온 것이지, 살인자의 악귀(惡鬼) 같은 모습을 이야기 듣고 싶어 온 것이 아니다.

말장난이 많은 설교

'축원합니다' '믿습니다' '원합니다' '바랍니다' '생각합니다' '느낍니다' '기원합니다' '할렐루야' '아멘' 들. '아멘을 크게 해야 축복을 받습니다'

언젠가부터 우리 한국 교회는 이런 설교의 분위기 맞추기 화답이 성도들에게 강요되어 왔다. 그런 화답을 유행시킨 교회는 세계에서 가장 큰 교회가 되었고 이것을 본 많은 목사들이 그 교회와 같아지기 위해 모방하는 과정에서 이러한 화답 말이 대 유행하게 되었다. 이런 화답하는 말은 성경 말씀에 있다. 민수기 5장에서 27장까지 모세가 선포하는 하나님의 말씀에 대하여 백성들이 순종하며 복종하겠다는 의미로 아멘이라는 말을 화답하게 했던 것이다. 그런데 이 말이 오늘 날 우리 한국 교회의 강단에서 아무 생각도 없고 의미도 없이 마치 무슨 주문을 외우는 것처럼 난발되고 있다.

이런 말들은 모두 좋은 말들이다. 그렇지만 아무리 좋은 약이라고 해도 잘못 쓰면 오히려 병을 키우는 것처럼 좋은 말도 잘못 사용하면 성도들의 거룩한 양심을 더럽히고 어리둥절하게 하여 신앙적 방향 의식을 잃게 할 것이다.

그 예를 들면

"하나님께서 여러분들을 축복하실 줄 믿습니다" "아멘"

"병 고쳐 주심을 믿습니다" "아멘"

"은혜 주심을 믿습니다" "아멘"

"능력 주시고 권능 주심을 믿습니다" "아멘"

심지어 나는 이런 말까지 들었다. 설교 도중에 목사는 이런 예화를 했다.

"도적이 한 밤 중에 복면을 하고 이웃집의 담을 넘었습니다. 할렐루야" "아멘"

"할렐루야 축구팀이 오늘 축구를 합니다. 꼭 이기기를 바랍니다" "아멘"

"우리가 하나님을 믿으면 믿는 대로 되는 것입니다." "아멘"

이렇게 "아멘" "아멘" "아멘" "아멘"이라는 말들이나 다른 말들의 홍수 속에 말씀이 선포되고 있는 현실이 정말 개탄스럽다. 모세가 그 백성들에게 "아멘"을 하게 한 것은 "주님의 말씀이 진실하시니 그 말씀에 절대적으로 순종하겠습니다"라는 의미가 있는 신앙 고백이요 순종 맹세인 것이다. 그런데 그런 순종과 복종의 의미가 없는 "아멘"이 대 유행되고 있으며 그 외에도 다른 거룩한 말들도 아무런 생각도 없이 마구잡이로 사용되고 있다. '축원합니다' '믿습니다' '원합니다' '바랍니다' '생각합니다' '기원합니다' 이런 사람의 소원이 가득 담긴 말들은 하나님의 뜻과는 아무 상관이 없지만 너무나 간절한 성도들의 소원이기 때문에 하나님도 어쩔 수 없이 들어 주셔야만 하는 것처럼 설교자에 의해 유도되고 있다. 그래서 많이 축원을 받고 '믿는다' 는 말과 '기원한다' 는 말들을 많이 했기 때문에 하나님의 축복을 받으리라는 착각을 하게 만든다.

설교자에 의해 유도되는 이런 말들은 복음도 아니며 설교도 아니다. 오로지 말장난에 의해 유도되는 극도로 유치한 자기 최면이다. 오늘 우리 교회의 강단에서 설교자에 의해 자행되는 자기 확신의 말들은 얼마나 하나님을 부끄럽게 하고 성도들의 신앙을 오도(誤導)하고 있는가를 생각해야 한다. 하나님의 말씀에 순종하겠다는 다짐이 아니라, 아무 생각도 없고 아무런 느낌도 없이 오로지 목사에 의해 유도되어진 '축원합니다' '믿습니다' '기원합니다' '할렐루야' '아멘' 이라는 말들을 큰 소리로 외쳐야 믿음이 좋은 것처럼 착각되고 그렇게 큰 소리만 지르면 하나님께서도 꼼짝 못하신다는 사단의 말장난에 성도들이 놀아나고 있다. 그리고 이런 망발이 기복 신앙을 만들고 살아 계신 하나님에 대한 신앙을 우상 종교로 타락하게 만든다.

믿음이 좋고 칭찬을 듣고 더 큰 일을 할 수 있도록 하나님의 은총과 축복을 받는 사람은 이런 말들을 크게 하는 사람이 아니라 하나님의 말씀에 순종하며 충성하는 성도들이다. 지각이 있는 성도들은 이런 구호를 외치도록 강요하는 목사의 설교에 실망한다.

죄송하다고 말하면서 하는 설교

이름을 말하면 알 만한 유명 목사는 설교 가운데 꼭 한 번씩 "죄송합니다. 용서하시고 들으십시오"라고 말하고 자기 이야기를 하는 버릇이 있다. 듣고 보면 죄송한 말도 아니고 잘못된 말도 아니다. 아마 자기 이야기를 하기 때문에 죄송한 마음을 가지는 것 같다. 그렇게 죄송한 생각이 들면 안하면 된다.

설교는 이미 여러 번 말했지만 하나님께서 직접 말씀하시지 않고 목사를 시켜 말씀을 하시는 하나님의 말씀이다. 목사는 많이 연구하고 준비해서 설교를 하지만 자기 이야기를 하는 것이 아니라 하나님의 말씀을 전하고 있는 것이다. 물론 말씀을 잘 전하기 위해 자기 이야기를 할 수 있다. 그것은 전혀 잘못된 말이 아니며 죄송한 말도 아니다. 그런데도 그 목사는 언제나 죄송하다는 말을 했다. "죄송합니다. 어제 제가 최전방에 있는 군인들을 만나고 왔습니다. 그곳에는 하나님을 아주 잘 믿는 지휘관이 있었습니다" 이런 식이다. 왜 이렇게 말해야 하는가? 내가 듣기에는 자기가 얼마나 겸손한가를 듣는 성도들에게 말하기 위한 것 같았다. 겸손은 말로 되는 것이 아니라, 겸손히 살면 다른 사람들이 인정해서 되는 것이다. 내가 그의 죄송하다는 말을 의도적인 자기 겸손의 강조라고 알아듣고 이해했다면 성도들도 이미 그렇게 그 말을 알아 듣고 이해할 것이다. 그리고 하나님의 말씀을 전하면서 죄송하다고 사죄를 하는 것은 전혀 앞뒤가 맞지 않는 짓이다. 하나님을 모독하는 짓인 것이다. 성도들은 이런 모순되고 강요된 겸손과 잘못을 고백할 수 없는 위치에서 잘못했다고 머리를 조아리는 목사를 별로 좋아하지 않는다. 그리고 이런 짓은 하나님 앞에서도 좋은 짓이 아니다.

택배 설교

　토요일 오후에 무슨 일로 후배 목사를 찾아갔다. 마침 목사가 없어서 잠시 기다리고 있는데 집배원이 편지를 가져왔다. 그가 두고 간 편지는 어떤 곳에서 보낸 인쇄물로서 큰 봉투에 담겨 있었다. 목사가 돌아 왔다. 그는 내가 건네주는 그 편지를 받아 아무렇게나 봉투를 뜯어 내용물을 흘끔 살펴 본 뒤에 책상 위에 던지면서 중얼거렸다. "인간들이 언제나 이렇게 늦게 보낸단 말이야." 나는 그가 왜 그렇게 그 편지에 기분이 나빠하는지 몰랐다. 그는 나를 잠시 기다리게 하고 몸을 씻으려 세면실로 갔다. 그 사이에 나는 그가 그렇게 기분 나쁘게 받은 그 편지를 살펴보았다. 그것은 놀랍게도 이름을 말하면 누구도 알만한 어느 유명 목사의 두 주일이 지난 커다랗고 굵은 글씨로 기록된 설교 원고였다. 그것은 분명 그 유명 목사의 설교를 참고하기 위한 것은 아니었다. 설교를 할 수 있도록 되어 있는 설교 원고였던 것이다. 후배는 그 원고를 자기 교회에 맞도록 손질할 생각이었는데 너무 늦게 도착을 해서 시간이 없다고 투덜거렸다는 것을 알았다. 그러나 내일 주일은 마침 부활 주일이었기 때문에 아무리 손질을 해도 그 원고의 설교는 부활 주일에 할 수 있는 설교가 아니라는 생각이 들었다.

칼빈은 설교에 대하여 다음과 같이 말했다. "하나님께서 이스라엘 백성들에게 자신의 말씀을 전달하실 때에, 모여 있던 백성들의 귀에 하늘에서 직접 천둥소리로 말씀을 전하지 않으셨다는 사실을 중시해야 한다." 이 말은 하나님께서 직접 모습을 드러내시고 백성들에게 그 음성을 발하여 말씀하신다면 그 앞에 생명을 유지할 수 있는 인간은 없다는 것을 말한다. 그래서 하나님은 목사를 시켜 그때 그 장소에 모이게 한 성도들에게 필요한 말씀을 주시는 것이다.

내가 어떤 목사 모임에 참석해서 "설교를 택배 받아 하는 목사를 보았다"고 했더니, 젊은 목사들이 "목사님, 그게 뭐 잘못된 거예요? 목사들이 이미 다 알고 있는 일인데…. 우편으로 배달되는 설교는요, 다 유명한 목사님들의 설교뿐이에요. 그런 좋은 설교를 자기 교회 성도들에게 해 주는데 그것이 잘못된 것입니까? 그리고요 그렇게 설교하는 목사들이 많아요"라고 했다. 정말 우리 한국 교회의 미래가 암담해 지는 사고방식이 아무 여과(濾過)도 없이 만연되고 있다는 생각이 들어 아찔했다.

설교자는 주님께서 "충성되고 지혜 있는 종이 되어 주인에게 그 집사람들을 맡아 때를 따라 양식을 나눠 줄 자가 누구뇨"(마 24:45)라고 말씀하신 말씀에서 그 사명을 찾아야 한다. 주님의 자녀들에게 때를 따라 하나님의 말씀을 공급하는 직분이 얼마나 소중한지 모른다. 이런 귀한 은혜를 다른 사람이 만든 설교를 가져다가 강단에서 그대로 읽어 주는 일은 도저히 용납될 수 없는 짓이다. 이런 목사는 한 달란트를 땅에 묻어 두었다 책망 받은 게으르고 나태한 종이다. 설교하는 목사가 모래 위에 집을 세우듯이 무성의하고 손쉬운 방법으로 강단을 지키려 하는 것이 어떤 잘못인지를 모른다는 것이 정말 개탄할 일이다. 이렇게 상당수의 한국 목사들이 소명을 받은 자로서의 임무 수행을 너무 소홀히 여기고 설교의 신성한 의미를 전혀 파악하지 못하고 있다. 그래서 설교를 위한 땀과 눈물를 흘리지 않으려 하고 살아 있는 생명의 말씀 전달에 무감각하다. 그리고 오히려 설교를 목회의 한 수단으로 삼거나 자기 인생 목표 달성 방편으로 삼아 성도를 이용하려 하는 목사가 많아진다. 바로 이런 목사들이 한국 교회를 병들게 한다.

이미 완성된 누구의 설교를 우편으로 파는 상혼(商魂)이 목사의 심령을 무사 안일주의로 빠지게 하고 설교를 듣는 성도들은 자신들과 전혀 상관 없는 '상업적으로 만들어 진 설교'를 들으면서 그렇게 소중한 하나님과의 만남과 말씀의 은혜를 희생당하고 있다.

이 일에 대하여 어떤 목사는 '돈만 내면 주일 설교를 위하여 수 편의 설교를 파는 선악과가 우리의 땅에 나타났다'라고 말했다.

인터넷 설교

인터넷은 모든 분야에서 각광을 받고 있는 인류 최고의 문명의 이기(利

器)다. 목사가 인터넷을 잘 이용한다면 목회에 많은 도움을 받을 것이다. 그러나 모든 문명의 이기가 그렇듯이 잘못 사용하면 목회를 그르치는 결과를 가져온다. 그런데 나는 대단히 유감스럽게도 인터넷을 잘못 사용해서 목회의 질적 저하를 초래하는 경우를 보았다. 이런 현상은 특별히 설교에 많이 나타나고 있다. 그것은 인터넷에 실려 있는 설교를 그대로 받아 사용하는 것이다.

인터넷의 모든 기독교 사이트에는 한결같이 설교 게시판이 있다. 그곳에는 각종 설교가 올라 있고 그것도 모자라 설교만 전문으로 취급하는 사이트에 연결해 주기도 한다. 그 연결 고리를 찾아 가 보면 수천 수만 가지의 설교를 아주 쉽게 접할 수 있고 그 설교들을 다운 받아 프린트해서 즉시 사용할 수 있다고 앞에서 말했다.

설교는 하나님의 말씀을 성도들에게 전하는 전달자의 인격과 매우 밀접한 관계를 가진다. 그리고 듣는 성도들의 상황과 형편에도 아주 밀접한 관계가 있다. 그런데 다른 목사들이 선포한 설교를 마치 자기가 하나님께 받은 말씀인 양 설교를 한다면 아무래도 무엇이 잘못되고 있다는 생각이 든다. 이것은 마치 슈퍼마켓에서 잘 만들어진 만두를 가지고 식구들에게 먹이면서 '엄마의 정성이 깃든 만두'인 양 말하는 것과 같다는 느낌이 드는 것이다.

그리고 설교는 설교하는 목사가 기도하고 말씀을 깊이 연구해서 만들어야 한다. 그뿐 아니라, 하나님께서 그 시간에 자녀들에게 하시고자 하시는 말씀을 찾아야 하고, 설교 듣는 성도들의 형편과 입장이 깊이 고려되어 그 시간에 그들이 듣고자 하는 말씀을 전해야 한다. 그렇게 하여 하나님을 만족하게 해 드리고 설교 듣는 성도들의 심령에 믿음의 확신을 주고 생활에 활력을 넣어 주며, 몸과 마음의 상처를 치유해 주어야 한다. 그래서 목사는 한 번의 설교에 자기의 모든 인격과 사랑과 믿음과 열정을 담아 말씀을 선포해야 한다. 이것은 설교자의 특권이며 큰 축복이며 절대적 의무다.

그런데 그런 하나님께서 주신 고유하고 아름다운 특권을 다른 목사의 설교를 대독해서 스스로 낡은 녹음기 같은 짓을 한다니 어처구니없는 일이다. 이런 설교에는 설교자의 영혼과 성도들의 생명의 부딪침이 없고, 살아 계신 하나님과의 신령한 교제도 있을 수 없다. 그리고 설교를 듣는 성도에게 전혀 현실감이 없으며 영적인 감동도 있을 수 없고, 인격적인 감화력도 없는 거저 귓전을 스쳐 들리는 설교일 뿐이다.

이 부분에 대하여, 서울의 모 교회의 집사인 조카의 말이 우리 목사들에게 하나의 경고로 들렸다. "목사님들이 다른 유명 목사님들의 설교를 카피해서 설교하면 성도들이 모르나요? 우리 목사님이 저런 설교를 하지 못하시는 분인데 갑자기 저런 설교를 하는 게 이상하네? 그러면서 고개를 끄덕거리지요. 물론 실망도 하구요."

나도 몇 번인가 다른 목사의 설교를 대독하면서 설마 우리 성도들이 대독 설교인 줄을 모르겠지 라고 생각을 한 적이 있었는데, 조카는 여지없이 대독 설교 목사의 그런 심리를 간파하고 있었던 것이다.

목사가 이렇게 설교하는 이유가 몇 가지 있다.

① 유명 목사가 그렇게 설교해서 목회를 잘하게 되었으니 나도 같은 설교를 하면 목회가 잘 될 것이라고 생각한다.

② 설교를 아주 잘하는 목사의 설교를 내가 대독했을 때 우리 성도들도

그 교회 성도들처럼 큰 은혜를 받을 것이라고 착각한다.

③ 가장 큰 이유는 좋은 설교를 하기 위해 많은 고민과 수고를 하지 않아도 된다.

④ 아무리 정성 드린 설교라 해도 유명 목사의 설교 수준에 미치지 못한다.

그러나 아무리 유명 목사의 유명 설교라고 해도 대독 설교는 특별한 경우가 아니면 듣는 성도들에게 은혜가 안 된다. 그것은 유명 목사의 설교가 대독 설교를 하는 목사의 교회 현실과 맞지 않기 때문이다. 이런 이유로 목사의 대독 설교를 듣는 성도들은 몇 번은 속아 넘어 가겠지만 얼마 되지 못해 설교 준비하지 않는 자기 목사의 약삭빠른 짓을 알게 되고 말 것이다. 다윗은 골리앗과 싸우려 나갈 때 사울의 갑옷을 벗어 던졌다. 그리고 자기가 가장 잘 할 수 있는 물맷돌 던지기로 골리앗을 물리쳤다. 목사들은 맞지도 않는 다른 사람의 갑옷을 입고 잘 싸울 수 있다고 생각하지 말라. 그것 때문에 자기 발전이 안 되고 다른 사람들 보기에 웃음을 자아내는 피에로로 전락할 수 있다는 것을 알아야 한다.

나는 처음에 인터넷이 마약과 같다는 말을 했다. 그렇다. 이런 식으로 모든 일을 쉽게 해결하려는 목사는 한 두 번은 양심의 가책도 느낄 것이고, 이런 일이 자기 발전에 큰 해악 된다는 것을 알고 자제하려고 할 것이다. 그러나 한 번 입맛 드린 쉽게 하는 버릇이 발동해서 기도 대신 컴퓨터 앞에 앉게 되고 펜을 들어 원고를 쓰는 대신 컴퓨터의 키보드를 두드리게 될 것이며, 그리고 순식간에 글자 화되는 프린트기 앞에서 '하나님, 오늘은 너무 바빠 할 수 없이 다른 목사의 설교를 참고합니다. 그러나 다음 주일 설교는 기도하고 주님이 우리 성도들에게 주시는 말씀을 받아 설교하겠습니다' 라고 맹세한다. 그리고 그 다음에도 바쁘고, 또 그 다음 주일에도 바빠서 프린트 앞에서 기도하다가 나중에는 '이렇게 하는 것도 하나의 달란트다' 라고 이상한 감사 기도를 한다. 결국 인터넷 설교에 중독이 되어 이성적인 성경 연구도 없고, 하나님과 성도를 사랑하는 뜨거운 마음도 없으며, 성도들을 살피는 발걸음도 생략된 체 온통 인터넷의 모든 지식과 정보와 설교들이 모두 자기 것인 양 착각하는 엄청난 오류에 빠지고 만다. 이런 사람은 결국 이렇게 말하며 자기를 합리화할 것이다. "나는 정보화 시대에 걸맞은 최첨단의 목회를 하고 있다. 일일이 책을 보고 지식을 얻어야 하는가? 그것은 한계가 있다. 인터넷에는 한계를 모르는 많은 지식이 있지 않는가?' '노트 북 컴퓨터 한 대와 인터넷에서 내가 필요한 지식을 잘 찾아내는 검색 기술만 있으면 모든 지식이 다 내 것이다. 목회는 이렇게 첨단적으로 해야 한다. 설교도 마찬가지다' 라고 착각하지 말라. 자기와 하나님을 속이지 말라. 하나님은 그런 식으로 만홀히 여김을 받지 아니하시는 하나님이시다. 이런 식으로 해서는 한 사람의 영혼도 구원할 수가 없을 것이다. 만일 그런 식으로 죄인을 구원하고 이 세상에 하나님의 뜻을 이룰 수 있었다면 주님께서 이 세상에 오셔서 고생하시고 십자가에 달려 돌아가시지도 않았을 것이다.

우리는 성경에서 하나님의 지식을 계시 받아 하나님의 말씀을 전달했던 사람들이 있음을 본다. 그들을 우리들은 선지자라고 한다. 선지자들은 하나님의 지식을 인터넷이 아닌 직접적인 계시로 받아 그대로 죄인들에게 전했다. 그러나 그것으로 죄인을 구원하고 하나님의 뜻을 이루기에 부족해서 하나님이 죄인의 몸을 입으시고 세상이 오셔서 죽으셨다. 그리고 그 주님께서는 우리 모든 목사와 성도들에게 '나를 따라 오라'고 하셨다.

주님께서는 이 세상에 계시면서 하나님의 뜻을 이루어 드리기 위한 최선의 방법이 무엇인가를 우리 모두에게 가르쳐 주셨다. 그것은 '우는 자와 함께 울며, 가난한 자의 친구가 되며, 죄인들과 함께 하며, 이곳 저것을 다니면서 식사할 겨를도 없이 복음을 전하시는 것이며, 밤새워 기도하는 것이며, 죄인을 사랑하여 십자가에 달려 죽은 것'이다.

하나님의 말씀에 대한 연구도 없고, 해석 책(주석)에 대한 탐구도 없고, 성경에서 감동과 감화를 받음도 없고, 하나님의 음성을 듣기 위한 기도도 없고, 성도들과 함께 아파하는 아픔도 없고, 성도의 즐거움에 동참하여 기뻐하는 기쁨도 없고, 이웃을 사랑하여 헌신 희생하는 섬김도 없이 오로지 인터넷을 구경 다니면서 어떻게 하나님의 일을 한다고 할 것인가? 결국 첨단이라는 미명 아래 그리스도를 위한 조그마한 헌신도 거부하고 있는 첨단 목사들에게 우리 하나님은 무엇을 기대하실까?

이왕에 말이 나왔으니 여기서 한 가지 아주 중요한 문제를 집고 넘어가야 하겠다. 강남에서 부목으로 있다 강동 어디에 교회를 개척해서 많은 성도들에게 은혜를 끼치는 어떤 목사는 미국의 유명 목사 설교를 많이 참고하여 설교한다고 공공연히 말했다. 그 목사는 많은 설교 책을 출판했는데 그 책에서도 그런 말을 한 것으로 안다. 그런데도 그는 아주 설교를 잘한다. 즉 유명 목사의 설교를 모방해도 설교를 잘할 수 있는 방법이 있다는 말이다. 나는 다른 목사의 설교를 대독하는 설교를 말하는 것이 아니다. 모방 설교를 말한다.

모방 설교는 어차피 설교하는 모든 목사들이 피할 수 없는 설교의 한 형태다. 주님의 설교와 사도들의 설교와 선지자들의 설교를 모방하는 것이 바로 그것이다. 모방 설교는 창조적인 설교 보다 위험성이 더 적고 안전하다. 그러나 모방 설교가 성도들에게 새로운 말씀으로 은혜 되게 하려면 고도의 무엇이 필요하다. 모방 설교에서 필요한 고도의 무엇에 대해서는 이미 앞에서 설명했다.

다른 사람의 말만 인용하는 설교

내가 아는 어떤 목사는 설교 가운데 유명인들의 말을 많이 인용한다. 그분의 설교를 듣고 있으면 하나님의 말씀도 없고 자기 생각도 없이 오로지 유명한 사람들의 말만 있는 느낌을 가진다. 목사가 설교하면서 명언이나 금언들이나 다른 사람의 말을 인용하는 것은 잘못이 아니다. 오히려 설교를 기름지게 하고 짧은 말 가운데 가장 많은 의미를 효과적으로 전달할 수 있는 좋은 방법이다. 그러나 이런 말의 인용이 크게 잘못되는 경우가 대단히 많이 있다. 설교는 하나님을 잘 믿으라는데 포인트가 맞추어져야 한다. 그런데 하나님을 대적했던 자들이나 교회를 극도로 핍박했던 자들의 말이 설교에 유익이 되는 말처럼 사용되는 것이다. 어떤 경우에는 불타의 말도 등용하고 공자 맹자의 말은 아주 즐겨 쓰이는 말들이 된다. 나와 동기 동창인 목사는 너무나 공자 맹자를 설교 가운데 많이 이용해서 공자의 이야기를 하는지, 맹자의 이야기를 하는지 구분이 안 될 정도였다. 그는 어려운 한문을 말하고 풀이하는 것을 아주 즐겼다. 그런 그의 심중에는 아는 자의 교만이 가득했으며 자기가 아는 것을 모르는 성도들에 대한 멸시가 있었다. 그는 결국 서울에 있는 어떤 교회에서 시무 하다가 경기도 어디 시골 교회로 갔는데 그 후 소식을 전혀 알 수 없게 되고 말았다.

복음을 듣고 은혜를 받으러 온 사람들에게 복음이 아닌 다른 무엇을 말해서는 안 된다. 유명한 사람의 말을 인용할 때는 명언집(名言集)의 여기저기를 찾아 필요한 단어를 골라 가며 인용하지 말고, 그 사람이 그 말을 하게 된 동기와 이유를 충분히 알아 사용해야 한다. 문학 작품을 인용(引用)하여 복음을 잘 설명하려면 그 작품 전체를 알고 인용해야 한다. 작품의 한 구절을 떼어 내서 인용하는 것은 바람직하지 못하며, 인용의 신중 여하를 듣는 성도들이 결국 알게 된다.

성경에는 무식하면서 세상 지식을 다 가진 것처럼 말하는 설교

어느 목사, 장로 기도회에 친구 목사가 강사로 초청을 받아 한 시간 동안 특강을 한 일이 있었다. 그런데 나는 친구의 강의를 들으면서 아차 했다. 그것은 친구가 예배에 대한 강의 도중에 수도 없이 '예배 문화' 라는 말을 사용하고 있었기 때문이다. 한 시간 동안 강의를 들은 목사와 장로들은 '예배 문화' 라는 말에 전혀 다른 질문을 하지 않았고 거부감을 느끼지 않았다. 오히려 명 강의를 했다고 하면서 우뢰와 같은 박수를 보냈다. 나는 일단 안심을 했다. 그러나 강의를 마치고 상기된 얼굴로 만면에 웃음을 띤 채 나오는 친구를 한 구석으로 불렀다. 그리고 다그치듯 물었다.

"야 김 목사. 예배가 무슨 문화냐? 너는 요즘 문화라는 말이 홍수가 되어 음주 문화, 흡연 문화, 심지어 남녀간에 못된 짓거리도 문화라는 말을 붙여 성(Sex)문화라는 말도 하는데 하나님께 드리는 신령한 예배를 그런 수준의 같은 단어로 묘사해야 되냐? 나는 내 강의를 듣고 있는 동안 죽을 뻔했다. 그런데 목사, 장로들이 하나님께 드리는 예배를 문화라고 해도 아무 질문을 하지 않아서 어처구니가 없었다. 그렇지만 내가 너에게 질문할 수는 없잖아. 한심한 목사, 장로들만 우글거린다. 그게 너에게 천만 다행이지만…" 이라고 말하며 몰아 세웠다. 친구는 난처한 얼굴로 아무 대답을 못하고 얼굴이 굳어 버렸다.

문화에 대하여 야후! 백과사전은 두산 세계 대백과 사전을 인용하여 이렇게 설명하고 있다. "문화라는 용어는 라틴어의 cultura에서 파생한 culture를 번역한 말로 본래의 뜻은 경작(耕作)이나 재배(栽培)였는데, 나중에 교양. 예술 등의 뜻을 가지게 되었다. 영국의 인류학자 E. B. 타일러는 저서《원시 문화 : Primitive Culture》(1871)에서 문화란 '지식, 신앙, 예술, 도덕, 법률, 관습 등 인간이 사회의 구성원으로서 획득한 능력 또는 습관의 총체' 라고 정의를 내렸다. 그리고 문화란 인류에서만 볼 수 있는 사유(思惟), 행동의 양식(생활 방식) 중에서 유전에 의하는 것이 아니라, 학습에 의해서 소속하는 사회(협동을 학습한 사람들의 집단)로부터 습득하고 전달받은 것 전체를 포괄하는 총칭이다"라고 했다. 즉 문화는 사람에 의한, 사람을 위한 정신적인 능력이나 획득된 습관이라는 것인데 이는 어디까지나 인본주의적인 인간 사고의 생활양식과 생각을 말한다.

그러나 신앙은, 더욱이 장로교의 신앙관은 사람에 의해 주도되는 믿음을 말하지 않는다. 전적으로 부패한 인간은 스스로 의를 행할 수 없으며 구원을 얻을 수 없는 존재다. 그럼에도 친구는 이런 구원적 신앙을 종교 문화적 차원에서 해석하고 동등시했다. 그리고 아무도 이것을 문제 삼지 않았다. 장로교의 목사들과 그야말로 장로교의 장로 수백 명이 모여 '예배 문화'에 대한 강의에 열렬한 지지 박수를 보냈던 것이다. 아마 예배 문화 라는 말이 잘못되었다는 것을 안 목사들이 있겠지만, 강의한 목사의 체면 을 보아 그대로 넘어가지 않았나 생각이 되었다.

칼빈이라면 하나님 다음으로 아는 친구가 그런 어처구니없는 강의를 한 것은 분명 실수다. 그 실수는 문화라는 말이 뜻하는 인본주의적인 실체를 몰랐기 때문이라고 할 수 있다. 가만히 있으면 성도들이나 사람들은 목사 를 실상보다 높여 본다. 우리나라에서는 아직 목사의 위신이 그렇게 천시 (賤視)되지 않았기 때문이다. 그런데 무식하면서도 유식한 척하기 때문에 스스로 자기를 비하(卑下) 시키는 것이다.

성도들은 목사가 세상일에 조금 둔한 것을 더 좋아한다. 그리고 자기 교 회 목사가 성경을 아주 잘 아는 바울처럼 되기를 바란다. 한 구절의 말씀 으로 성경 66권을 모두 해석할 수 있는 말씀의 지식을 가지도록 하라. 아 마 그것만 해도 평생이 걸릴 것이며 그렇게 깨달은 말씀만 전해도 다 전할 수 없을 것이다.

타 교단, 신학적 비판, 정치, 경제에 대한 비판 설교

목사들이 한 가지 강력하게 도전받은 이야기가 있다. 그것은 성도들에게 세상을 잘 살게 하기 위한 새로운 정보를 제공해 주어야 한다는 생각이다. 이런 생각으로 강단에서 최근에 있었던 어떤 사건들이나 정보들을 성도들에게 말하고 그것을 비판하거나 해설하는 경우가 있다. 예를 들면 경제에 대한 해설, 최근 정치에 대한 견해, 최근의 신학 동향, 잘못된 어떤 교단에 대한 비판 등이 바로 그런 것들이다. 이런 최근에 벌어지고 있는 어떤 이야기를 하면서 목사는 스스로 가장 현실감이 뛰어난 목사라고 생각한다. 그러나 그것은 목사 혼자 생각하는 자화자찬(自畵自讚)일 뿐이다.

특히 장로교 계통의 교단에 소속된 목사들은 자기 교단에 대한 애착이 유난히 강력해서 자기 교단이 아닌 다른 교단을 강력하게 비판하고 성토하는 일이 많다. 지금은 그렇지 않지만 60년대에는 합동 측 장로 교단의 목사들은 한신 계열의 기장 교회들이나 통합 측의 교단 사람들은 아예 구원을 얻을 수 없는 이단 정도로 매도하는 일도 흔히 있었다. 반면에 그쪽 사람들은 합동 측 사람들은 바리새인들이며, 극 보수주의자들로서 하나님께서 벌써 오래 전에 버린 근본 주의자들이라고 정죄를 했다.

지금도 신학교를 갓 졸업한 젊은 목사들 가운데는 칼 발트의 책을 한 번도 읽어보지 않고 발트는 구원을 얻을 수 없는 이단이라고 말하는 사람이 있고, 자기를 보수주의자라고 자처하는 어떤 중견 목사는 천주교인들의 구원을 절대적으로 부인하는 사람도 있다. 이런 사람들이 성도들 앞에서 상대를 비방하거나 비판하며 정죄 하는 말과 설교를 하게 되면 성도들의 얼굴에 아무 표정이 없지만 마음에 심한 저항감을 가진다는 것을 알아야 한다.

세상의 이야기도 그렇다. 세상을 살아가는 방법은 목사들보다 성도들이 더 잘 알고 있다. 그런데도 그 방면에 훨씬 뒤떨어진 목사가 세상을 잘 살아 가는 방법을 말하면서 그 잘 살기를 위한 어떤 정보를—증권, 경제, 정치, 문화, 체육 등—제공하려 든다면 성도들의 차가운 비웃음을 살 것이다.

목사는 이제 하나님의 말씀에만 집착해야 한다. 바울이 말한 대로 목사에게 다른 복음은 있을 수 없는 것이다. 성도들은 오로지 예수 그리스도께서 말씀하신 "그 말씀"만을 듣기 원하고 있다. 그런데도 목사들은 시시하고 보잘 것이 없는 지식과 경험과 독서와 떠 돌아 다니는 이야기들을 굉장한 이야기처럼 떠벌리고 있다면 성도들에게 큰 비웃음을 당하게 될 것이다. 세상의 지식이 목사를 목사되게 하는 것이 아니라 오로지 하나님의 말씀이 목사를 목사되게 한다는 것을 명심하라.

성도를 변화시키지 못하는 설교

성도를 변화시키지 못하는 설교가 있다. 하나님의 말씀은 "하나님의 말씀은 살았고 운동력이 있어 좌우에 날선 어떤 검보다도 예리하여 혼과 영과 및 관절과 골수를 찔러 쪼개기까지 하며 또 마음의 생각과 뜻을 감찰하나니"(히 4:12)라고 하셨는데 10년을 들어도, 20년을 들어도 은혜를 받지 못해서 그 모양 그 꼴을 면치 못한다면 누가 그 목사의 설교를 계속 들으려고 할 것인가? 성도들은 한 달에 한 번 만이라도 목사의 설교에 감동되기를 바란다. 만일 그렇다면 그 성도는 심령의 갈급함 때문에 헐떡거리지 않을 것이다. 한 달에 한 번이 아니라 일년에 한 번 만이라도 목사의 설교에서 가슴 벅차 오르는 감동을 얻는다면 그 성도는 결코 목사 곁을 떠나지 않을 것이다. 성도들 가운데 외도를 하는 사람이 있다. 여기 저기 부흥회를 쫓아다니는 성도, 낮 예배는 자기 교회에서 드리고 저녁 예배는 다른 교회에 가서 드리는 성도, 시도 때도 없이 기도원을 찾아다니는 성도들이 있거든 '내게 채움 받지 못한 은혜를 받기 위해 방황하는 성도'라고 생각해야 한다. 그리고 그렇게 굶주려 먹을 것을 찾아다니게 만든 목사 자신이 크게 회개하고 각성해야 한다. 자기 잘못을 깨닫지 못하고 그런 성도를 비방하거나 경계만 하면 성도들 잃게 되고 말 것이다.

이상한 목소리와 몸놀림

어떤 목사는 설교하면서 평소에 사용하지 않는 이상한 목소리를 낸다. 이런 자연스럽지 못한 음성으로 설교하는 것은 성도들에게 외식으로 보일 수가 있다. 이상한 목소리는 큰 소리를 말하지 않는다.

내가 전도사로 있던 교회의 목사는 매우 인자하고 목회를 잘하시는 분이었다. 그런데 그 분에게 한 가지 설교자로서 치명적인 약점이 있었다. 그것은 성도들을 바로 보지 못하는 것이다. 고개를 깊이 숙이고 눈을 위로 치켜뜨는데 흰 눈동자가 많이 보여 목사의 인상이 아주 이상하게 변하는 것이다.

어떤 목사는 흘러내리는 머리카락을 손으로 쓸어 올리는 것 때문에 성도들에게 심한 혼란을 준다. 또 다른 목사는 설교 중에 가끔 머리를 심하게 흔드는 버릇이 있어서 성도들을 불안하게 했다. 어떤 목사는 너무 손짓 몸 짓을 심하게 해서 듣는 성도들이 정신이 없다. 이런 나쁜 습관들은 속히 고치는 것이 좋다. 고치지 않으면 더욱 빈번한 버릇이 되어 전해지는 하나님의 말씀을 적극적으로 훼손하게 된다. 설교자는 가장 자연스럽게 말하고 행동해서 성도들의 신경에 거슬림이 없어야 한다.

이상한 옷차림

넥타이를 매지 않고 설교단에 서서 설교하는 목사를 보았다. 자기는 가장 보편적이며 자연스러운 스타일이라 생각할지 모르지만 하나님과 성도들을 무시한 예의바르지 못한 목사다. 정장은 자기만 좋으라고 입는 옷이 아니다. 자기는 불편하지만 상대를 존중하고 예의를 갖추기 위해 입는 옷이다.

눈처럼 흰옷에 빨강 넥타이를 하지 말라. 넥타이에 매달려 반짝이는 금 넥타이핀을 하지 말라. 이상한 머리 모양을 하지 말라. 색깔이 짙은 안경을 쓰지 말라. 황금색의 굵은 반지를 끼지 말라. 하나님의 말씀을 전하는데 다른 곳으로 신경을 쓰게 하는 모든 것을 목사의 옷차림과 말투와 강단 주변에서 치우라. 목사가 가운을 입는 것이 좋다. 가운은 특별한 의미가 있다기 보다는 목사의 개성을 가리는 효과가 있다. 목사가 흘러내리는 안경을 몇 번 치켜 올렸으며 어떤 손가락을 사용했는가를 매 주일 세고 있는 청년이 있었다면, 그 목사는 라식 수술이라도 받아야 한다.

축복 대 성회

오늘의 설교가 너무 범람하여 옛날처럼 신선한 설교로서의 반응이 사라졌다. 60년대와 70년대만 해도 이웃 교회에서 부흥 집회를 하면 자기 교회에서 집회를 하는 것처럼 은혜를 받기 위해 열심히 참석했던 광경은 볼 수 없게 되었다. 또 목사들 자신이 자기 교회가 아닌 이웃 교회의 집회에 자기 교회 성도가 참석하는 것을 별로 좋아하지 않는다.

그래서 집회를 하는데 사람을 많이 오게 하는 방법으로 극한 처방을 쓰기 시작했다. 그것이 바로 아주 자극적인 광고를 하는 것이다. 그 문구 가운데 '축복 대 성회', '신유의 종 김 돌세 목사의 특별 신유 집회', '지리산에서 평생 기도하고 내려오신 능력의 종 박 천사 목사의 특별 대 성회', '전도의 왕 최 전도 목사의 전도 폭발 성회', '개척 일년만에 5가정을 3,000명의 성도로 성장시킨 능력의 종 장 성장 목사의 능력 성회', 심지어 나는 버스를 타고 가다가 강남의 어느 곳에 커다랗게 걸린 '안 현수 목사의 말씀 한 마당'이라는 선전 현수막을 보았다. 한참 생각한 후에 그 광고가 부흥회의 광고라는 것을 알아 차렸다. 아마 그 목사는 부흥회를 마당굿으로 이해하고 있는 모양이었다. 이제 성도들은 그런 사람 끌어 모으기의 선전에 속지 않는다. 아니, 자꾸 세상을 따라가려는 교회 지도자들을 안타깝게 보고 있다. 큰 대(大)가 없는 '부흥 성회', '사경회'들은 모두 어디를 가고 이상한 굿거리 같은 짓들만 교회를 어지럽히고 있을까?

목석(木石) 설교

나무나 돌처럼 몸이 굳어져서 설교하는 설교자의 설교는 듣기 힘들다. 하나님께서는 사람이 몸을 움직여 자기 생각을 전달하는 아주 좋은 방법을 가르쳐 주셨다. 주님께서도 손을 사용하셔서 말씀의 내용을 더욱 확실히 하셨다(마 12:49). 돌과 나무처럼 미동(微動)도 하지 않고 입으로만 설교하려 한다. 이렇게 설교하면 설교가 딱딱해 지고 전달이 잘되지 않는다. 모든 분야의 전문가들은 말 보다 오히려 몸의 언어를 더 많이 사용한다. 심포니의 지휘자, 야구 투수, 배우들, 생명을 건 전쟁터의 군의 지휘관들은 모두 언어 보다 몸짓을 더 사용해서 의사를 전달한다.

설교자는 사람이 대화를 할 때에 오감과 사지백체(四肢百體)를 사용하는 것처럼 설교에서도 자연스럽게 온 몸을 사용할 줄 알아야 한다. 햄릿(Hamlet)이 그의 배우들에게 말한 것처럼 "행동은 대사에 맞추어, 대사는 행동에 맞추어 조절하라"는 말은 설교자에게 매우 중요한 말이다.

설교가 듣기 싫고, 나쁜 설교가 되는 이유

좋지 못한 설교를 좋은 설교되게 하는 노력 여하에 따라 하나님의 바른 종되기가 결정된다

목사에게 요구되는 많은 설교

일주일에 최소한 3편 이상의 설교의 횟수와 1년이면 156회의 설교를 해야 하며 새벽 기도회의 설교까지 합하면 521번의 설교를 해야 한다고 앞에서 말했다. 설교자는 이 많은 설교를 창조적으로 소화하지 못한다. 거의 불가능한 일이다. 이 문제를 해결할 방안이 있다. 설교는 일년에 52번만 한다. 주일 낮 예배의 설교만 하는 것이다. 그리고 나머지 시간은 성경 강해를 하는 것이 좋다. 성경 강해는 주제를 정해서 할 수도 있고, 성경을 따라 창세기부터 해도 좋다. 또 다른 방법은 성도들에게 유익한 믿음의 책을 골라서 강론하는 것이다. 예를 들면 칼빈의 기독교 강요 가운데 현실에 맞는 제목들의 글을 소개하고 강론하는 방법이 그것이다. 이 때에 매우 주의할 것이 있다. 목사가 책을 충분히 읽고 확실히 그 의미를 이해해서 전해야 한다는 것이다. 만일 그렇지 못하면 듣는 성도들에게 무슨 말을 하는지 모르게 된다. 또 한 가지는 어려운 신학 이야기를 아주 쉽고 재미있게 풀어 지루하지 않게 강론을 해야 한다. 이런 강론은 아주 유익한 점이 있다. 강론하는 목사 자신이 신앙에 유익한 책에서 큰 은혜를 받는다는 것이다. 나도 약 4년 동안 주일 저녁마다 칼빈의 기독교 강요를 강해했는데 내 자신이 받은 깨달음과 은혜가 대단히 많았다.

목회 사역에서 오는 너무 많은 짐들

목사는 설교만 하지 않는다. 성도들의 모든 것을 내 일처럼 돌보아 주어야 한다. 한국의 목사는 살상 목회에 속하지 않는 부분들까지도 목회로 오해하는 성도들의 요구 때문에 혹사를 당하고 있다. 특별히 목사를 괴롭히는 사람이 있을 때에 목사의 사고방식은 완전히 정지 상태가 되고 만다. 시험되는 일에 쏠리는 생각을 중단할 수 없고 괴로운 일에 쓰이는 마음을 절제하기 어렵다. 성도들이 당하는 괴로움도 목사의 괴로움이 된다. 이런 육체적, 시간적, 정신적, 영적 시달림을 당하는 목사가 생각을 정리하면서 차분히 설교를 준비한다는 것은 거의 불가능하다. 이런 일 뿐 아니라 교회의 여러 가지 행정적인 일들, 체제 문제, 대외 문제들이 목사의 정신과 생활을 너무 바쁘게 한다.

이 문제를 슬기롭게 해결하지 못하면 좋은 설교를 할 수 없다. 내가 "목사의 적, 목회의 적"에서 말했듯이 성도의 친구나, 애인이나, 부모가 되려 하지 말라. 마음 상한 일에 대하여 속이 잊어버리는 절제가 필요하다. 우리 속담에 '죽은 자식 불알 만지기' 라는 말이 있다. 이 말을 목회에 적용하라. 목사에게 중요한 것은 시험하는 성도나, 고통당하는 성도들 때문에 속상해 괴로워하는 것이 아니다. 죽은 자는 죽은 자에게 맡기고 주님을 좇아 말씀을 잘 전하라. 대외 활동을 줄이라. 그것이 목회가 아니다. 초대 교회의 사도들처럼 교회 행정과 제정 문제가 설교에 지장이 될 정도로 커졌거든 장로와 집사들에게 맡기라. 오직 기도하는 일과 말씀 전하는 일에 전심 전력하는 전략을 가져야 한다(행 6:4). 목사가 교회 행정을 잘못해서 쫓겨나는 일은 별로 없지만 설교를 잘못해서 쫓겨나는 일은 많다.

설교자 자신의 문제

설교에 대한 인식 부족

부흥회의 현수막을 한 마당이라고 써서 내건 강남의 어느 교회 예를 들어보자. 그 현수막은 초청된 목사의 이름과 집회 날짜와 교회 이름이 기록되고 새벽, 낮, 저녁 집회 시간이 기록된 것으로 보아 부흥회 광고 현수막임이 분명했다. 그런데 부흥회(復興會)를 "설교 한 마당"이라고 쓴 것이다. 부흥회를 설교 한 마당이라고 쓰면 되는지 안 되는지 잘 모르겠지만 이상하게 그렇게 표현해서는 안 된다는 생각이 머리에서 떠나지 않았다. 대체적으로 "한 마당"이라는 말은 순수한 우리말에서 온 어떤 잔치를 말할 때 쓰인다. 부흥회도 잔치는 잔치다.

그러나 하나님의 말씀 잔치다. 내가 이 말에 대하여 거부감을 느끼고 있는 것이 바른 것인지 그렇지 못한 생각인지를 알아보기 위해 국어사전을 찾아보았다. 사전에는 마당에 대하여 이렇게 해석되었다.

마당 : ① 집 앞이나 뒤, 또는 옆에 사람이 모여 놀 수 있을 만한 넓이로 닦아 놓은 단단하고 평평한 땅. ② 어떤 일이 이루어지는 판이나 상황을 이르는 말. 예〉 사람이 다 죽게 된 마당에 돈이 무슨 소용이냐? ③ 판소리를 세는 단위. 예〉 판소리 열두 마당. ④ 탈춤, 산대놀음 등 민속극의 단락을 세는 단위라고 되어 있었다.

국어사전에서 말한 마당에 대한 해석에서 부흥회는 어떤 마당을 말하는 것일까? 나는 탈춤. 산대놀음 같은 민속극, 즉 다분히 우리의 토착 종교에서 나온 귀신 섬김의 의미가 담긴 이 말이 마음에 걸리는 것이다. 왜 우리가 사경회(査經會)라는 아주 좋은 말이 있었는데 모두 거세해 버리고 귀신 섬김의 의미가 있는 마당극을 하자고 하는 것일까? 혹 그런 의미가 아니라고 강변할지 모른다. 그러나 죄는 모양이라도 버리라 하셨고(살전 5:22), 이방인의 길로 가지 말라고 하셨다(마 10:5).

또 한 가지는 마당극을 하는 사람들은 절대 자기들의 마당극을 부흥회나 사경회라고 말하지 않는다는 점이다. 그들은 우리들의 것을 도입하지 않는다. 그런데 우리는 그들의 것을 도입하여 하나님의 것인지 귀신의 것인지, 전통적인 우리 문화의 것인지를 혼란스럽게 만들고 있다. 그리고 자존심이 상한다. 설교 한 마당, 신유 집회, 축복 성회 같은 말들이 설교에 대한 목사의 인식 부족을 너무 적나라하게 보여 준다.

쉽게 하려는 유혹

설교를 쉽게 하려는 유혹을 뿌리치라. 주님의 말씀에 접목되고 하나 되어 성도들에게 쏟아 붇는 설교를 위한 노력을 하라. 다른 것은 모두 안 해도 설교 한 가지만 잘하도록 하라. 초대 교회 사도들이 그랬다. 다른 것은 다 잘해도 설교 잘못하면 하나님께 벌을 받는다. 성도들도 그런 목사를 좋아하지 않는다.

설교 자체의 문제

성경 말씀에 무식해서 오는 위기

하나님의 말씀을 전하는 목사의 설교가 성경에 무식한 설교가 되면 어떤 결과를 가져오겠는가? 성경을 읽고 묵상하고 공부하라. 목사가 성경을 읽는 유형이 두 가지다. 한 가지는 말씀의 은혜를 사모하여 읽는 것이고, 또 한 가지는 설교를 하기 위해 읽는 것이다. 전자는 순수한 동기로 인해 말씀의 본래의 뜻이 잘 파악된다. 그러나 후자는 자기가 말하고자 하는 목적을 설정하고 읽는 일이 많기 때문에 하나님의 말씀을 이용하려는 잘못된 욕구가 작용하여 말씀을 왜곡하는 과오를 범할 수 있다. 한 가지 아주 좋은 성경 읽기가 있다. 날마다 일정한 시간을 정해 놓고 마음을 비운 체 말씀을 읽되 항상 메모지를 옆에 두었다가 성도들에게 전할 말씀이 발견되면 정리하는 방법이다. 이 방법을 사용하면 언제나 무엇을 설교할 것인가의 고민이 사라지고 말 것이다. 성경 해석 책 보다 성경 자체를 많이 읽는 것이 매우 중요하다.

설교자가 말씀의 중심 메시지를 잘못 이해한다

하나님의 말씀을 바로 해석하지 못한다는 말이다. 성경 해석 책은 수백, 수천 가지가 있다. 한 구절의 말씀 해석에서도 수많은 해석이 있다. 그리고 모든 성경 말씀이 다 심중한 의미를 가진 것은 아니다. 중요한 메시지를 전하기 위해 사용된 부사적 사건과 글들도 많다. 이런 복잡하고 난해한 성경 해석과 말씀의 핵심에 접근하기 위해서는 집중적으로 성경 말씀을 읽어야 한다. 모르는 것은 모르는 것으로 넘어가고 깨달아 지는 것들은 감사하고 메모하면서 읽고 또 읽어야 한다. 기도하면서 읽어야 한다. 그러면 어느 날 갑자기 성경 전체가 전부 보일 것이다. 나도 81년도에 지리산에서 친구와 3개월 반 동안 하루에 7시간씩 기도하고 10시간 이상 성경을 집중적으로 읽었다. 그랬더니 놀랍게도 하나님의 말씀이 눈에 들어오기 시작했다. 그 때 받은 말씀의 은혜는 목사 홈 페이지의 성경배우기 게시판의 '믿음을 주는 성경 해석법' 이라는 제목에 올려져 있다. 성경은 성경 전체를 보고 구절을 보아야 그 말씀의 진의가 확실히 파악된다. 숲을 보고 나무를 보아야 나무의 가치를 안다는 말이다. 좋은 성경 해석 책은 아주 유익하지만 그것에 매달리지 말라. 오직 내가 해석한 말씀이 바른지 틀린지를 알아보는 참고서 정도로만 사용하라.

설교를 성도들의 기호(嗜好)에 맞추지 말라

성도들이 듣기 원하는 설교가 있다. 그들의 요구에는 복음적인 것도 있으나 전혀 그렇지 못한 요구도 있다. 이것을 분별하지 못하고 성도들의 비위를 맞추는 설교를 하면 결국 하나님께 버림받고 성도들에게 배척을 당하고 말 것이다.

설교는 하나님의 자녀들의 아픔을 싸매고 위로해 주는 제사장적 기능과 죄인을 심판하시겠다는 준엄한 예언자적 기능도 있다. 설교자가 제사장적인 축복과 치유의 말씀만을 전하면 성도들을 철없는 바보로 만들고, 죄만 책망하면 좌절하게 만들어 모든 일에 소극적인 멍청이가 되게 한다. 목사는 바른 말씀을 전해서 성도들이 바른 성도가 되도록 설교해야 한다. 어떻게 하나님의 말씀을 바로 전하면서도 성도들이 즐겁게 듣고 은혜를 받게 할 것인가의 글은 '성도들이 듣기 좋아하는 바른 설교'에서 자세히 설명하겠다.

성도들의 삶에 도움이 안 되는 설교

'다윗이 돌 다섯 개로 골리앗을 죽였다', '아브라함이 이삭을 하나님께 바쳤다', '물에 빠진 베드로를 주님께서 손을 잡아 구해 주셨다' 라는 말씀들은 매우 중요한 의미를 가진다. 그러나 이 말씀들이 성도들의 삶에 접목되도록 설교되지 못하면 하나의 옛날이야기일 뿐이다. 성도에게 하나님의 말씀이 힘이 되고 은혜가 되기 위해서는 성도들을 이해하는 노력이 선제되어야 한다. 설교는 단순한 성경 강해가 아니다. 목사의 입을 통해 선포된 말씀이 성도들의 심령과 생활에 살아 역사하게 하는 하나님의 말씀이다.

사명감이 결여된 설교자의 설교

시간 때우기 설교를 하지 말라. 하나님의 말씀을 듣고 하나님의 말씀대로 변화되기를 기대하는 열정을 가지고 설교해야 한다. 안일하고 도피적이고 미사여구만 나열하고 다른 사람들의 말을 이용해 짜깁기한 설교를 해서는 안 된다. 더욱이 복제(複製) 설교나 택배 설교를 하지 말라. 그런 설교자의 안일과 무성의와 무책임을 회개하지 않으면 하나님께서 보고만 있으시지는 않으실 것이다.

성도들이 가진 문제

예배에 대한 인식 부족

말씀을 통해 하나님을 만나는 의식이 결여되어 있다. 예배는 하나님을 만나 말씀을 듣고 은혜를 받는 시간이다. 지글러 박사는 "기독교 예배는 '그리스도' 안에 나타난 하나님 자신의 인격적인 계시에 대한 성도들의 인격적인 응답"이라고 말했다. 즉 '하나님과 성도의 만남'이라는 말이다. 이런 신령한 예배에 대한 의식 부족으로 인해 설교에 대한 의미를 상실한다.

설교에 대한 기대가 없다

성도들이 설교에 은혜를 받기 위해서는 하나님의 말씀에 대한 기대가 있어야 한다. 마치 굶주린 아이가 엄마의 젖을 사모하듯 말씀의 은혜를 사모해야 한다. 성도들이 설교에 대해 기대하지 않게 된 일차적인 책임은 설교하는 목사에게 있다. 그러나 그 책임 모두가 목사에게만 있다고 말할 수는 없다.

자기들의 기호에 맞는 설교만 들으려 한다

하나님 말씀 앞에 겸손하지 못하고 자기들의 비위를 맞추는 설교만 들으려 한다. 그리고 그 기대에 미치지 못하면 설교가 진리의 말씀을 선포했다고 해도 거부하며 싫어한다.

진리 선포가 아닌 다른 것에 관심을 가진다

예화, 목사의 옷차림, 음성, 몸놀림에 대한 관심으로 선포되는 말씀에 관심이 결여된다. 특히 예화를 신중히 하고 간단히 하되 절대 다시 사용해서는 안 된다. 진리는 바로 선포했어도 예화가 틀리면 설교 전체를 잘못된 설교라고 한다.

설교하는 목사에 대한 잘못된 감정과 존경심 결여

성도들이 목사를 대하는 일은 설교뿐이 아니다. 다른 일로 목사와 마음이 상해 있을 때에는 진리의 말씀을 바로 선포해도 은혜를 받지 못한다. 아무리 좋은 주님의 말씀이라도 목사를 미워하고 싫어하면 은혜가 안 된다.

설교는 하나님의 말씀을 전하는 것이기 때문에 하나님 말씀 자체로서의 권위와 능력을 가진다. 그러므로 이론적으로 누가 하나님의 말씀을 전하든지 듣는 사람은 그 말씀 자체에서 은혜를 받아야 한다. 그러나 실상은 그렇지 않다. 말씀을 누가 설교하는가에 따라 듣는 성도들의 반응에 엄청난 차이가 생긴다. 똑 같은 설교라고 해서 자기가 존경하는 목사의 설교에는 은혜가 되지만 멸시하는 목사의 설교는 전혀 은혜가 되지 않는다. 고로 목사에 대한 존경과 신뢰심 여부가 설교의 좋고 나쁨을 결정하는 잘못을 저지른다.

기타

설교에 임하는 성도들의 문제를 지적하자면 한이 없을 것이다. 100명의 성도가 모이면 100가지의 문제가 있고 1,000명의 성도가 모이면 1,000가지 문제가 있다. 그리고 사람은 하루에도 수십 번, 수백 번씩 마음이 변한다. 처음 설교를 들을 때는 잘 듣던 사람도 자기에게 기분 나쁜 말을 들으면 그 순간부터 태도가 바뀌어 은혜를 받지 못한다. 처음 만난 목사의 설교에 은혜를 받고 좋은 반응을 나타내는 시간은 대략 3년 정도가 된다. 그 시간이 지나면 설교에 대해 비판적이 되고 5년이 지나면 식상(食傷)하게 되며 7년이 지나면 불평하기 시작한다. 한 목사가 같은 설교를 해도 그런 현상이 나타난다. 그러므로 목사가 성도들의 취향에 맞추어 설교한다는 것은 도저히 불가능한 일이다. 목사는 하나님의 말씀을 전해야 한다. 말씀을 바로 전했는데 시험을 받는 성도가 있다면 그것은 그의 잘못이지 목사의 책임은 아니다.

성도들이 듣고 싶어하는 좋은 설교

여기 기록한 글은 제가 30여 년 동안 설교를 하면서 설교에 대하여 갈등하고 고민했던 일들에 대한 이야기다. 그리고 내가 언제나 하고 싶었던 설교에 대한 꿈과 이상을 기록했다. 만일 내가 여기 기록한 대로 설교를 잘 했다면 많은 영혼들을 살렸을 것이다. 그러나 현실은 그렇지 못했다. 내가 주님에게 가는 그 날 설교를 잘못한 이유로 주님에게 책망 받을 것이 틀림없다. 이 글에는 설교에 대한 다른 목사님들의 좋은 글들을 다수 참고했음을 알린다.

좋은 설교는 어떤 설교인가?

좋은 설교는 설득보다는 성도들의 영적인 각성을 불러 일으켜 즐거움과 기쁨으로 하나님의 자녀 됨을 확신하게 하며, 단순한 말씀의 전달보다는 말씀을 경험하게 하는 설교여야 한다. 그러면 어떤 설교가 하나님의 뜻에 맞는 좋은 설교인가?

이 글에서는 좋은 설교와 성도들이 듣기 원하는 설교를 구분해서 말했다. 좋은 설교라도 성도들이 듣기 싫어하는 경우가 있고 성도들이 듣기 원하는 설교라 해도 나쁜 설교가 있다. 설교자가 성도들을 좋게 하기 위해 설교의 좋고 나쁨을 가리지 않고 설교하든지, 아니면 성도들이 듣기 좋아하든지 싫어하든지 좋은 설교를 하는 것은 목사의 양심에 맡긴다. 그러나 설교에 대한 심판은 하나님께서 하실 것이다.

> "이제 내가 사람들에게 좋게 하랴 하나님께 좋게 하랴 사람들에게 기쁨
> 을 구하랴 내가 지금까지 사람의 기쁨을 구하는 것이었다면 그리스도의
> 종이 아니니라" (갈 1:10).

설교의 내용에서

하나님께서 설교자와 성도들에게 주시는 말씀을 찾아야 한다

설교자는 성경에서 자신이 원하는 말씀을 찾을 것이 아니라, 하나님께서 설교자와 성도들에게 주시는 말씀을 찾아야 한다. 하나님의 말씀은 모든 사람들에게 생명과 축복을 주시는 살아 있는 말씀이시다. 그러나 성경 66권의 말씀이 언제나 성도들에게 가장 적합한 말씀이 되는 것은 아니다. 그 66권의 말씀 가운데 '설교를 듣는 성도들에게 그 시간에 주시는 말씀'이 따로 있다. 예를 들자면 마틴 루터에게는 로마서 1:17의 "복음에는 하나님의 의가 나타나서 믿음으로 믿음에 이르게 하나니 기록된 바 오직 의인은 믿음으로 말미암아 살리라 함과 같으니라"라고 하신 말씀이 그에게 주

신 말씀이셨고, 그는 그 말씀을 받아 다른 모든 말씀을 깨달을 수 있었다. 타락한 어거스틴에게 주신 하나님의 말씀은 로마서 13:12의 "밤이 깊고 낮이 가까웠으니 그러므로 우리가 어두움의 일을 벗고 빛의 갑옷을 입자"였다. 그는 이 말씀을 받아 변화가 되었으며 이 말씀을 시작으로 모든 하나님의 말씀을 바르게 해석하고 믿는 성자가 되었다. 또한 하나님께서는 성도들에게 상황과 형편에 따라 다른 말씀을 주시기도 하신다. 주님께서 제자들에게 마지막 주신 말씀은 요한복음 21장의 말씀이다. 그러므로 목사들이 하나님의 말씀에 해박하고 확실한 지식을 가지지 못하면 성도들에게 주시는 하나님의 말씀을 찾아 그 때의 상황과 형편에 따라 설교 할 수 없다. 하나님께서 성도들에게 하시고자 하시는 말씀을 찾지 못하면 설교에 능력과 힘이 없고 듣는 성도들이 은혜를 받지 못한다.

하나님의 말씀만을 전하는 설교

설교가 하나님 말씀의 전달 개념을 쉽게 무너뜨리는 것은 바로 설교의 사역 장에 설교자가 홀로 서 있기 때문이다. 설교에서 설교자가 자신의 신앙적인 경험이나 지식을 선전해서는 안 된다. 그것은 어떤 신앙 수필을 낭독하고 있는 것과 같다. 이러한 것은 그리스도인들의 모임에서 강의로 행하여 질 수 있는 행위들이지, 결코 설교라고 할 수 없다. 그러나 오늘의 한국 교회는 강의와 신앙 간증을 하나님 말씀의 전달인 설교 사역과 혼동하고 있다는데 문제의 심각성이 있다.

설교는 순수한 하나님의 말씀을 회중들에게 운반하는 사역이다. 그리고 이 말씀 전달의 사역은 어떤 경우도 설교자라는 한 인간의 단독으로 이룩

될 수 없다는 것이 설교학의 이론이며 기독교 설교 역사의 기록이다. 설교는 듣는 사람으로부터 공감을 받아 내는 것이 목적이 아니라 그 말씀을 듣는 사람의 마음에 성령님에 의하여 감동이 생기고 삶에 변화를 가져오는 것이 주목적(主目的)이다. 이러한 감동과 변화는 설교자로서는 감당할 수 없으며 성령님의 감동과 감화가 아니고서는 불가능한 일이다.

성경이 중심이 되는 설교

설교를 하나님의 말씀의 본문이 중심이 되고 본문이 말씀하도록 하는 설교여야 한다. 그 동안 한국 교회의 설교는 너무나 인위적인 요소로 가득 찼고, 성경이 말하게 하는 설교가 아니라 설교자가 말하고, 성경은 그것을 증명하는 자료로 삼는 일이 많았다. 이런 현상은 중세 교회가 범했던 오류였다. 이런 잘못은 교회로 하여금 길고 긴 말씀의 암흑기를 경험하게 했다. 이를 보다 못한 종교 개혁자들은 "오직 말씀으로!"라는 기치를 내세웠다. 루터는 "말씀이 말씀되게 하라"는 기치를 내세웠다. 그렇게 해서 "오직 성경으로"라는 슬로건은 종교 개혁자들의 개혁의 중심이 되었다. 칼빈이나 쯔윙글리, 루터와 같은 종교 개혁자들은 "성경은 하나님의 말씀이다. 왜냐하면 그것이 바로 하나님의 설교이기 때문이다"라고 고백했다. 이와 같은 개혁자들의 "말씀으로 돌아가기 운동"이 오늘 우리들에게도 절실히 요망된다. 성경을 사람들의 어떤 욕구를 채우고 변명하기 위한 수단이 아니라, 사람을 지배하고 다스리는 항상 살아 계신 하나님의 말씀이기 때문이다. 설교자는 "성경이 말하게 해야 한다"라는 대 전제 하에 설교자에게 읽혀져야 하며 설교자 자신의 말이 아니라 하나님의 말씀으로 선포되어야 한다.

성령님의 감동이 있는 설교

모든 하나님의 자녀들은 그들이 받는 특별한 성령님의 감동 속에 살고 있다. 그것은 누구도 성령님의 감동이 아니고서는 하나님을 아버지라고 부를 수 없기 때문이다(갈 4:6). 그런데 어떤 사람은 성령님의 감동에 대하여 오해를 하고 있다. 신비한 어떤 체험만이 성령님의 감동이라고 생각하는 것이다. 그래서 이미 성령님의 감동 속에 살고 있으면서도 그렇지 못한 것처럼 또 다른 어떤 강력한 신비 체험을 요구한다. 이와 같은 현상이 나타난 것은 한국 교회에 과거의 전통적 무속 신앙적 기질이 완전히 제거되지 않았기 때문이다.

성령님의 감동은 하나님이 기뻐하시는 마음과 모든 행위를 말한다. 성도는 주일이 되면 성전에 가서 예배를 드린다. 어떤 일로 교회를 못 가면 마음이 아파하며 죄책감을 느낀다. 이것이 성령님의 감동이다. 그러나 성령님의 감동이 없는 사람은 이런 감정을 전혀 가지지 않는다. 성령님의 감동이 없는 사람은 기도하고 십일조를 드리지 못하는 일에 대하여 전혀 죄의식을 가지지 않는다. 그러나 성도는 성령님의 감동 속에 살고 있기 때문에 불신자들이 죄라고 느끼지 않는 일에 대하여 죄책감을 가진다. 이런 현상은 얼마든지 우리들에게 있다. 하나님의 자녀들은 24시간, 365일, 평생토록 성령님의 감동 속에서 살고 있다.

더욱이 하나님의 말씀을 깨닫고 이해한다는 것은 성령님의 감동이 아니고서는 도저히 불가능한 일이다. 칼빈은 "성령님께서 설교자의 앞에 놓인 말씀을 이해할 수 있는 생각을 주시고 우리의 마음이 그 가르침의 멍에가 될 때에만 하늘의 가르침은 우리에게 유용한 능력이 된다"고 했다. 그리고

"우리는 우리의 모든 감각적인 능력이 얼마나 약한 것인가를 실감할 수 있다. 하늘로부터 내려오는 능력이 계속해서 우리의 감각 기능과 교제하지 않는 한 눈과 귀는 본연의 기능을 감당할 수 없기 때문이다"라고 했다.

더욱이 설교하는 목사가 성령님의 감동이 충만한 설교를 하기 위해서는 반드시 성령님의 감동을 받아야 한다. 그런데 이 설교자에게 있어야 하는 성령님의 감동은 모든 하나님의 자녀들에 누리는 그것과 같아서는 안 된다. 아주 특별한 감동, 아주 충만한 은혜의 체험 속에 말씀을 준비하고 전해야 한다. 그러기 위하여 설교자는 하나님의 말씀의 도구로 변화되어야 한다. 즉 주님께서 사용하는 지팡이가 되고 막대기가 되어야 하는 것이다.

칼빈은 디모데 후서 1:9,10의 설교에서 말하기를 "하나님께서 성령님을 통하여 오묘한 방법으로 우리에게 말씀하시고 역사함이 없는 인간의 목소리를 듣는 것으로는 충분치 않다"고 했다. 따라서 설교자는 설교에 앞서 기도로 하나님께 드려진 제물이 되어 주님 쓰시기에 합당한 말씀 전하는 성령님의 도구가 되어야 한다. 그는 "내가 말할 때, 그것은 내 자신의 마음이 감동되게 하려는 것도 아니고, 또 듣는 사람 각자에게 내가 제시하는 교리를 받도록 하기 위함도 아니다. 설교는 우리 주님께서 성령님을 통해 자신의 말씀을 가치 있게 선포하시고, 그 말씀은 우리 안으로 들어 와 뿌리를 내려 우리에게 썩지 않는 생명의 씨가 되도록 생기를 주셔야 한다"라고 하여 설교는 성령님의 능력의 나타남 없이는 아무 효력이 없음을 강조했다. 그러므로 설교자는 반드시 말씀 선포를 위한 특별한 성령님의 감동을 받기 위해 기도해야 한다. 이 점에 대한 목사들의 자성적인 성찰이 있어야 한다.

설교를 듣고 은혜를 받는 성도들에 대하여 칼빈은 "성령님께서 설교자와 동행하시고 성도들의 마음속에서 역사하시지 않는다면 감동과 변화는 기대할 수 없다"고 했다. 성령님께서 말씀을 받아 드리도록 회중들의 마음의 문을 열지 않는 한, 하나님의 말씀도 능력을 발휘할 수 없다. 그래서 칼빈은 "놀랍고 특별한 힘을 소유한 성령님께서 들을 수 있는 귀와 깨달을 수 있는 마음을 주셔야만 한다"는 사실을 강조하고 있다.

그리고 여기서 또 하나 유의해야 할 것은 성령님의 동반에 대한 증거다. 대부분의 설교자와 회중이 설교의 현장에서 찾는 성령님의 역사는 즉각적인 것에만 초점을 맞추고 있다. 그러나 이런 성급한 요구는 성질 급한 인간의 요구이지, 하나님의 뜻은 아니다. 이러한 문제에 대하여 칼빈의 대답은 다음과 같다. "하나님은 두 가지 방식의 가르침을 보여 주시는데 먼저 사랑의 입술로 우리의 귀에 하나님의 말씀을 들려주신다. 그리고 다음으로 주님은 성령님을 통하여 내적으로 우리에게 말씀하시며 이것을 주님이 적당하다고 생각하는 시간에 동시에 하거나 아니면 따로 따로 하신다."

말씀의 해석이 분명한 설교

설교자에게 가장 무거운 부담이 있다면 그것은 자신이 전하고자 하는 본문에서 하나님이 무엇을 말씀하시는지를 알아 성도들에게 전해 주는 일이다. 설교자가 본문을 먼저 이해하는 과정은 하나님의 말씀에서 무엇을 의도하고 계시는지를 파악하는 것이 가장 기본적인 출발이다.

칼빈에게 있어서 그의 사역을 수행케 했던 가장 중요한 확신은 하나님의 말씀으로서의 성경에 대한 확신이었다. 그에게 있어서 성경은 하나님의 말씀 바로 그것이었다. 그는 "내가 율법을 모세가 쓴 것으로, 시편을 다 윗과 다른 선지자들의 것으로 여기며, 이런 식으로 모든 성경에 담겨진 것을 파악한다면, 우리들의 사역은 어떻게 될까? 이것은 말씀의 사역이 유지되어야 한다, 또는 유지되어서는 안 된다는 식의 토론이 될 수 있고, 또한 나는 죽을 운명의 사역자들에 대해 반박하는 말을 할 수도 있다"라고 말했다. 그러나 성경 저자에 대한 토론이 말씀 해석에 중요한 것이 아니다. 칼빈은 하나님의 말씀을 정확하게 해석하기 위해 성경 해석과 강해를 주력했고 본문의 진정한 의미를 찾으려 최선을 다했다. 그는 무슨 일이든 "기록된 말씀에 대한 진실 되고 순수한 주해"와 연결시켜서 "하나님의 말씀을 백성들의 생활에 적용시키려는 것"이 하나님의 말씀을 전달하는 임무를 맡은 자들의 할 일임을 강조했다.

칼빈에게 있어서 구·신약 성경은 주님이 자신의 뜻을 표명하고 계시기 때문에 그는 그의 설교를 이용해 자기 고유의 사상을 표현할 권리란 없다고 했다. 그는 그의 설교 집에서 "그로 하여금 하나님의 말씀을 말하도록 하자. 즉 경솔하게 그 자신을 신뢰하거나 자기 자신의 업적을 미봉책으로 적당히 얼버무리지 말고 순수하게 하나님의 진리에 붙들리도록 하라. 그는 마땅히 그의 교리들을 사람들에게 가르치도록 하라. 하나님께서 영광을 받도록 하라"고 하였다.

설교자는 성경에서 하나님이 말씀하시고자 하시는 말씀을 분명히 파악하여 전해야 한다. 만일 자기 이야기를 위해 하나님의 말씀을 이용한다면 그는 결코 설교를 잘못한 일에 대한 책임을 면할 수 없을 것이다.

살아 있는 복음인 그리스도를 경험하게 하는 설교

설교는 예수 그리스도의 복음을 전하기 위해 시작되었다. 복음은 예수 그리스도께서 십자가에 달려 돌아가시고 다시 죽음에서 부활하심으로 죄와 죽음, 모든 악의 세력을 이기신 하나님의 궁극적인 승리이며, 개인들과 사회와 나라들, 그리고 온 우주 속에 새로운 생명을 가져다주실 수 있음을 선포하는 복된 소식이다. 그러므로 설교는 예수 그리스도의 피의 복음, 용서의 복음, 부활의 복음, 새 생명의 복음을 중심으로 해야 한다. 이 복음은 설교자가 어떤 내용의 말씀을 전하기 전에 반드시 선포해서 성도들로 하여금 복음과 만나게 해야 한다. 리챠드 리셔는 예수 그리스도가 부활하셨다는 사실은 오늘의 설교자가 계속해서 "설교할 수 있는 능력"이라고 했다.

그런데 오늘 우리 한국 교회에서 흔히 이해되는 "복된 소식"이라는 개념에는 많은 오해와 오류가 생겼다. "복된 소식"의 진수가 주님의 대속의 죽으심과 구원의 부활임에도 불구하고 "복된 소식"의 부가가치(附加價値)적인 요소들, 다시 말하면 신유, 치유, 기복, 성공 같은 것들이 감히 "복된 소식"의 자리에 앉아 "복된 소식"의 참 뜻과 "복된 소식"의 능력을 흐리게 하여 "복된 소식"으로 인한 구원의 기쁨을 희석(稀釋)시켜 버리고 있는 것이다. 극단적인 경우에 "복된 소식"은 자기들의 인간적인 욕구를 채워 주는 하나님의 축복이라고 생각한다.

성도의 입장에서

설교를 듣는 성도를 이해하는 설교

설교를 듣는 성도들을 이해하기 위해서는 무엇보다도 성도에 대한 정확한 정보가 필요하다. 성도에 대한 정보는 많은 방법으로 수집할 수 있다. 전통적으로 심방이나 상담 같은 방법이 동원되지만 최근에 와서는 교회의 홈페이지를 이용하여 성도의 소리를 듣는 방법도 있다. 그리고 설교자는 성도들의 급변하는 문화 사회적 변화와 그들이 지향하는 즐거움과 취향에 대한 의식도 이해해야 한다. 그리고 그들이 느끼는 위험과 두려움에 대한 이해도 있어야 한다. 만일 이와 같은 전반적인 사고방식과 욕구와 생활과 이상을 이해하지 못하고 설교를 한다면 그 설교는 언제나 귓바퀴를 스쳐 지나가는 바람이 될 것이다. 설교자는 성도들을 설교를 무조건 받아 드릴 의무만 있는 존재로 인식해서는 안 된다. 그들을 설교를 통해 "성도들을 보다 강한 믿음과 하나님의 사역에 대한 보다 깊은 헌신을 불러 일으켜야 하는 하나님의 백성"으로 이해하고 설교해야 한다.

어떤 면에서 설교자는 하나님 말씀의 전달자이며 동시에 듣고 은혜를 받아야 하는 성도다. 즉 설교자와 성도는 하나님의 말씀의 은혜 속에 함께 가는 동반자(同伴者)다. 그러므로 설교자는 권위적인 설교를 지향하고 듣는 성도들과 말씀의 여정(旅程)을 함께 가는 의식 속에서 설교해야 한다. 설교는 성도를 피동적인 청중으로서가 아니라 역동적인 존재로, 설교자의 권위로 말씀과 그 결론을 무조건 받아들이도록 강요받는 존재가 아니라, 말씀의 의미를 스스로 깨닫게 하며 그 메시지의 결론에 함께 도달해 가는 동반자로서의 참여를 독려하는 말씀 사역이 되어야 한다.

소망적, 적극적, 긍정적이어야 한다

의사가 환자를 진찰하고 한숨을 쉬면 환자는 절망한다. 주님의 말씀은 어떤 경우에도 소망과 기쁨을 주신다. 그러므로 설교자의 설교도 성도들에게 소망을 주고 적극적이며 긍정적이 되어야 한다. 이런 예를 우리는 구약의 선지서에서 대단히 많이 볼 수 있다. 이스라엘의 죄를 크게 책망하시고 죄로 인한 형벌을 말씀하셨지만 곧 그루터기의 소망을 주신 것을 이사야서에서 발견할 수 있다. 에레미야애가의 절망적인 메시지에서도 소망의 말씀이 있다.

시대를 향한 하나님의 말씀 선포로서의 설교

종교 개혁자들은 하나님은 말씀하시는 하나님으로 오늘도 말씀하시며 설교는 오늘의 삶 속에 주시는 하나님의 말씀이라고 했다. 그러므로 "오늘도 말씀하시는 하나님"이라는 믿음의 고백으로부터 설교 사역은 시작된다. 이런 "설교를 통해 지금 말씀하시는 하나님"에 대한 인식은 설교자로 하여금 현실감 있는 설교를 하게 하고, 하나님의 자녀들이 현실에서 무엇을 어떻게 해야 하며, 어떤 시대적인 감각을 가지고 살아야 할지를 알게한다. 이런 시대적인 감각과 하나님의 말씀에 비추어 바른 세계관을 가지지 못하면 세상의 빛과 소금이 되는 것은 불가능할 것이다. 그러므로 설교자가 이 시대에 주시는 하나님의 말씀을 바로 알아 전한다는 것은 대단히 중요하다. 시대의 변화에 둔감해서 현실성이 떨어진 설교는 말씀의 역동성을 기대할 수 없다. 성도들의 삶과 관련 없는 설교는 옛날이야기로 전락하게 되고 공허한 담론(談論)이 되고 말 것이다.

깨달음을 주는 설교

설교에서의 은혜란 깨달음을 말한다. 진리를 깨닫고 삶의 질을 깨닫고, 잘 잘못을 깨닫게 하는 설교를 해야 한다.

설교를 듣고 성도가 깨달아야 할 기본적인 기독교 진리는 다음과 같다.

① 하나님의 다양한 섭리

바울의 "감추었던 비밀"(엡 3:9)에 대하여 칼빈은 "깨닫게 하시는 은혜"라고 말하면서 "우리가 우리들의 정신적인 무능력으로 인하여 하나님께서 다양한 방법으로 행하시는 그것을 깨닫지 못하면 하나님의 지혜가 다양하게 나타나는 일에 대하여 하나님의 계획이 수정되거나 변경되었다고 생각하게 된다"라고 했다. 그러나 하나님의 계획과 섭리는 수정되거나 변경되지 않는다. 우리는 가끔 이런 장면을(신 23:5) 보지만 그것은 사람의 이해를 돕기 위한 표현의 한 방법일 뿐이다.

② 하나님의 말씀

성령님이 임하여 제자들의 마음을 열어 "성경을 깨닫게 하시기까지"(눅 24:45)는 그들에게 아무 발전도 없었다. 사도들은 그렇게 그리스도에게서 직접 배웠지만 그들이 귀로 들은 교훈을 그들의 마음속에 불어넣기 위해서는 진리의 영이 그들에게 오실 필요가 있었다(요 16:13).

③ 하나님의 사랑

우리가 얼마나 큰 죄인이며 하나님의 자비하심이 없이는 도저히 구원의 가능성이 없다는 것을 알게 함으로 하나님의 존엄하심 앞에 나갈 때마다 두려움을 느끼게 하며, 그 존엄하신 광채에 비추어 우리 자신이 얼마나 추악한가를 깨닫게 해야 한다. 마음을 강퍅하게 하는 자는 재앙에 빠질 것이며 항상 두려워하는 사람은 복되다고 솔로몬은 단정했다(잠 28:14).

하나님의 말씀에 대한 깨달음은 신앙생활에 절대적인 역할을 한다. 말씀의 깨달음은 주님을 위해 헌신하게 하고 공경하게 하며 복종하게 하고 순교하게 한다. 그리고 변함없는 신앙생활을 하게 하며, 혹 다른 길을 갔을지라도 곧 주님에게 되돌아오게 한다. 그리고 주님을 사랑하게 하고 범죄에 빠지지 않게 하며 하나님의 영광을 위해 살게 하고 천국을 소망하게 한다.

깨우치기 위한 설교에 주의할 점이 있다. 목사의 경험과 지식을 가지고 성도들을 깨우치려 해서는 안 된다. 목사가 의도하는 바를 이루기 위해 암시적으로 성도들을 교훈하기 위해 말씀을 이용해서도 안 된다. 이런 깨우침은 진리에 대한 깨우침이 아니기 때문에 성도들을 시험 들게 하거나 강력한 거부감을 가지게 한다. 예를 들면 성전 건축을 위하여 목사는 성도들에게 성전 건축의 의미와 그에 따르는 축복을 강조한다. 이런 유형의 설교와 부흥 집회는 과거 60-70년대에는 흔히 있었던 일이고 성전 건축을 위한 당연한 절차였다. 그런 집회의 현장에서 보면 성도의 제일 되는 의무는 성전 건축이며 성전 건축을 위해 헌신만 하면 엄청난 축복을 받는 것처럼 강조되었다. 이런 목사의 강요와 교회 분위기에 휘말려 어떤 청년은 평생 해도 다 못할 성전 건축 헌금을 작정했고 어떤 가난한 집사는 착각적 믿음으로 평생 감당할 수 없는 거액의 건축 헌금을 작정했다. 그리고 결국 그들은 그 작정 헌금으로 인해 시험에 들었다. 그러나 최근에는 그런 구태의연한 방법의 헌금 강요가 먹히지 않는다. 성전 건축 뿐 아니라 교회 생활의 전반에 걸쳐서 목사는 설교자로서 하나님의 말씀하심에 따라 말씀을 전하지 않고 자기의 무엇에 따라 말씀을 이용하는 일이 많았다. 그런데 목사가 성도들에게 신임을 받고 존경을 받을 때는 이런 말씀 이용 설교가 대단히 효과가 있지만 그렇지 못할 경우에는 오히려 비웃음과 조롱을 받게된다.

느껴지는 설교

하나님의 사랑과 감사와 은총이 느껴지는 설교는 설교자의 인격과 생활에서 나타난다. 설교하는 목사가 자기가 설교한 말씀대로 사는 것을 성도들에게 보여 줄 때에 성도들은 말씀에서 큰 감동과 진리를 느끼게 될 것이다. 우리는 복음서에서 주님에 대한 세 가지 기록이 나타남을 알 수 있다. 그것은 첫째 주님의 말씀 선포다. 둘째는 그 말씀대로 사신 주님의 생활이다. 셋째는 그 말씀을 보증하는 표적들이라고 할 수 있다. 이와 같은 삼위일체 식의 아름다운 삶의 조화는 많은 사람들에게 은혜를 끼치셨고 우리들의 구세주 되시기에 조금도 부족함이 없는 완전한 분으로 믿어졌다. 그러므로 하나님의 말씀을 선포하는 설교자들은 주님의 말씀대로 말씀을 선포하고 그 말씀대로 살아야 하며 그 말씀을 보증하는 실제적인 변화를 성도들에게서 보여줄 수 있어야 할 것이다.

변화되게 하는 설교

설교의 목적은 설교를 듣는 성도가 변화되어 그리스도의 형상을 가지게 하는 것이다. 그들로 하여금 하나님의 말씀을 마음에 받아들이고 그 말씀대로 살아가기를 결심하게 해야 한다. 설교는 단순한 광고가 아니며 이야기 전달이 아니다. 만일 설교를 듣고 하나님의 말씀대로 살아가기를 결심하지 않는다면 설교자의 무능력이나 듣는 성도의 무관심에 그 원인이 있다. 성도의 무관심에 의해 결심이 되지 않는다면 무관심한 그 성도가 하나님의 말씀 앞에서 징계를 받을 것이지만, 설교자가 설교를 잘못해서 성도로 하여금 결심을 하지 못하게 했다면 그 책임은 설교자가 져야 한다.

변화되게 하는 설교에서 설교 목적이 분명히 해야 한다. 즉 설교자가 자신의 설교를 통해서 어떤 구체적인 면에서 사람들의 삶을 변화시켜야 한다는 것을 확실히 이해하고 있어야 한다는 말이다. 설교자는 성도들의 마음과 상상력에 설교자가 보여주고자 하는 영광과 아름다움을 힘껏 전달할 수 있는 방법을 창조해 내야 한다.

삶의 지침을 제시하는 설교

사람들이 하나님의 말씀에서 두려움을 극복할 수 있게 되고 삶의 지혜를 얻어 가장 적절하게 대처할 수 있는 방법을 깨닫게 되며 힘을 얻는다면 설교에 큰 은혜를 받았다고 생각할 것이다.

성도들이 목사의 설교에서 특별한 어떤 계시를 받으려 하는 때가 있다. 세상을 살아가면서 언제든지 마음에 와 닿는 삶의 지침이 되는 말씀을 듣고자 하는 것이 그것이다. 어떤 일에 대한 결단(決斷)이 필요할 때에 말씀의 해답을 요구하고, 심각하고 어려운 일을 당할 때도 그렇다. 이럴 때에 성도들은 목사의 설교에서 어떤 하나님의 지침을 얻고자 한다.

그런데 그들이 바라는 말씀의 지시는 자기들의 원하는 것을 확인받으려는 경우가 많다. 그럴 때에 목사가 그들이 바라는 대답을 못하면 그 설교에서 은혜를 받지 못했다고 하고 그들이 요구하는 대답을 얻으면 설교에서 큰 은혜를 받았다고 한다. 그러나 목사는 그런 이기적이며 편향적인 성도의 요구에 의해 설교해서는 안 된다. 듣는 성도들이 은혜를 받던 못 받던 간에 하나님의 말씀을 바로 전하는 것이 중요하다. 그리고 그들이 이기주의에 의해 스스로 설정된 인생의 목표가 아닌 하나님의 바른 교훈을 듣고 자기를 포기하고 하나님의 뜻대로 살아가도록 힘을 주는 설교를 해야 한다.

성도들은 평소에는 그렇지 않지만 어떤 결정적인 순간에는 하나님을 강력히 의지하며 말씀에 대하여 절대적인 신뢰심을 가진다. 만일 어떤 성도가 목사의 설교에서 평생의 삶의 지침을 얻는 말씀을 얻었다면 그 말씀을 붙잡고 살아 갈 뿐 아니라, 그 말씀을 전한 목사를 잊지 못할 것이다. 나도 1964년 7월에 시골 어느 교회에서 나를 사랑해 주시던 믿음의 어머니로부터 베드로후서 1:5-8의 말씀에서 은혜를 받았고, 그 때 그 시간을 잊지 못하며 그 은혜를 전해 주신 그 분을 평생 은인으로 생각하고 살았다.

문제의 해답을 주는 설교

인생살이는 언제나 수 없이 많은 문제를 만나고 그 문제를 풀어 가는 것으로 되어 있다. 문제를 잘 풀어 가면 인생을 성공적으로 살 수 있는 것이고 잘못 풀면 실패한다. 그런데 나는 지금까지 이 인생살이의 많은 문제들에서 정확하고 확실한 해답을 찾지 못하여 시행착오를 하고 많은 고통과 괴로움을 당했다. 그것은 누군가 바른 충고나 말씀을 전해 주지 않았기 때문만은 아니다. 인생과 목회 생활의 많은 경험을 가지고 충고를 해 주어도 나의 욕심과 교만과 착각 때문에 바른 말에 귀를 기울이지 못하고 자기 고집대로 하다가 실패를 한 경우가 참으로 많이 있었다. 이럴 때에 나에게 정말 필요한 사람은 내가 전적으로 신임하고 믿을 만한 인생의 스승이었다.

우리에게는 그런 분이 계신다. 바로 우리 주님이시다. 그러나 어떻게 된 일인지 우리는 주님의 말씀은 주님이 하신 말씀으로만 듣고 나에게 주신 삶의 지침이요 문제의 해답이 됨을 깨닫지 못하고 받아들이지 못하는 경우가 너무나 많다.

보험에 들지 않은 차를 운전하여 성도들을 집에 데려다 주던 우리 아들이 차 사고를 냈다. 검사인 우리 교회 집사가 그들이 요구하는 거액의 합의금을 주고 합의를 하라고 했다. 그러나 우리는 그의 말을 듣지 않았다. 그 결과 그 사건은 3년 동안 우리를 괴롭혔고 민 형사상의 재판을 통해 그들이 요구하는 금액 이외에 더 많은 금전적인 손해를 보고 끝났다. 이 사건이 진행되는 동안 내내 내게서 떠나지 않는 주님의 말씀이 있었다. 마태복음 5:39-42의 말씀인데 "나는 너희에게 이르노니 악한 자를 대적치 말라 누구든지 네 오른편 뺨을 치거든 왼편도 돌려 대며 또 너를 송사하여 속옷을 가지고자 하는 자에게 겉옷까지도 가지게 하며 또 누구든지 너로 억지로 오리를 가게 하거든 그 사람과 십리를 동행하고 네게 구하는 자에게

주며 네게 꾸고자 하는 자에게 거절하지 말라"라는 말씀이다. 특히 42절의
말씀인 "또 너를 송사하여 속옷을 가지고자 하는 자에게 겉옷까지도 가지
게 하며"의 말씀은 나의 심장을 뚫고 나의 핏속에 용해되어 평생 잊을 수
없는 말씀으로 깊이 내 심장에 박혔다. 그들이 우리 차에 보험이 없음을
알고 온갖 못된 짓거리를 하며 무리한 요구를 한 것이 사실이다. 우리가
보기에 그들은 악한 자들이었다. 그러나 주님은 그들의 요구를 들어주라
고 하셨다. 들어주되 그들을 불쌍히 여기는 마음을 가지고 하라고 하셨다
(마 5:43-48).

　우리들에게 못된 짓을 한 그들은 문제가 해결될 때까지 목사와 송사를
하면서 얼마나 목사를 욕했을까? 그러면서 하나님을… 하나님의 뜻이면
그들도 주님을 영접해서 구원을 얻을 것이다. 그러나 그렇게 되기까지 내
가 주님과 그를 얼마나 멀리 갈라놓았는가? 목사는 성도들이 늘 만나는 크
고 작은 일들에 대한 확실한 대답을 줄 수 있는 설교를 할 수 있다면, 그는
정말 훌륭한 목사일 것이다. 성도들은 그런 목사의 설교를 듣기 원한다.

마음을 너그럽게 해 주는 설교

　마음을 너그럽게 해 주는 설교를 해야 한다. 우리는 세상을 살면서 타인
에게 대한 노여움과 분노를 가질 때가 많다. 그런 분노를 가지면서도 한편
으로는 그를 용서할 수 있는 사람이 되기를 바란다. 그러나 이런 이중적인
사고 속에서 고민하면서도 타인을 용서할 만한 관용과 너그러움이 없어
스스로 괴로워하면서 원망과 노여움의 노예가 된다. 그럴 때에 목사의 설
교로 말미암아 그리스도의 마음을 가지게 되고 모든 분노를 잠재우고 원

수를 사랑할 수 있는 힘을 얻는다면 그는 정말 큰 은혜를 받았다고 할 수 있을 것이다.

설교자는 성도들이 설교를 들으면서 이런 마음과 용기를 얻을 수 있기를 기대하면서 설교를 듣는 다는 것을 알아야 한다. 주님의 마음을 가질 수 있도록 해 주는 능력 있는 설교를 하라. 목사의 설교를 듣고 있으면 자기도 모르게 미운 사람이 사랑하는 사람으로 바뀌고 원수도 사랑할 수 있으며 이해하고 용서할 수 있는 힘을 얻는다면 그 목사의 설교를 평생토록 들을 수 있기를 바랄 것이다.

그리고 성도들은 삶의 여유를 주는 설교, 인내와 관용과 사랑을 가슴속 깊이에서 우러나게 해 주는 말씀의 은혜, 마치 그리스도께서 내 마음에 찾아와 주셔서 인간의 온갖 오욕을 씻어 내시고 청순하고 거룩한 마음을 가지게 하므로 주님과 같이 변화될 수 있기를 성도들은 바란다. 설교를 들으면서 가져서는 안 되는 마음을 버리고, 자기의 잘못을 가슴을 쥐어뜯으면서 회개하게 하는 말씀의 은총을 기대한다. 그것은 마치 사마리아 수가 성의 물 긷는 여인에게서 볼 수 있었던 놀라운 은혜인 것이다. 매번 설교하는 설교에서 이런 은혜가 있다면 얼마나 좋을 것인가? 그러나 평생 한 번만이라도 이런 은혜를 받는다면 그 성도는 그런 마음을 가지게 해준 목사와 그 설교를 잊지 못할 것이다. 하물며 한 달에 한 번, 분기(分期)에 한 번만이라도 이런 설교를 할 수 있다면 그 교회는 그 목사의 설교를 듣기 위해 몰려 온 성도로 초만원을 이룰 것이다.

하나님의 말씀은 이런 능력을 가지고 있는데 그 말씀이 목사의 입을 통해 전해질 때에 왜 그 능력을 상실하는 것일까? 오로지 설교를 듣는 성도들이 가진 완악하고 목이 곧은 이유만 일까?

새로운 것을 발견하게 하는 설교

목사가 설교를 하면서 피하지 못하는 유혹이 몇 가지 있다. 자기 이야기를 하려는 자기 과시의 유혹, 세상의 말로 하나님의 말씀을 미화하려는 지식 자랑의 유혹, 자기의 생각과 경험을 말씀으로 꾸며 전하는 착각 그리고 누구에게도 듣지 못하고 배우지 못한 어떤 놀랍고 신기한 것을 말하고자 하는 유혹들이 있다. 이런 유혹을 알지 못하고 그 함정에 빠지게 되면 그는 이미 하나님의 말씀을 전하는 설교자의 위치에서 떠난 거짓말쟁이가 되고 말 것이다. 이런 새롭고 놀라운 어떤 것을 전하겠다는 유혹을 버리라.

성도들이 바라는 새로운 것은 성경에 없는 새로운 소식을 말하는 것이 아니다. 늘 듣고 배우고 익히 잘 알고 있는 말씀에서부터 오는 새로운 말씀의 힘이다. 베드로의 고백 가운데 '주는 그리스도시요 하나님의 아들'이라는 신앙 고백이 있다. 우리는 이 말씀을 너무나 잘 알며 우리들의 신앙 고백으로 고백하고 있다. 이 고백이 새로운 말씀으로 성도들의 심령을 강타할 수 있다는 말씀이다.

내가 아는 권사님이 계시다. 아주 옛날에 우리 교회를 나오시던 권사님이신데 시골의 작은 교회를 다닐 적에 산 넘어 있는 교회의 부흥 집회를 참석하셨다고 한다. 집회를 참석하였을 때는 별로 큰 은혜를 받은 것 같지 않았다. 그런데 집회를 마치고 집에 돌아오는 길에서 권사님은 참으로 놀라운 하나님의 말씀의 은혜를 체험했다. 그 말씀은 처음 듣는 말씀이 아니라 하나님께서 주가 되신다는 늘 하는 신앙 고백의 말씀이었다. 그 말씀이 권사님의 심령에 아주 강력하게 떨어졌다. 권사님은 그 자리에서 쓰러져 하나님이 자신의 주가 되심에 대하여 울면서 감사하고 그 말씀을 듣기만 하였지, 그 말씀이 주는 하나님의 은총이 무엇인지를 모르고 살았던 믿음의 생활을 크게 회개했다. 그리고 평생 그 말씀에 붙들린바 되어 믿음의 생활을 아주 잘하셨다. 아무리 어려운 일이 있어도 시험에 드는 일이 없고 살아 계신 주님 앞에서 경거망동한 일을 하지 않았으며 거룩하고 끼끗한 믿음의 생활을 하셨다.

지금도 얼마나 많은 성도들이 교회를 찾아 와 설교를 들으면서 그렇게 자신을 새롭게 해줄 말씀을 찾아 헤매는 것일까? 목사는 많고 그 목사들이 일주일 동안 쏟아 내는 설교는 수를 헤아리지 못한다. 그러나 오늘의 성도들은 언제나 목마른 사슴이 시냇물을 찾아 허덕이듯이 말씀의 은혜를 찾아 헤맨다. 그리고 상당히 많은 성도들은 자포자기 상태가 되어 버린다. 이웃 교회에서 말씀의 잔치를 한다고 해도 가지 않는다. 그래서 60-70년대의 그 흥분되고 기대되던 부흥 집회는 안할 수 없는 연례행사와 같이 되어지고 시간은 짧아져서 시작하면 곧 끝나 버리는 약식 집회가 되어 버렸다.

우리는 아모스 선지자의 외침을 지금 들어야 한다. 아모스 8:11 "주 여호와께서 가라사대 보라 날이 이를지라 내가 기근을 땅에 보내리니 양식이 없어 주림이 아니며 물이 없어 갈함이 아니오 여호와의 말씀을 듣지 못한 기갈이라."

우리는 지금 어느 때 보다 더 많은 설교들과 설교 책들과 설교 자료들을 도처에서 찾을 수 있다. 그러나 어느 때 보다 말씀에 굶주린 수많은 성도들이 하나님의 말씀을 찾아 헤매는 비극적인 상황을 보고 있다. 이 사실을 아무도 부인하지 못할 것이다.

각 개인의 생활에 관계있는 설교를 해야 한다

사람들은 어떤 사람의 이야기나 신학 강의를 듣기 위해 교회를 나오는 것이 아니라, 자기 생활을 돕고 힘을 줄 수 있는 하나님의 말씀을 듣기 위해 설교를 들으러 나온다. 성도들은 그들의 삶의 연관성이 없고 의미를 주지 못하는 말씀에 대해서는 관심을 가지지 않는다. 성장하는 교회의 설교들은 성도들의 삶과 깊은 연관성을 가지고 있으며 깊은 의미를 부여해 주는 말씀이고 또한 흥미를 유발시켜 주는 말씀이다.

이 점에 있어서 목사들은 많은 실수를 한다. 예를 들면 오순절 절기에 많이 선포되는 초대 교회로 돌아가기 설교들이 그렇다. 초대 교회는 교회의 특징이 모든 성도들이 성령으로 충만하여 전적인 헌신, 모이는데 힘쓰기, 24시간 기도와 전도, 금식, 각종 은사, 온갖 핍박과 환난, 말씀의 충만한 은혜, 교회 성장 등의 특성을 가진다. 그런데 지금의 교회와 성도들은 그런 초대 교회의 모습을 도저히 가지지 못한다. 이런 상황에서 초대 교회로 돌아가기를 아무리 외쳐 봐야 성도들은 현실감을 느끼지 못할 뿐 아니라, 은혜를 받지 못하고 오히려 부담스러워 한다. 초대 교회는 우리 모든 교회의 이상적인 모습이지만 현실과는 너무나 맞지 않는 꿈이다.

치유적인 설교를 해야 한다

한국의 "개혁과 설교 연구지"라는 무크지가 설교가 사람들에게 미치는 영향을 조사 발표한 일이 있다. 그 발표의 제목은 '10개 교회의 최근 년간의 성장 곡선과 설교 내용' 이다. 그들은 10개의 교회를 대상으로 조사를 했는데 5개 교회는 년간 20% 이상의 성장률을 보인 교회로서 3,000명 이상이 모인 교회를 대상으로 하고, 5개 교회는 1,000이하의 성도들이 모인 교회를 대상으로 년간 10%의 성장률을 보인 교회를 선택했다. 각 교회는 교파를 초월하여 설교 제목, 내용, 주보, 통계, 관계 서적들을 중심해서 조사했다.

이 통계의 분석에서 대 교회며 성장이 빠른 교회일수록 치유적인 설교를 크게 강조하고 있다는 점이다. 치유적인 설교를 하는 교회는 성장을 하고 있는 반면에 다른 내용을 설교하고 있는 교회는 성장 속도가 느리거나 오히려 퇴조하고 있는 현상을 볼 수 있다.

치유적 설교의 위험인 "복음의 진수를 잃지 않는 과오"를 범하지 않는다면 치유적인 설교가 복음 전도에 큰 도움이 된다는 것을 알아야 할 것이다. 교회는 기쁨과 평안이 있어야 한다. 처음으로 교회를 찾아오는 사람에게 하나님이 주신 기쁨과 평안이 있도록 설교를 해야 한다. 그리고 모든 하나님의 말씀은 치유적인 요소가 있다.

설교의 방법 면에서

설교자가 말씀 앞에 겸손한 설교

우리는 하나님께 하듯 성경을 똑같이 존중해야 하는 것은 말씀이 하나님으로부터만 나오고 말씀을 전하는 사람에게 속한 것은 하나도 없기 때문이다. 우리가 성경을 보려고 할 때에 듣고 읽은 모든 것을 쉽게 이해할 수 있다고 생각하는 어리석은 교만을 가지면 안 된다. 우리는 경외심을 가지고 하나님의 말씀을 보고 순종하며 섬겨야 한다.

칼빈은 이상과 같은 경외심을 가지고 말씀을 대하는 설교자는 자연적으로 성령님의 계시에 자기를 맡기고 그 분이 말씀의 해석자가 되어 주기를 간구하는 겸손한 자세가 있게 된다고 했다. 결코 자신의 지식과 관찰력으로 모든 것을 해결하려고 하지 않는다는 것이다. 그래서 그는 성경의 참 해석자는 말씀 앞에 겸손한 자들에게 보내진 성령님이라고 하였다.

재미있는 설교

나는 여러 방송에서 목사들의 방송 설교를 많이 듣는다. 설교하는 목사들의 설교 유형이 각가지여서 참으로 배울 점이 많다. 어떤 목사는 아주 좋은 설교를 너무 강력한 어조와 같은 높이의 고음으로 계속 말하기 때문에 은혜가 되기보다는 듣기에 매우 피곤한 경우도 있다. 어떤 목사는 너무 말을 빨리해서 잘 알아들을 수가 없다. 누구는 이미 매스컴에 보도되어 잘 알고 있는 사실들을 나열해서 들으나 마나 한 경우도 있다. 어떤 경우에는 전혀 비 성경적인 이야기를 하는 목사도 있었다. 아주 유명한 목사의 설교

가운데 "우리가 믿음으로만 구원 얻는 것이 아닙니다. 착한 마음을 가져야 합니다. 그래야 구원을 얻어요"라고 했다. 이것은 완전히 잘못된 설교다.

그런데 참으로 재미가 있어서 듣고 싶은 목사님의 설교가 있다. 나는 그 목사님의 설교를 기다린다. 극동 방송에서 화요일 오전 8시에 방송되는 설교 가운데 충신 교회 박종순 목사님의 설교가 그렇다. 박 목사님은 가끔 설교를 하시는데 그 목사님의 설교를 듣는 날은 정말 기분이 좋아진다. 재미가 있다. 이 글을 읽는 분들이 박 목사님의 설교를 들어보면, 내가 말한 설교 듣는 재미가 무엇인지 이해할 것이다.

유머가 있는 설교

미국 목사들은 설교를 20분 동안 하는데 3가지 대지를 설정해서 설교하고 3번 웃기고 3가지 예화를 말한다고 한다. 이것이 설교의 원칙은 아니다. 그러나 설교 중에 듣는 성도들을 아주 자연스럽게 웃기는 것은 설교를 매우 윤택하며 부드럽게 하는 특효가 있다. 어떤 목사는 설교 중에 성도들을 웃겨야 한다는 말을 잘못 이해해서 유모를 쓴 책을 구입하기도 하고 인터넷에 올라 있는 황당한 농담을 기억했다가 써먹는 경우가 있다. 물론 설교와 아무 관계가 없는 이야기를 말한다.

설교 중의 유머는 그런 인위적이고 꾸며낸 이야기를 말하라고 하는 것이 아니다. 내가 여기서 어떤 유머를 해야 하는가를 말하기보다는 앞에서 말한 박 목사님의 설교를 들어보면 목사가 강단에서 어떤 유머를 해서 성도들을 즐겁게 하며 그 마음을 풀어 주어야 하는지를 알 수 있을 것이다.

그런데 목사의 설교 스타일로 인해 도무지 유머가 어울리지 않거나 할

수 없는 경우가 있다. 그런 스타일로 설교를 하는 목사가 웃기는 이야기를
하면 너무 맞지 않아 성도들이 웃기는커녕 황당해 할 수 있다. 그러므로
성도들을 웃기기 위한 어거지 유머는 효과가 없다. 유머를 할 수 있고 그
유머에 반응할 수 있는 설교 스타일이 무엇인지를 여러 목사들의 설교를
많이 듣고 배우도록 해야 한다.

목적이 분명한 설교

오늘 왜 설교를 하는 것인지를 분명히 알게 하는 설교를 하라.

목적이 분명한 설교를 하기 위해서는 설교를 듣는 성도에 대한 정보가
정확해야 한다. 한경직 목사님은 심방을 통해 성도들을 알고 설교 준비를
했다고 한다. 날마다 계속되는 기도를 통해서 주님께서 성도들에게 하시
고자 하시는 말씀을 찾는 방법도 있다. 부 목사나 전도사와 교회 형편을
대화하는 가운데 그 자료를 얻을 수도 있을 것이다. 각종 매스컴의 소식들
과 세상 돌아가는 일들을 보고 해야 할 설교를 찾아 낼 수도 있을 것이다.
어떻든 성도들이 잘 알아듣고 감동될 수 있는 설교를 해야 한다. 우리 목
사들이 목사라는 직분과 설교자라는 사명을 가지고 있는 한 설교에 대한
고민과 갈등을 벗어버릴 수는 없다. 그러나 그 갈등은 이 세상의 누구도
가지지 못한 영광을 더욱 더 아름답고 빛나게 하기 위한 갈등이요 하나님
께서는 설교자에게 주신 축복이다.

기타

그리고 들려지는 설교, 알아듣기 쉬운 설교, 대화식 설교, 이야기식 설

교, 보이는 설교, 체험하는 설교들은 다음 장에서 설명했다.

꼭 해야 하지만 주의를 요하는 설교

"이는 우리가 주 앞에서만 아니라 사람 앞에서도 선한 일에 조심하려 함이라" (고후 8:21)

"네 속에 있는 은사 곧 장로의 회에서 안수 받을 때에 예언으로 말미암 아 받은 것을 조심 없이 말며" (딤전 4:14)

믿음을 강조하는 설교

성도들에게 믿음을 성장하게 하는 설교를 해야 한다. 그런데 믿음을 강조하는 설교가 많이 있으되 착각적인 믿음을 유도하는 경우가 너무나 많다. 이런 성도들의 자기 믿음에 대한 착각의 책임은 전적으로 설교하는 목사들에게 있다. 히브리서의 기자는 믿음에 대하여 "믿음은 바라는 것들의 실상이요 보지 못하는 것들의 증거니"(히 11:1)라고 하였고, 이 말씀을 아주 구체적으로 해석해서 성경 말씀의 믿음이 어떤 믿음인가를 확실히 가르치셨다. 그것은 창조주이신 하나님을 믿은 믿음이며(히 11:3), 주님께 경건한 예배를 드리는 믿음이며(히 11:4), 천국을 소망하는 믿음이며(히 11:5), 하나님을 믿고 찾아야 하는 믿음이며(히 11:6), 순종하는 믿음이라고 하셨다(히 11:7). 이 말씀 이외에도 믿음에 대하여 계속 잘 설명하며 믿음으로 산 사람들의 예를 들어 말씀하셨다.

그런데 이 본문으로 믿음을 설교하는 목사들의 설교에는 이런 복음적인 요소들이 전혀 없고 기복적인 축사에 불과한 강요와 거짓말과 긍정적 사고방식 배양들이 믿음이라는 가면을 쓰고 강단에서 공공연히 강요되고 확인되고 있는 경우를 많이 본다. 하나님께서는 성경 어디서도 믿음으로 착각되는 사고 방식들은 하나님을 믿는 믿음으로 말씀하시지 않았다.

언젠가부터 우리 한국 교회의 강단은 화답의 강단이 되었다. 어떤 경우에 도저히 있을 수 없는 믿음의 강요가 있다. 부흥회를 인도하는 목사는 '자기의 말에 큰 소리로 화답하는 성도가 믿음이 있으며 축복을 받는다' 고 애써 강조하곤 한다. 정말 그런 것인가? 아멘만 크게 하고 믿습니다만 힘 있게 하면 하나님의 약속이 그에게 성취되는 것인가? 그렇지는 않다. 그런 식으로 성도들에게 스스로 잘 믿고 있는 사람이라고 착각하게 하지 말라. 나는 50년대에 아멘도 할 줄 모르고 믿습니다를 크게 하라는 말을 하지 않았던 시대에도 많은 사람들이 주님을 믿고 헌신했던 일들을 알고 있고 나도 그 중에 한 사람이다.

목사가 이런 유치하고 저급한 인위적인 방법으로 하나님에 대한 신앙을 유도하면서 자기 사명을 잘했다고 생각하지 말라. 믿을 수 있는 말과 믿을 수 있는 증거와 믿을 수 있는 성령님의 감동과 살아 있는 말씀을 전해야 한다. 그렇게 해서 듣는 사람으로 하여금 주님을 확실히 믿고 순종하게 해야 좋은 설교를 했다고 할 것이다.

내가 이촌동에 있는 현신애 권사의 교회를 방문했을 때에 그곳에는 신유의 은사를 기대하는 많은 병자들이 있었는데 그들 중에 어떤 자는 하나님을 믿는 것이 아니라 기도를 해 주는 현권사를 믿고 와 있는 것을 보았다.

우리는 하나님의 뜻과 아무런 관계가 없는 우리들의 믿음과, 강조되는 믿음과, 거짓된 믿음과, 긍정적인 사고 방식의 다른 이름인 믿음과, 자기 신념과 자기 확신과 성경의 말씀에 계시된 구원의 믿음을 구별해야 한다. 그리고 우리가 믿기 때문에 할 수 없이 들어주시는 하나님이 되도록 강요하는 믿음을 말해서는 안된다. 아무리 믿노라고 큰 소리를 쳐도 하나님은 분명히 들어주실 것은 들어주시고 거절하실 것은 거절하신다.

하나님이 바라시는 믿음인가 아니면 자기의 생각대로 믿는 믿음인가가 문제다. 사실 이 문제는 참으로 심각한 문제인데도 불구하고 성도들은 이런 분별을 거치지 아니하고 거저 믿음을 강조하고 확신을 주는 설교를 좋아한다. 그리고 설교를 하는 목사들은 모르고 하는 말이 아닐 것인데도 불구하고 단순히 성도들이 좋아한다는 이유만으로 거짓 믿음을 강조하고 설교한다. 이런 강단에는 이미 하나님이 계시지 아니하다. 오직 거짓 선지자 역할을 하는 목사와 자기의 야욕과 야심을 채우기 위해 몸부림을 치는 죄인만 있을 뿐이다.

설교는 시대 상황에 따라 메시지의 방향이 어느 한편에 치중될 수 있다. 그러나 시대의 형편이 어떤 위치에 있던지 그 메시지는 하나님을 중심 하여 그 나라와 의를 확장해 나가는데 그 기본적인 목적을 두어야 한다. 이 것이 바로 하나님 메시지의 바른 형태이며 지난 수 천년 동안 설교 사역자들이 이 괘도를 지키기에 심혈을 기울여왔다.

그런데 우리의 한국 강단은 이 땅의 종교 문화에 너무 극심하게 편승하고 있다. 즉 가난을 탈피하고 한을 풀어 풍족한 복을 누리려는 절박한 욕구를 종교에서 채우려는 기복 신앙을 그대로 이용하는 설교가 범람하고 있다는 말이다. 즉 하나님이 무엇을 원하시는가를 전하는 것이 아니라, 성도들의 영과 육과 범사가 잘되어 복을 담아야 할 그들의 창고가 차고 넘치는 방법을 알려주는데 역점을 둔 설교가 너무나 범람하고 있다. 이런 기복적이며 따지기 식의 축복 설교가 교회를 흔들어 침몰의 위기로 몰아가고 있다.

이런 결과는 회중의 가슴을 울리고 반성과 회개를 촉구하는 예언적 설교의 현장에는 성도들이 모이지를 아니하고 [축복의 성회], [신유의 성회], [은사의 성회]라는 현수막이 있는 곳에만 성도들의 발길이 무수히 몰리게 되는 비 복음적 현상을 가져 왔다. 바로 이런 사연들이 오늘의 설교 사역을 어둡게 만들고 있다. 여기서 한 걸음 더 나아가 회중들의 기복 위주의 취향에 따라주지 않은 설교자는 외면당하고 떠나주기를 바라는 지극히 이기주의적인 성도를 양산시키는 결과를 초래한다. 바로 이것이 기복 사상과 물량 주의에 초점을 두고 목이 쉬도록 외쳐온 설교가들이 만들어 낸 자업자득의 현상이다.

칭찬하는 설교

성도들은 자기들을 칭찬해 주는 설교를 듣기 매우 좋아한다. 기도하는 것에도 칭찬, 예배에 참여하는 일에도 칭찬, 헌금에도 칭찬, 작은 봉사에도 칭찬, 보잘 것 없는 헌신에도 칭찬받기를 너무 좋아한다. 그래서 목사들은 성도들을 칭찬해 주어야 한다. 칭찬을 하되 그냥 해 주어서는 안 된다. 그야말로 엄청난 칭찬을 해 주어야 한다. 오늘의 성도들이 그렇게 엄청난 칭찬을 들을 만한 일들을 하나님을 위해서 하고 있을까? 그리고 그런 칭찬을 많이 듣는 성도들은 어떤 신앙적 인격을 가지게 될 것인가? 성도가 당연히 해야 할 일들이나 주님께서 우리들을 위해 해 주신 일들과 비교해 볼 때 감히 할 수 없는 칭찬을 들은 성도들은 어떤 성도들이 되어 가는 것일까?

나는 짧은 인생살이 가운데 한 가지 깨달은 것이 있다. 사람을 교만하게 하여 병신 되게 하는 아주 간단한 한 가지 방법이 있는데, 그것은 그를 면전(面前)에서 자꾸 칭찬해 주는 것이다. 그런데 이 칭찬의 방법이 아마 어린아이들 교육의 한 방법으로 강조된 것이 설교에 도입된 것이 아닌가 싶다. 칭찬만 듣고 자란 어린아이들은 버릇이 없고 거만하고 모든 일에 자기 중심적이며, 사람의 위아래를 분별하지 못하며 선악을 구별 못하는 정신적인 기형아가 되어 버린다. 이렇게 정신적인 기형아로 성장한 아이가 자라 성인이 되어 칭찬만 해 주지 않는 다른 사람을 만났을 때에 당할 끔찍한 정신적인 충격은 엄청나게 클 것이다. 결국 그렇게 교육을 받고 자란 아이는 건강한 인격을 가진 사회인이 되지 못한다.

마찬가지다. 이렇게 칭찬만 듣기에 익숙해진 성도들에게 만일 어떤 꾸중을 한다면 어떻게 될까? 목사가 강단에서 하나님의 말씀으로 죄를 책망하고 회개를 촉구한다면 어떻게 될 것인가? 그들은 놀라고 실망한 나머지 목사가 자기를 저주했다고 분노하고 울부짖으며 결국 목사를 핍박하고 교회를 어지럽히는 문제 성도가 되고 말 것이다. 이런 칭찬만 듣기 좋아하는 성도는 결단코 건강한 성도가 될 수가 없다. 그런데도 성도들은 칭찬만 듣고 싶어한다. 책망이나 잘못을 전혀 듣고 싶어하지 아니하며 이런 말을 하는 목사는 좋은 목사가 아니라고 생각한다.

우리가 성경 말씀을 보게 될 때에 하나님께서는 사람들에게 칭찬하시기 보다는 많은 책망을 하시고 계시다는 것을 너무 쉽게 발견할 수 있다. 그 것은 인간을 사랑하시기 때문에 하신 말씀들이다. 주님께서도 십자가에 달려 죽으셨다가 삼일만에 다시 살아나리라는 것을 말씀하셨을 때에 베드 로는 주님을 붙들고 그렇게 하시지 말라고 했다. 베드로의 이 말은 주님을 사랑하기 때문에 한 말이다. 그러나 주님께서는 베드로를 심하게 책망하 셨다(마 16:23). 특히 '사단아 내 뒤로 물러가라' 라는 말씀은 주님께서 사 단을 꾸짖으셨을 때에 하시던 말씀과 같은 말씀이시다(마 4:10). 이런 극심 한 책망을 받았을지라도 베드로나 다른 사도들은 주님을 위해 죽을 수 있 는 헌신을 했다. 그런데 만일 우리 목사들이 하나님의 일을 생각하지 않고 사람의 일만 생각하여 교회를 시험들게 하는 성도에게 이런 책망을 한다 면 그 결과는 어떻게 될 것인가? 생각만 해도 끔찍한 일이 벌어지고 말 것 이다. 칭찬 듣기만을 좋아하고 자란 오늘의 성도들은 죄의 책망도 견디지 못하고 회개하지 아니하며 하나님과 교회를 위한 헌신의 요구도 수용하지 못한다.

이렇게 칭찬 듣기만을 즐겨 하고 좋아하는 성도들에게 어떻게 죄를 말 하며 회개를 하게 할까? 큰 고민이 아닐 수 없다. 죄의 회개는 바로 주님이 말씀하신 복음이기 때문이다(마 3:2, 3:8, 4:17).

성도들을 칭찬하는 설교를 할 수 있어야 한다. 그 칭찬은 주님께서 가르 쳐 주신 칭찬하시는 수준이 되어야 할 것이다. 즉 "그 주인이 이르되 잘 하였도다 착하고 충성된 종아 네가 작은 일에 충성하였으매 내가 많은 것으로 네게 맡기리니 네 주인의 즐거움에 참예할지어다 하고"(마 5:21, 25:21, 23), "누구든지 나를 인하여 실족하지 아니하는 자는 복이 있도다 하시니라"(마 11:6), "그러나 너희 눈은 봄으로 너희 귀는 들음으로 복이 있도다"(마 13:16), "예수께서 대답하여 가라사대 바요나 시몬아 네가 복이 있도다 이를 네게 알게 한 이는 혈육이 아니오 하늘에 계신 내 아버지 시니라"(마 16:17), "믿은 여자에게 복이 있도다 주께서 그에게 하신 말씀이 반드시 이루리라"(눅 1:45).

위로하는 설교

성도들이 듣기 좋아하는 설교 가운데 위로하는 설교가 있다. 이 설교를 많이 하고 듣기 좋아하는 성도의 생각은 이렇다. "세상살이가 얼마나 어려운가? 나는 일주일 동안 그 어려운 세상살이를 하면서 얼마나 상처를 많이 받았는가? 그래서 교회에 와 위로와 격려와 힘을 얻는 설교를 들어야 마땅하다."

정말 성도들이 목사의 설교에서 위로를 받아야 할만큼 세상살이가 어려운가? 요즘의 성도들이 세상을 살면서 누구를 위해 고생을 하며 어떤 고난을 겪고 살아가는 것일까? 좋은 집에서 살고, 좋은 자동차를 타고 다니며, 맛있는 음식을 너무 먹어 살찌는 것을 고민하며, 어떻게 하면 더 돈을 많이 벌어 잘 살 수 있을까를 생각하고 일주일 동안 열심히 자기를 위해 산 사람들이 주일에만 주님에게 나와 상처를 받았으니 위로를 해 달라고 한다면 주님께서는 어떤 위로를 하실 수가 있을까?

　주님께서 세상에 계셨을 때 찾아다니시면서 위로하고 격려하셨던 상처 받은 심령들과 사람들은 어떤 사람들일까? 그들과 지금의 위로를 간구하는 성도들은 어떤 차이가 있는 것인가? 이 해답을 모르는 목사는 없을 것이다. 그리고 지금의 성도들이 요구하는 그 위로라는 것이 얼마나 사치스러운 것이며 나약한 심령의 현상인가를 모르는 목사도 없을 것이다. 그럼에도 불구하고 목사는 성도들을 위로해야 한다. 값진 침대와 화려한 침구 속에서 칭얼대는 어린아이들을 달래며 자장가를 불러 주며 잠들기를 고대하는 엄마의 마음으로 위로해 주어야 한다. 목사들은 모두 갓난아이의 유모가 되어 버렸다. 그래야 교회가 평안하기 때문이다. 그러나 평안한 교회는 점점 썩어 가며 교회의 모습을 잃어 가고 있다.

　위로의 설교는 이렇게 해야 한다. 철이 든 성도라면 마땅히 바라고 기대할 만한 위로의 설교가 있다. 주님을 믿고 순종하며 사는데서 오는 핍박과 환난과 가난과 고통과 죽음은 위로받아야 한다. 그러나 자기를 위해 세상을 살면서 당하는 고난과 괴로움을 주님을 위해 당한 것처럼 승화시켜 위로해서는 안 된다. 그런데 오늘 참된 위로를 받을만한 성도가 몇 명이나 될까? 그럼에도 불구하고 주님에게 나와 위로받기를 원하는 사람들은 점점 더 많아지고 있으니 여기에 설교자의 갈등이 있는 것이다.

축복 설교

목사의 설교에서 가장 많이 난발되고 있는 것은 하나님의 축복이라는 말일 것이다. 그런데 이 축복이라는 개념에 큰 문제가 있다. 하나님의 자녀들이 하나님께 받는 축복은 하나님의 자녀로서의 축복을 말한다. 그것은 하나님을 위하여 살고 헌신하는 것을 말한다. 세상적인 것을 의미하지 않는다는 말이다. 그 이유는 하나님은 세상에 속한 분이 아니시기 때문이며 하나님의 자녀들도 세상에 속한 사람들이 아니기 때문이다. 그런데도 대부분의 성도들이 이해하는 축복은 세상적인 것이다.

솔로몬은 사람들이 말하는 온갖 축복을 다 받아 누리며 살던 사람이었지만 그 모든 것들이 헛되다고 말했다. 그가 말한 헛된 것들은 대표적으로 다섯 가지인데 부귀영화, 자식 많은 것, 쾌락과 향락, 지식, 권력 소유들이다. 요즘 사람들이 그렇게 소망하고 바라는 모든 것들을 망라했다. 결국 그가 이 모든 것들을 누리며 살아 본 결과 얻은 결론은 "일의 결국을 다 들었으니 하나님을 경외하고 그 명령을 지킬지어다 이것이 사람의 본분이니라"(전 12:13)라 하여 하나님을 경외하는 것만이 최고의 행복이요 축복이라고 했다.

그러나 성도들은 끝임 없는 욕구와 욕심으로 세상 것들을 추구하며 그런 것들을 얻기 위한 방법을 제시해 주기를 목사의 설교에서 요구한다. 이것을 간파하고 있는 목사들은 하나님의 말씀 어디에서도 찾아 볼 수 없는 축복을 말하고 기원하고 주술 하기를 서슴지 아니하며 두려워하지 않는다. 그러나 그런 짓은 이미 하나님의 종으로서의 위치에서 벗어 난 것이며 바르지 못한 짓이다.

소망적인 설교

설교에는 반드시 소망적인 요소가 강하게 들어 있어야 한다. 주님께서는 죄인을 책망하실 때에도 소망적인 말씀으로 결론을 내리셨다. 그 소망은 주님을 믿고 순종하여 얻는 복된 삶이다. 그런데 한국 교회 목사들의 설교에서의 소망은 정말 어처구니없고 터무니없는 공수표를 떼는 경우가 너무나 많이 있다. 전혀 성경적이 아니라는 말이다. 즉 세속적인 약속들이 많고 그것들만 골라 집중적으로 강조하고 그것도 모자라 수치(數値)적으로 거품을 만들어 성도들을 혼란하게 한다. 하나를 심어 백배가 되고 천배가 된다는 식이다. 그리고 시간적인 여유가 없다. 당대에 심어 당대에 거둔다는 것도 강조한다.

그러나 성경에서의 소망은 그런 것들이 아니다. 우리는 히브리서에서 주님을 위해 죽도록 충성했지만 이 세상에서는 아무 대가를 받지 못한 성도들(히 11:36-40)이 있었다는 것을 알아야 한다. 물론 주님께서는 이런 사람들에 대하여 말씀하시기 전에 믿음으로 살아 충분한 보상을 받은 사람들에 대해서도 말씀을 하셨다(히 11:33-35).

하나님의 축복은 성도들이 행복하게 살기 위한 축복도 있지만 그것보다 믿음의 축복이 모든 축복의 결론임을 말씀하셨다. 그러므로 요즘 성도들이 요구하는 잘 살기 위한 축복의 설교는 복음의 진수를 벗어나 기복적 설교가 될 수 있는 많은 위험이 있다.

좋은 설교를 좋은 설교로 하는 방법

하나님의 말씀을 좋은 설교로 잘 전하기 위한 필사적인 노력이
설교자에게 있어야 한다

"주의 말씀의 맛이 내게 어찌 그리 단지요 내 입에 꿀보다 더하니이다"

(시 119:103)

좋은 설교를 '어떻게 성도들이 잘 알아들을 수 있게 전할 것인가'는 설교의 방법론에서 가장 핵심적인 문제다. 바울은 "그러므로 믿음은 들음에서 나며 들음은 그리스도의 말씀으로 말미암았느니라"(롬 10:17)라고 해서 주님의 말씀을 들음에서 나오는 것이라고 했다. 아무리 좋은 설교라고 해도 듣는 성도들이 잘 알아듣지 못하게 전한다면 아무 소용이 없다. 오늘 한국 성도들은 마음만 있으면 얼마든지 하나님의 말씀 선포인 설교를 들을 수 있다. 목사의 입을 통해서 직접 들을 수 있고 시중(市中)에 나도는 수많은 설교 녹음 테이프들과 인터넷의 영상 메시지가 있다. 그럼에도 불구하고 실상은 그렇지 않다. 성도들이 하나님의 말씀에 대한 갈증에 시달리고 있는 것이다. 2차 세계 대전 후에 패망한 일본 사람들은 연합군의 손길에서 하루 빨리 벗어나기 위해 모든 국민들이 손에 성경을 가지고 다니면서 연합군들의 호감을 샀다고 한다. 그래서 그런지 그들은 아주 빨리 자주력을 회복했다는 이야기가 있다. 그러나 그들은 손에 성경을 가지고만 다녔을 뿐 성경을 읽지 않았고 하나님을 그들의 구세주로 받아들이지 않았다. 그 결과 가장 선교하기 어려운 국가가 되고 말았다.

설교도 마찬가지다. 많은 설교가 있지만 성도들의 귀에 들리지 않는 말씀 선포가 되고 있다는 것이 심각한 문제다. 하나의 재미로 영상 메시지를 들여다 보고, 할 일이 없으니 시간 보내기로 설교 테이프를 듣고, 아무 기대도 없이 교회에 가서 예배 구경만 하고 오는 그런 상황에서 성도들이 신앙생활을 잘하고 있다고 생각한다면 정말 문제가 아닐 수 없다. 이런 형편에서 설교자가 살아 계신 하나님의 말씀을 잘 전해서 성도들로 하여금 신경을 쓰지 않아도 잘 들을 수 있고 즐겁고 은혜가 되는 말씀을 전할 것인가는 목사들이 깊이 연구해야 할 큰 과제가 아닐 수 없다.

이 문제를 위해 하나님 말씀과 말씀의 선포 방법, 듣는 성도들에 대한 이해, 이 시대를 사는 성도들에게 믿음으로 사는 지혜를 가르쳐 주고 모든 사람들을 바른 삶을 가르치는 하나님의 말씀 연구가 하루도 거르지 않고 계속되어야 한다. 만일 설교자가 이 문제에 대한 공부를 게을리 하고 관심을 갖지 않으면, 교회에서 도태되는 비극을 당하게 될 것이며 세상에서 교회가 설자리를 잃게 되고 말 것이다. 그리고 교회를 다니지만 은혜의 말씀에 굶주린 하나님의 백성들이 말씀을 찾아 거리를 방황하게 될 것이다(암

8:11-13). 나는 이미 이런 현상이 우리 교회에 비일비재(非一非再)하다고 생각된다.

이제부터 나는 이 글을 읽는 여러분들과 함께 성도들이 설교를 잘 알아 듣게 설교하는 방법에 대해 함께 연구하도록 한다. 특이 이 글들 가운데 어떤 부분은 설교에 대한 여러 책들과 인터넷에 올려진 여러 교수님들의 글을 인용하였음을 밝힌다.

설교를 잘하기 위해서 해야 할 설교자의 노력

설교는 설교자가 설교를 위해 얼마나 많은 노력을 기울였는가에 따라 좌우된다

그 목사는 흰 여름 가운을 입고 설교를 했다. 그런데 그 가운이 보통 가운이 아니라 팔에 검은 띠가 세 개 있는 박사 가운이었다. 목사는 그 가운 위에 다시 화려한 후두를 걸쳤다. 그리고 설교를 시작했다. 주보에 기록된 그 주일의 목사 설교 제목은 "예수님의 사랑"였는데 완전히 가라앉은 목소리로 설교했다. 아마 예수님에 대한 설교를 이어하는 모양이었다. 그런데 목사의 설교하는 목소리가 너무 작고 돌아가는 에어컨의 소리가 너무 커서 신경을 쓰지 않으면 무슨 말을 하는지 알아 들을 수 없었다. 우리는 목사의 설교가 점점 더 커지고 듣기 편한 목소리가 되기를 기다렸다. 그러나 우리들의 기대는 헛되었다. 목사는 설교 마지막까지 미동도 하지 않은 체 한 손으로 한쪽 마이크의 대(臺)를 붙잡고 설교를 계속했다. 그렇게 설교하던 목사가 갑자기 이상한 말을 했다. "나는

키가 유난히 작아 많은 콤플렉스를 가졌습니다. 그래서 한 때는 하나님께 키를 좀 키워 달라고 열심히 기도를 했습니다. 그러나 그 기도는 응답이 안 되더군요. 우리 부모님께서 내가 태어나자 말자 적어도 170 Cm 정도의 키가 되게 해 달라고 기도를 했으면 좋았을 것을! 하고 늘 생각을 했습니다. 여러분들께서도 자식을 낳거든 키가 잘 자라도록 기도하십시오. 허허허-"

우리는 목사가 왜 그런 실없는 농담을 하는지 도무지 몰랐다. 짐작컨데 설교 중에 잠을 자는 사람들이 너무 많아서 유머를 한 것 같은데 유머라는 느낌이 전혀 들지 않았다.

박사 가운을 입은 목사는 유난히 경건했다. 대표 기도하는 집사를 소개하면서 "김 집사님께서 나오셔서 거룩한 하나님께 주님의 이름으로 기도하겠습니다"라고 했다.

성가대가 찬양을 할 때는 "우리 교회 시온 성가대가 영광 중에 계신 거룩한 하나님께 영광된 찬양을 드리겠습니다", 헌금 기도를 하기 전에도 "우리가 드린 헌금을 거룩한 주님의 이름으로 영광 중에 계신 하나님께 봉헌하겠습니다"라고 했다. 축도를 할 때는 강단에 비치된 큰 성경과 찬송을 양손에 들고 "거룩한 성 삼위 일체 하나님의 이름으로 축복하노라"라고 했다. 예배 후에 점심을 마련했다고 하면서 "한 성도도 가시지 마시고 주님의 이름으로 마련된 애찬에 참여하시기 바랍니다"라고 했다. 그 날 그 예배에 처음 참예했던 장로 부부는 나오면서 "이 목사님은 정말 경건한 것 같은데 설교는 자장가를 하시는 구먼" 했다. 그 교회는 밀집된 아파트가 있는 곳에서 500m 정도 떨어진 곳에 있었는데 성도들은 겨우 40정도가 모여 모두 잠을 자며 예배를 드리고 있었다.

설교를 잘하기 위한 목사의 필사적인 노력이 필요하다. 노래 보다 몇 천 만배 중요한 사람을 살리는 설교에 설교자는 어떤 정성을 쏟아 준비를 하며, 어떤 열정을 쏟아 말씀을 전하려 하는가? 원고가 없는 것처럼 설교를 하고, 원고가 없으면 설교를 할 수 없는 것처럼 설교를 준비하라는 유명한 말을 설교학을 가르치신 명신홍 박사는 우리들에게 강조해서 말했다.

목사가 그 귀중한 하나님의 말씀을 전해야 하는 시간에 그 현장에서 생각나는 대로 설교하는 즉흥 설교, 즉석 설교, 현실에 전혀 맞지 않는 설교, 성도들의 귓바퀴만 울리는 설교, 전혀 현장감이 없는 설교, 재탕 삼탕하는 설교, 다른 사람의 설교를 대독하는 설교, 누구에 의해서 보내지는 원고대로 하는 택배 설교, 하나님의 말씀 설교가 아닌 자기 이야기나 세상 돌아가는 말을 하고 있는 것은 아닌지 언제나 생각하고 자성해야 한다.

목사들은 자기의 설교에 대하여 전혀 객관성이 없는 자기만족에 빠져드는 경우가 많다. 심지어 전혀 비 성경적인 설교를 하고서도 스스로 만족하는 경우도 있다. 자기 설교에 스스로 만족해하며 자만에 빠진 목사는 다른 사람이 자기 설교에 대하여 비평하는 것을 참지 못하고 기분이 나빠한다. 나도 예외가 아니었다. 특히 설교 후에 아내가 설교에 대해 이런 저런 이야기를 하는 것에 대하여 정말 견딜 수 없는 모멸감을 느낀 일조차 있었다. 물론 설교를 비평해 주는 사람의 방법론에도 문제가 있다고 생각하겠으나, 그것보다도 자기 설교에 대한 자존심 때문에 설교에 대한 비판을 거부한다. 그러나 이것은 설교를 하는 사람으로서 절대적인 설교 성장 발전 요인을 저해하는 어리석은 자존심이다. 설교를 비평받고 고칠 줄 알아야 설교에 발전이 있는 것 아닌가? 설교를 잘 하기를 바라면서도 자기 설교를 비판받지 아니하려는 것은 참으로 자가당착적 모순이라 아니할 수 없다.

다른 사람의 설교 책을 보는 것을 자존심 상하는 것으로 착각하지 말라. 칼빈이 기독교 강요를 쓸 때 수 없이 많은 신학서를 참고로 했기 때문에 역사에 기리 남을 대 명저(名著) 쓸 수 있었으며, 우리가 한편의 논문을 쓸 때도 많은 많은 책을 참고한다. 하물며 좋은 설교를 하기 위한 노력 가운데 많은 은혜를 끼친 유명 목사들의 설교 책을 본다는 것은 조금도 이상한 일이 될 수 없다.

어떤 경우에 내 설교에 성도들이 은혜를 받지 못하거든 차라리 유명한 설교가들의 설교를 그대로 설교하는 것이 좋을 때가 있다. 즉 교회가 시험에 빠졌을 때, 목사를 시험하고 괴롭히는 사람들에 대하여 목사의 격한 감정이 설교 중에 돌출 될 염려가 있을 때, 성도들이 새로운 어떤 말씀에 대하여 강력한 기대를 하고 있을 때에 아주 효과적이다. 그러나 다른 목사의 설교를 설교할 때에는 자기 교회의 형편에 맞도록 조리(調理)를 잘하는 말씀의 능력이 따로 필요하다.

유명한 이들의 설교 책을 많이 보라. 그들의 성경 해석, 주제와 제목의 설정, 논조, 도입과 강조점들, 문장력, 알아듣기 쉽게 전하는 설교 방법들, 설교의 현실적인 감각, 설교에 동원된 단어들, 원고 작성법 등을 배워야 한다. 그러나 그런 분들의 설교를 공부하다 보면 자기 개성이 없는 모방 설교로 발전하는 일이 있으니 이 점을 경계하고 조심할 일이다. 이 부분에 대한 글은 설교 유형에 기록했다.

나는 매번 내가 하는 설교에 성도들이 은혜를 받고 변화가 되었다고 말하는 것이 아니다. 그런 일이 내게 계속되었다면 내가 지금 이렇게 이런 글을 쓸 시간도 없을 것이다. 그러나 나는 내 생각대로 되지 않는 설교들과, 내가 선포한 설교를 듣고 은혜를 받지 못하고 시험을 당했던 성도들을 생각하면서 미안한 마음과 죄스러운 마음을 감출 수가 없다.

설교학은 계속 발전하고 있다. 말씀의 내용 파악과 그 말씀을 듣는 성도들에 대한 분석과 말씀의 전달 방법들이 학문적으로나 실천적인 면에서 발전되고 있다. 이렇게 발전하는 설교에 대하여 큰 관심을 가지고 공부하고자 하는 목사들은 생각 보다 많지 않은 것 같다. 많은 목사들이 설교의 발전적인 요소들에게서 눈을 감고 귀를 막고 구태의연(舊態依然)한 구태를 답습(踏襲)하며 그곳에 안주하려 한다. 설교를 듣는 성도들은 세상에 살아남고, 자기들의 소망을 성취하기 위해 첨단적인 모든 방법을 동원하여 잘 사는 법을 연구하고 실천하고 있는데 교회에 와서 설교를 들을 때에는 다시 옛날로 돌아가는 느낌을 가진다면 어떻게 은혜를 받을 수 있을 것인가?

설교자의 피와 땀과 고민과 근심이 전혀 없는 설교가 얼마나 생명력 없는 공허한 메시지가 되고 있는지를 알아야 한다. 그런 설교도 설교지만 전하는 자의 생명력이 없는 녹음 설교나 라디오 방송 설교와 조금도 틀리지 않는다.

설교는 목사의 사활이 걸리고 성도들의 영적 생명이 걸린 아주 중요한 사역이다. 설교는 목사가 교회를 섬기는 여러 가지 업무중에 하나가 아니다. 설교는 목사의 유일무이(唯一無二)한 최고의 사명이며, 하나님께서 목사에게만 주신 특권이며 영광이다. 그러므로 목사의 교회에서의 모든 업무가 설교를 위해 존재해야 한다. 이 중요성을 사도행전에서 사도들이 분명히 밝힌 바가 있다.

그러므로 설교를 희생하여 교회 업무나 다른 일들을 해서는 안 되며 설교 최우선 순위를 지켜 하나님의 말씀을 바르게 전해야 한다. 목사는 하나님의 말씀 선포의 영광과 특권을 잃지 않기 위해 사활을 걸고 설교에 대한 연구를 계속해야 한다.

성도들은 지금 정말 진짜 하나님의 말씀을 잘 전해 주는 목사의 설교를 듣고 싶어한다. 일년에 한번도 감동과 감화가 없는 설교를 들어야 하는 성도들을 생각해 보라. 예배를 드리면서도 말씀에 은혜를 받지 못해 시들어가는 성도들을 생각해 보라. 설교에 대하여 죽을 각오를 하고 연구하지 않는 목사는 은혜로운 설교를 듣기 위해 교회를 떠나는 성도들을 붙잡을 자격이 없는 목사다. 많은 목사들이 설교를 쉽고, 가볍고, 적당하게 준비하고 시간 보내기 하면서 다른 무엇으로 교회를 잘 해 보고자 한다면 틀림없이 가슴을 치며 후회할 날이 오게 될 것이다. 그러나 설교를 잘하기 위해 부단히 노력한 목사는 하나님께 칭찬을 들을 것이며 성도들에게 존경과 사랑을 받을 것이다. 물론 교회는 크게 성장할 것이다.

성경에 대한 바른 이해

설교에 있어서 가장 중요한 요소는 하나님의 말씀인 성경이다. 바른 설교는 마땅히 성경적이어야 한다. 물론 이 말은 설교에서 성경의 본문만을 말하라는 말은 아니다. 하나님의 말씀을 잘 전하기 위하여 여러 가지 방법을 사용할 수 있으며 성경에 기록되지 않는 이야기들을 쓸 수도 있다. 그러나 성경의 가장 기본적인 말씀은 반드시 들어가야 한다.

설교에 들어가야 할 기본적인 말씀은,

① 하나님의 실존을 증명해야 한다.

"믿음이 없이는 기쁘시게 못하나니 하나님께 나가는 자는 반드시 그가 계신 것과 또한 그가 자기를 찾는 자들에게 상주시는 이심을 믿어야 할지니라"(히 11:6).

② 설교의 핵심은 주님의 인격과 말씀과 생활과 구원의 축복이 되어야 한다.

③ 그리스도께서 구원하신 죄인에 대한 은총이 들어가야 한다.

④ 주님께서 이루신 완성된 영원한 소망에 대한 메시지가 들어가야 한다.

⑤ 신구약 성경이 서로 인용되고 증거 되어야 한다.

⑥ 설교는 극히 제한된 말씀을 주제로 하고 인용되지만 전체 성경 말씀과 합치된 것이어야 한다.

⑦ 설교의 자료들이 하나님의 말씀에 의해 검증된 것이어야 한다.

⑧ 살아 있는 말씀으로 전해져야 한다.

⑨ 주님께서 말씀하신 많은 명령들과 규례들이 설교에 포함되어야 한다.

이와 같은 기본적이 내용을 담고 있는 설교를 하기 위해서,

① 성경 자체에 대한 해박 다식한 지식이 있어야 한다.

우리는 신약 성경 말씀에서 구약의 말씀을 자유스럽게 인용한 주님과 사도들의 기록을 많이 발견할 수 있다. 이런 성경의 자유인용은 성경에 대한

해박하고 확실한 많은 지식과 그 말씀에서 받은 바 은혜가 있기 때문이다.

주님과 사도들이 인용한 성경 말씀들을 자세히 살펴보면 난해한 말씀들을 현실에 맞도록 적용하여 해석하신 것을 알 수 있다. 하나님의 말씀은 우리들이 듣고 이해하기에 불가능한 말씀들이 아니다. 그러나 많은 사람들이 그 말씀을 어렵고 실천 불가능한 말씀으로 이해하고 있다. 설교자는 성도들의 이런 고착(固着)된 말씀에 대한 관념부터 깨뜨려 주어야 한다. 즉 하나님의 말씀은 쉬운 말씀이며 얼마든지 잘 이해할 수 있는 말씀이며 성도들이 능히 행할 수 있는 말씀이라는 사실을 가르치고 확신시켜 주어야 한다. 하나님께서 어리석고 믿음이 없는 죄인들에게 이해되지 않고 알아들을 수 없는 말씀을 하신 것이 아니다. 그런데 설교자가 설교를 듣는 성도들에게 하나님의 말씀을 알아듣지 못하게 어렵게 전하는 것은 전적으로 설교자의 말씀에 대한 무지로 인해 생기는 현상이다.

성경을 바로 알고 잘 알기 위해서는 성경에 매여야 한다. 이렇게 성경에 매여 말씀을 읽고 은혜를 받기 위해서 기도를 하면서 성경 말씀을 읽어야 함은 말할 필요도 없다. 그리고 성경을 읽는 방법을 정해야 한다. 만일 한 달에 한 번 성경 전권을 읽고자 한다면 성경 전권을 30등분하고 30등분된 1/30을 하루 동안에 틀림없이 읽어야 한다. 두 달에 한 번 전권을 읽고자 한다면 1/60을 읽으면 될 것이다. 이 방법은 매우 간단한 것 같지만 실제로 해 보면 그렇게 쉽지 않다. 하루 분량의 말씀을 읽고 기도하지 않으면 식사를 하지 않는다든지 하루 동안의 모든 일을 취소한다는 식으로 성경 읽기를 생활의 최우선 순위로 두지 않으면 절대 성경을 읽을 수가 없을 것이다. 이렇게 성경을 지속적이고 끈질기게 기도하면서 읽기를 계속하면 곧 성경 말씀 전체가 눈에 들어오게 될 것이다. 계속 기도하면서 성경을 읽으면 말씀의 연결 고리들이 풀릴 것이며 한 절의 말씀 속에 담긴 성경 66권의 말씀들이 보일 것이다. 그리고 계속 성경을 보게 되면 누구에게 어떤 말씀을 적용할지를 알게 되고 바로 그것이 하나님께서 누구에게 주시는 말씀인 것을 알 것이며, 하나님께서 주신 바로 자기에게 주신 말씀을 받은 성도는 그 말씀에서 은혜를 받아 치유되고 소생함을 얻게 될 것이다. 그리고 자기에게 주신 하나님의 말씀을 전해 준 목사를 평생 사랑하며 존경할 것이다.

이 말을 조금 더 설명할 필요가 있다. 하나님께서는 모든 상황에서 모든 성도들에게 똑 같은 말씀을 주시는 것이 아니다. 이 사람에게는 이 말씀을, 저 사람에게는 저 말씀을 주신다. 그리고 그 사람에게는 그 시간에 그 말씀을 주셨지만 다른 상황에서는 또 다른 말씀을 주신다. 한 자리에서 같은 설교를 듣고 있는 성도들도 듣기를 원하는 말씀에 대한 기대와 소원이 모두 다르다. 그럴지라도 하나님께서는 그 시간에 부르신 성도들에게 각각에게 필요한 말씀을 주신다. 주시되 설교자를 통해 주신다. 사업하는 성도와 공부하는 학생에게 주시는 말씀이 다를 수가 있고, 시어머니와 며느리에게 주시는 말씀이 다를 수가 있다. 그러나 하나님께서는 목사의 설교를 통해 각각에게 필요한 말씀을 주신다. 그 말씀을 목사는 전할 수 있어야 한다. 그러기 위해서는 하나님의 말씀에 대한 깊고 넓은 지식과 말씀의 능력을 덧입어야 한다. 그러므로 성경을 많이 보고, 기도해야 하는 것이다.

목사가 심방을 갔는데 심방을 받고자 하는 성도는 어떤 심각한 문제에 대한 시원하고 확실한 하나님의 해답을 기대하면서 목사를 영접하고 예배를 드렸다. 그런데 목사가 성도의 기대와는 전혀 다른 설교를 했다면 목사에게 얼마나 실망하겠으며 허무하겠는가? 만일 어떤 의사가 환자를 오진하거나 약에 대한 지식 부족으로 환자를 죽이는 약을 처방했다면 그는 돌팔이 의사라는 오명을 받을 것이며 그의 병원은 문을 닫게 될 것이다. 목사도 마찬가지다. 하나님의 말씀에 대한 지식 부족으로 성도들이 듣기 원하는 말씀을 찾지 못한다면 그는 돌팔이 의사와 같아질 수밖에 없다.

목사는 반드시 하나님의 말씀을 깨달아 아는 말씀 배우기에 대한 강도 높은 교육 훈련이 필요하다. 나는 모든 목사가 어느 한적한 기도원에 깊이 들어 가 한 달이든 일년이든 적어도 하나님의 말씀 전체와 개별 성구들의 상관성을 볼 수 있을 때까지 성경을 보고 수많은 상황에서 가장 적절한 말씀을 적용할 수 있는 말씀의 지식과 말씀의 살아 있음을 체험하는 은혜를 받은 후에 목회하고 설교하기를 권한다.

신학교에서 하나님의 말씀을 해석하기보다는 여러 신학자들의 생각과 사상과 의견을 배운다. 성경을 정확히 해석하는 것을 배우는 것이 아니다. 신학교에서 하나님의 말씀을 가르칠 수 없는 것은 실력이 없기 때문이 아니다. 나는 박윤선 박사에게 신약을, 최의원 박사에게 구약을 배웠다. 그분들이 정성을 다해 하나님의 말씀을 우리들에게 가르치셨으나 시간이 부족하고 여건이 허락하지 않았다. 그리고 3년 동안에 하나님의 말씀을 교수들이 깨닫고 있는 것처럼 배운다는 것은 불가능하다. 그러므로 하나님의 말씀을 가르치고 배우는 특별한 과정이 따로 필요하다.

설교하는 목사는 신학교에서 배운 성경에 대한 지식에 만족해서는 안 된다. 성경에 대한 지식을 얻기 위해서 성경의 배경 연구, 신학적 과정, 문자적 이해, 역사적 배경을 연구해야 한다. 그러나 이런 일보다 우선하는 성경 배우기는 무조건 많이 읽어야 한다는 것이다. 성경을 연구하는 사람들이 흔히 범하는 오류가 있다. 성경을 읽지 않고 성경 해석을 위한 참고서를 많이 읽고 연구하는 것이 그것이다. 그렇게 하면 성경을 잘 모른다. 근본적으로 성경은 성령의 감동으로 쓰여진 하나님의 말씀이기 때문에 기도하면서 읽으면 성령님께서 그 깊은 뜻과 의미를 가르쳐 주신다. 이렇게 해서 구약과 신약의 관계, 예언서와 역사서의 상관성, 어떤 인물의 삶이 주는 신앙적 교훈, 역사를 섭리하시는 하나님의 모습, 죄와 의와 심판, 하나님과 나와의 현실적인 관계 등 수천 만 가지의 진리를 깨달아야 한다. 한 절의 말씀과 연결된 많은 다른 말씀들과 사건들과 교훈, 성경 전체에서 보여지는 한 구절 말씀의 의미, 한 절의 말씀에서 보이는 성경 전체의 의미와 하나님의 섭리를 볼 수 있도록 성경이 파악되어야 한다.

모든 목사들과 성도들은 하나님의 말씀을 많이 보고 은혜를 받기를 소원한다. 그러나 그렇게 되지 않는다. 그 이유는 아주 간단하다. 모두 자기들의 형편에 따라 성경을 보기 때문이다. 시간 나는 대로 성경을 보고, 여유 있는 대로 보며, 보고 싶을 때 보기 때문이다. 이렇게 해서는 평생 성경 전권을 한 번도 읽을 수가 없을 것이다.

기도해야 한다

기도하면서 성경을 보아야 한다. 성경은 소설이나 수필이 아니다. 성령의 감동으로 쓰여진 신령한 하나님의 말씀이다. 그러므로 기도하지 않고 성경을 보면 거저 단순한 기록으로 보인다. 역사서는 이스라엘 민족 역사고, 레위기 같은 예전서는 하나님을 섬기기 위한 형식을 기록했고, 예언서는 이해할 수 없고 알아들을 수 없는 난해한 말들로 되어 있다. 신약의 사복음서는 주님의 전기(傳記)와 같은 느낌이 들고 계시록은 도무지 해석할 수 없는 이상한 이야기들로 되어 있다. 그러나 기도하면서 이 말씀들을 보면 이 말씀들 속에 말씀하신 세계가 보이고 그 세계를 섭리하시고 다스리시는 하나님이 보인다. 즉 살아 있는 하나님의 말씀을 접하게 되는 것이다.

성령의 감동을 받아야 한다

성령의 감동으로 쓰여진 말씀을 인간의 이성적 이해력과 신학적인 지식으로 접근하여 깨달으려 해서는 안 된다. 그것들은 오묘한 하나님의 말씀을 이해하는데 사용되는 아주 작은 도구일 뿐이다. 어떤 사람은 언어학적인 고찰이 없이 성경을 이해할 수 없으며, 역사성을 배제하면 성경 해석을 바르게 할 수 없다고 말한다. 그 말들은 일리가 있는 말이다. 그러나 하나님의 말씀인 성경은 신학적, 역사적, 언어학적 지식이 없는 사람도 변화시켜 구원 얻게 하는 능력이 있다. 자기 이름도 못쓰는 사람이 어떻게 성경의 배경 역사나 사본학을 알겠는가? 그러나 그런 것을 모르는 성도도 하나님의 말씀을 믿고 은혜를 받으며 축복을 받는다. 성경 해석학이나 그것을 위한 신학이 사람을 구원하는 것이 아니다. 하나님의 말씀을 감동하신 성령님의 감동 감화하심이 죄인을 구원한다. 성령님의 감화를 받아 말씀을 깨달아 알기를 원하면 기도하며 성경을 보라.

살아 있는 말씀 체험이 중요하다

설교자가 살아 있는 말씀 설교를 체험하기 위해서는 말씀에 순종하여 말씀대로 되어지는 체험을 해야 한다. 그렇지 못하면 단순히 말씀을 전달하는 기관으로서의 역할 이상을 기대할 수 없다. 말씀의 은혜와 능력을 체험할 때에 확신 넘치는 말씀 전달이 가능해 진다. 그것은 성지 순례를 하고 온 사람이 전하는 그곳의 이야기와 지도만 보고 전하는 이야기와의 차이다. 그래서 주님께서는 요한의 제자들에게 "너희가 가서 보고들은 것을 요한에게 고하되 소경이 보며 앉은뱅이가 걸으며 문둥이가 깨끗함을 받으며 귀머거리가 들으며 죽은 자가 살아나며 가난한 자에게 복음이 전파된다 하라"(눅 7:22)라고 하셨고, 사도들은 "우리는 보고들은 것을 말하지 아니할 수 없다"(행 4:20)라고 했다. 욥의 신앙의 결정 점은 "내가 주께 대하여 귀로 듣기만 하였삽더니 이제는 눈으로 주를 뵈옵나이다"(욥 42:5)에서 찾을 수 있다.

칼빈은 "설교자가 하나님과의 만남을 경험하고 자신을 모두 굴복시켰을 때에 하나님은 그 설교자의 말을 매체로 하여 말이라는 행위로 하나님 자신의 말씀을 전하게 된다"고 했다. 목사의 말씀 체험에서 오는 설교, 그 설교는 힘이 있고 확신이 넘쳐 성도들에게 큰 은혜를 줄 것이다.

설교는 곧 인격이다

설교는 설교자의 인격을 반영한다. 좋은 설교는 좋은 인격의 설교자에게서만 나온다

중소 도시에 있는 성도들은 100여명 모여 예배드리는 교회가 있었다. 목사는 쉰 목소리로 전국을 다니며 부흥회를 한다고 했다. 그래서 그런지 목사의 설교는 듣기에 어렵지 않았다. 설교도 하고 농담도 했다. 이야기도 했다. 성도들은 아주 즐겁게 40분 정도의 설교를 잘 들었다. 물론 반응도 좋았다.

그런데 갑자기 목사가 이런 말을 해서 성도들을 어리둥절하게 만들었다.

"나는 이 교회를 개척해서 이제 20년이 다 되어 갑니다. 그 동안 조금도 거짓말을 하지 않고 서너 번 다른 교회의 청빙을 받은 일이 있습니다. 아마 이런 일이 있었는지를 우리 성도들도 처음 알 것입니다. 서울에 있는 장로가 80명이나 되는 교회에서 부흥회를 했는데 며칠 후에 그 교회 장로들이 나에게 찾아 왔었습니다. 그리고 자기 교회 위임 목사로 나를 청빙했습니다. 그 교회는 중·고등학교가 있고 사회적으로 저명한 인사들이 많았는데 내가 자기 교회에 와야 벌려 놓은 많은 일들을 감당할 것 같다고 하면서 몇 번씩이나 나를 찾아 왔습니다. 그렇지만 나는 기도하고 그 청빙을 거절했습니다. 그것은 내가 개척하고 형제, 자매처럼 정이 든 여러분들을 떠날 수 없다고 생각했기 때문입니다. 나는 내 생명이 다 할 때까지 우리 교회를 섬길 것입니다. 그리고 여러분들과 생사고락을 함께 할 것입니다." 예배를 드리고 나오면서 젊은 부부가 이렇게 말했다. "우리 목사님 말씀이 정말일까요?" "거짓말이 아니라고 하니 믿어야지. 그렇잖아."

설교는 설교자의 인격을 매개로 하여 선포된다. 설교는 음악을 연주하는 연주자와 같다. 아무리 좋은 곡이 있고 악기가 있다고 해도 연주자가 바르게 연주하지 않으면 좋은 음악으로 살아 날 수 없다. "모든 성경은 하나님의 감동으로 된 것으로 교훈과 책망과 바르게 함과 의로 교육하기에 유익"(딤후 3:16) 하지만 전하는 사람이 바른 인격을 가지지 않으면 바르게 전해지지 않는다. 그러므로 설교자는 끊임없이 자기 인격 훈련을 해야 한다. 설교는 설교자의 삶과 깊이 연결되어 있다. 헨리 비쳐 목사가 설교를 하고 강단에서 내려오자 어떤 성도가 "오늘 설교는 참으로 훌륭했습니다. 준비하는데 시간이 얼마나 걸렸습니까?"라고 물었더니 비쳐는 "40년이 걸렸습니다"하고 대답했다고 한다. 그 때 그의 나이는 40세였다. 설교는 설교자의 삶 전체로 준비해야 한다. 즉 설교는 그 설교자의 신앙과 인격과 생활의 표명(表明)이라고 할 수 있는 것이다. 똑같은 설교 원고를 가지고 설교해도 설교자의 인격과 신앙에 따라서 감화력이 달라진다. 그래서 설교학자 가십(Gossip A.J.)은 "인기 높은 설교의 매력은 필설로 형용하기 어렵고 붙잡을 수 없는 것이다. 소위 인격이란 이상한 힘이 있다. 결국 설교는 설교자의 말에 있는 것이 아니고 그 사람의 인격 자체에서 나오는 힘에 있는 것이다"라고 했다. 설교는 설교자 자신과 결부되어 그의 인격에서 우러나오는 것이다. 우리를 가르쳤던 차남진 박사는 "머리에서 나온 것은 상대방의 머리까지 들어가고, 가슴에서 나온 것은 상대방의 가슴까지 들어가고, 발에서 나온 것은 상대방의 발까지 전달된다"고 말했다. 다시 말하자면 설교자가 어떤 인격과 어떤 신앙과 어떤 삶을 살았는가에 따라 설교가 달라진다는 의미다. 설교자의 인격은 일반적인 인격을 말하지 않는다. 목사가 아닌 사람도 아주 훌륭한 인격을 가진 사람이 있다. 그러나 그가 좋은 인격자라고 해서 설교자가 될 수 있는 것은 아니다. 그것은 설교자의 인격이 보통 사람들이 가진 인격을 말하는 것이 아니라, 하나님의 종으로서의 인격을 말하기 때문이다. 즉 하나님의 말씀인 성경에 기초한 인격이어야 한다는 말이다. 이런 관점에서 설교란 설교자의 인격에 하나님의 말씀이 녹아들어 한 몸이 되어 성도들에게 들려 지고 보여지는 것을 말한다고 할 수 있다.

칼빈은 자기가 설교할 때 스스로를 하나님의 대사로 여겼다. 그는 설교를 단순한 예배의 요소들 가운데 하나라든가 교회의 임무들 가운데 하나 정도가 아니라, 설교자를 통해 세상에 나타난 일종의 하나님의 현현(顯現)이라고 생각한 것이다. 그는 "복음이 하나님의 이름으로 선포될 때, 그것은 하나님이 직접 말씀하시는 것과 같다"고 말했다. 그래서 그의 성경 본문 해석은 언제나 인간을 통하여 그 자신을 나타내신 하나님이셨고 이런 그의 성경관이 그의 설교에 반영되어 그의 설교는 언제나 무겁고, 심각하고 열정적이 되었다.

칼빈은 설교자의 입을 주저함 없이 "하나님의 입"이라고 했다. 이것은 "사자"라는 칭호보다 더 우월한 말이다. 이는 설교자가 강단에 섰을 때 바로 하나님 자신이 자기 백성에게 말씀하시는 것과 같기 때문이라는 의미다.

이런 설교자에 대한 바른 인식이 말씀의 사역자들이 보여주는 교만과 패역과 무례함을 고칠 수 있는 단 하나의 길이다. 설교하는 목사가 하나님과 마주치는 경험을 통해서 자신을 굴복시켜야만 "거룩한 하나님의 입"의 사명을 감당할 수 있을 것이다.

설교자의 인격은
다음과 같은 과정을 거쳐 형성되어야 한다

거듭난 사람으로 중생의 체험이 있어야 한다

거듭나지 못한 사람의 설교는 직업적인 말이며 삶의 수단이고, 중생의 체험이 없는 설교자의 설교는 확신 없는 말이 된다. 사도들이 성령으로 충만한 후에 담대한 증인이 되어진 것처럼 설교자 자신이 형식적이 아닌 진정한 의미에서의 '하나님 말씀의 종'으로 변화되어야 바른 설교를 할 수 있다. 설교자는 바울 사도가 "네가 그를 위하여 모든 사람 앞에서 너의 보고들은 것에 증인이 되리라"(행 22:15)라고 말한 바와 같이 '보고 들은 것'을 전할 수 있어야 한다.

어거스틴은 "하나님 내 주님이시여, 내 비는 소리에 귀를 기울이소서. 님의 자비로 내 애원(哀願)을 들어주소서. 나의 염원은 나 하나 때문이 아니옵고, 형제애로 섬기고자 함이오니 내 마음이 이러한 줄을 당신이 보시나이다. 내 생각, 내 혀를 당신께 받쳐 섬기고자 하오니 당신께 받쳐 드릴 것을 내게 주소서, ······무엄함과 거짓말에서 내 안팎 입 시울을 할례해 주소서. 당신의 성경이 맑은 내 낙이 되게 하소서.". "주여, 내 소원이 여기 있사오니 보소서 아버지여 보시고 살피시고 가상히 여겨주소서. 자비하신 주 대전에 은총을 입사와 당신 말씀의 깊은 뜻이 두드리는 내 앞에 열리게 하소서. 진리시여, 당신께 비나이다. 주께 비나니 내 죄를 용서하시고, 저 당신 종에게 이미 말씀하신 바를 나로 하여금 알아듣게 해 주시옵소서"라고 기도했다.

주님을 사랑하는 사람이어야 한다

주님에 대한 사랑이 없어도 설교는 할 수 있다. 그러나 그런 설교는 사람을 감동시키지 못한다. 설교자의 인격 형성의 기초는 주님에 대한 뜨거운 사람이다. 주님의 사랑을 체험하고 그 사랑의 감동 속에서 설교할 때에 성도들을 감동시킬 수 있는 설교를 할 수 있다. 설교자는 주님을 사랑하기 때문에 설교를 할 수 있어야 한다.

성도를 사랑하는 마음이 있어야 한다

사람의 말이 사랑하여 하는 말과 사랑 없이 하는 말은 같은 말이라도 천지 차이다. 설교자는 말로 벌어먹고 사는 직업인이 되어서는 안 된다. 복음을 듣는 사람을 사랑하는 마음을 가지고 설교할 때에 은혜가 된다. 그래서 가장 하기 어려운 죄를 책망하는 설교를 할 때도 죄인을 위해 많이 기도한 후 사랑하는 마음이 생길 때 하라고 하셨다(마 18:15-22).

진실해야 한다

설교자들은 자기는 하나님의 말씀대로 살지 못하지만, 설교는 하나님의 말씀이기 때문에 전하는 것이라고 강변(强辯)한다. 그 말이 틀린 말은 아니다. 그러나 그런 말을 하는 그 자세와 심리(心理)가 잘못되어 있다. 설교자의 설교가 성도들에게 은혜가 되고 수용되어 생활에서 힘을 가지려면 설교자 자신이 설교한 말씀대로 사는 진실이 있어야 한다. 하나님 앞에서의 기도에 기도자의 책임이 따르는 것처럼 설교에는 설교자의 책임이 따

르는 것이다. 이것이 없으면 그 기도와 설교는 모두 외식이 되고 거짓이
되고 만다.

설교자는 열정을 가져야 한다

설교자의 열정을 큰 소리로 설교하는 것을 말하지 않는다. 진리를 전하
려는 열정, 설교를 준비하는 과정에서부터 선포하는 모든 설교 행위에서
성도들에게 은혜를 끼치고자 하는 열정이 있어야 한다. 이런 열정은 설교
를 입체적으로 하게 하며, 듣는 성도들을 즐겁게 하고 감동되게 한다. 설
교자의 열정에 대한 자기 판단은 설교를 듣는 성도들이 얼마나 졸고 있느
냐로 판단할 수 있다. 졸음이 오게 하는 자장가 같은 설교는 바로 설교자
를 질책하는 성도의 노여움이다.

설교자의 기도와 영혼에 대한 열정

설교는 이 땅에 생명을 가져오며, 그 생명을 자라게 하며, 풍성하게 하시
기 위하여 하나님이 정하신 제도이다. "설교가 설교자보다 더 생명력이 있
을 수는 없다. 죽은 사람은 죽은 설교를 하고, 죽은 설교는 듣는 사람을 죽
인다. 모든 것이 설교자의 영적 성품에 달려 있다." 그러므로 들려지는 설
교이기 위해서 설교자는 최종적으로 설교자의 영적 준비에 관심을 가져야
한다. 복음이 얼마나 효과적으로 전파되느냐와 복음의 영광이 얼마나 잘
드러나느냐는 설교자의 영성에 달려있다. 설교자의 영성은 기도로서만이
형성된다. 그러므로 참된 설교는 기도에서 만들어지고 기도로 완성된다.
이러한 점에서 "기도를 강력한 힘으로 삼고 있지 않는 설교자는 누구나 하

나님의 사역에서 연약한 도구이며 이 세상에 하나님의 목적을 실현하는데 무기력할 뿐"이라는 바운즈의 주장은 옳다.

기도와 함께 설교자에게 있어서 필요한 것은 복음과 영혼에 대한 열정이다. 영혼에 대한 뜨거운 열정이 없이 설교자는 기름지고 은혜로운 말씀을 전할 수 없다. 위대한 설교자들은 한결같이 설교와 영혼을 향한 거룩한 열정을 가졌던 사람들이었다. 그러나 거룩한 열정은 그냥 만들어지는 것도 흉내낼 수 있는 것도 아니다. 임의로 생성되어지는 것도 아니다. 거룩한 열정은 그가 하나님 앞에 어떠한 영성을 가지고 있으며, 어떻게 하나님을 섬기고 있느냐로 결정되어진다. 즉 설교자의 영성이 이를 형성해 준다. 거룩한 열정은 언제나 기도에서 나온다. 왜냐하면 거룩한 열정은 성령의 감화와 감동으로 되는 것이기 때문이다.

말씀에 대한 심도 깊은 설명들이 주어지고, 뛰어난 짜임새로 설교를 구성한다고 해서 능력 있는 설교가 되는 것은 아니다. "좌우의 날선 검"과 같은 능력을 설교에 부여하는 것은 설교자의 가슴에 복음과 영혼 때문에 타오르고 있을 때 주어지는 것이다. 설교자의 말에 힘과 예리함, 능력을 부여하는 것은 설교자의 열정이다. 죽어 있는 성도들에게 그러한 충격과 자극을 일으키는 것도 바로 설교자의 열정이다. 이런 거룩한 열정을 통해서 설교는 시대를 초월하여 역사하시는 하나님의 말씀으로 세워져 나아가게 될 것이며, 아름다운 열매로 나타나게 될 것이다.

설교를 듣는 성도에 대한 이해

갓난 아이의 엄마는 아기의 울음 소리만 들어도 아기가 무엇을 원하는지 안다
그것이 바로 사랑의 신비다

설교는 설교자와 설교를 듣는 성도들에 의해 이루어지는 하나님의 신령한 축복이다. 즉 설교자 자신이 중요한 것처럼 듣는 성도들도 동시에 중요하다는 것을 알아야 한다. 이것을 모르는 설교자들은 설교를 듣는 성도들이 설교가 어떠하든 정신을 차리고 잘 들어야 할 의무가 있다고만 생각한다. 그러나 이런 일방적인 강요와 사고방식은 설교를 듣는 성도들을 이해하지 못한데서 오는 설교자의 자만심이다. 설교자는 성도들이 설교를 듣도록 설교해야 한다. 들을 수 없는 설교를 하면서 설교를 듣지 않는다고 질책하는 것은 먹을 수 없는 음식을 먹지 않는다고 책망하는 사람과 같다.

과거에 소홀히 취급했던 설교 듣는 성도에 대한 연구가 현대에 와서 통화(通話)에 대한 이론들이 정립되면서 중요하게 취급되기 시작했다.

사실 설교자의 메시지가 선포되었다고 해서 그것이 그대로 성도에게 전달되는 것은 아니다. 성도는 나름대로의 가치 기준을 가지고 들은 것에 대해 원하는 것은 수용하고, 원하지 않은 것은 거절한다. 엥겔(James F. Engel)은 이것을 "걸름막"이라고 부른다. 설교를 듣는 성도들은 몇 가지 반응을 나타내는데,

① 말씀 자체를 피해 버리는 선택적 노출(selective exposure),

② 그 장소에 있되 듣기를 거부하는 선택적 경청(selective attention),

③ 듣기는 듣되 그 내용을 오해하는 선택적 이해(selective comprehension),

④ 이해는 했지만 변화되지 않는 선택적 수용(selective reception) 등의 반응이다. 그러므로 이와 같은 성도의 반응을 이해하고 효과적으로 자기의 메시지가 전달되기를 원하는 설교자는 반드시 성도에 대한 깊은 이해를 필요로 한다. 이에 대해 로이드 존스(Lloyd-Jones)는 "성도에 대한 이해의 설교는 듣는 사람들의 문제를 가장 핵심적이고 근본적으로 다루어 주는 것"이라고 하면서 이 점을 깨닫지 못하면 설교는 실패할 것이라고 말하고 있다. 또한 보렌(Rudolf Bohren)은 "오늘날의 설교학 논의에 있어서 '본문에서 설교로'라는 문제 설정은 서서히 '설교자에서 성도로'라는 질문으로 바뀌어 가고 있다"라고 함으로써 성도에 대한 중요성을 강조하고 있다.

다양성을 가진 성도들을 이해할 것

하나님의 말씀을 전할 때에 그 말씀을 하나님의 말씀으로 믿고 이해하고 수용해서 순종하여 회개하고 은혜를 받는다면 얼마나 좋을까? 그러나 성도들은 목사의 설교를 각각의 생각과 형편대로 듣고 받아들인다.

따라서 목사는 내가 한 설교를 설교자 자신이 받은 은혜만큼 성도들이 은혜를 받았다고 생각해서는 안 된다. 성도들은 자기에게 불리한 것은 기분 나빠하고, 칭찬하는 말씀은 무조건 좋다고 한다. 이런 일방적인 요구를 알면서 설교해야 하는 목사들의 설교에 대한 고민이 심각할 수밖에 없다. 하나님과 말씀을 듣는 성도들 사이에서 설교에 갈등을 해야 하는 목사는 설교에 대한 위기감을 가진다. 여기서 하나님께서 하시고자 하시는 말씀을 성도들이 듣고 은혜를 받을 수 있도록 하기 위한 목사의 피나는 고민과 자기 연단과 자기 죽임과 그리고 성령의 감동 감화력이 있어야 하며 설교에 대한 공부가 있어야 한다. 만일 목사가 설교를 했는데 듣는 성도들이 설교의 의도와는 전혀 다르게 자기 나름대로 말씀을 해석하여 축복의 말씀을 저주의 말로, 책망하시는 말씀을 칭찬하시는 말씀으로 해석해서 듣고 만다면 그 잘못의 가장 큰 책임은 성도를 이해하지 못하고 설교하는 목사에게 있다.

성도들의 마음을 감동시키지 못하는 설교를 하지 말라. 이런 말을 하면 목사의 모든 설교에서 어떻게 성도들을 감동시킬 수가 있는가 라고 반문할 사람도 있다. 이 말은 이해가 되는 말이지만 설교자를 안일하게 하여 넘어뜨리는 사단의 말장난이다. 설교자는 모든 설교에서 성도들이 은혜를 받도록 설교하여야 한다. 그렇지 못한 설교를 했을 때에 설교자는 하나님 나팔의 역할을 잘못한 일에 대하여 회개하고 잘 할 수 있도록 기도하며 노력해야 한다. 그 노력 가운데 성도를 이해하는 노력이 매우 중요하다는 것을 잊지 말라.

성도들이 설교를 듣지 않거나 알아듣지 못하는 이유들

① 설교 내용이 재미없을 때
　　이럴 때는 자극적인 설교를 하라.
② 설교자의 전달 방법과 태도가 잘못되어 무엇을 말하는지 알아듣지 못할 때

이럴 때는 말씀의 전달 방법, 즉 설교 구성, 언어, 몸 언어, 음성, 설교 구성을 연구 개선하라.

③ 논리적이며 논증적인 설교를 할 때

이럴 때는 사람은 감정적인 호소에 더 민감한 반응하므로 감정적인 면을 강조하라.

④ 설교자의 감정과 성도의 감정이 충돌될 때, 예를 들면 설교자가 설교 가운데 자기를 비평했다고 생각하면 듣지 않는다

이럴 때는 설교 준비를 아주 철저히 해야 한다. 설교 내용 중에 상대의 감정을 거스를만한 말을 절대 삼가고 조심해서 충돌이 있어나지 않게 해야 한다. 이런 일로 교회를 사임하는 목사들이 수 없이 많이 있다.

⑤ 메시지의 중요한 부분과 중요 부분을 설명하기 위한 말씀이 혼란스러울 때 듣지 않는다. 즉 설교의 구성이 산만하면 듣지 않는다.

이런 일은 설교 준비 부족에서 오는 현상이므로 설교자가 반성하고 충분히 준비해야 한다.

⑥ 듣는 사람이 설교자의 생각을 앞지르면 설교의 신선감을 잃게 되어 들으나마나 라고 생각하게 된다.

설교자의 설교에 대한 공부 부족과 준비 부족에서 오는 현상이다. 이 책을 모두 정독한다면 고칠 수 있을 것이다.

⑦ 설교자의 말의 속도와 사용하는 언어의 제한성 때문이다.

설교 원고 작성에 신중에 신중을 기해서 초등학교 4-5학년 아이들의 알아들을 수 있는 쉽고 아름다운 언어를 사용해야 한다.

⑧ 주위가 산만하면 듣지 않는다.

　설교를 위한 주변 분위기 조성이 필요하다.

⑨ 지나치게 산만하고 자극적이며 과격한 설교자의 몸짓은 정신을 어지럽게 한다.

　고상하고 아름다우며 은혜로운 몸의 언어를 배워야 한다.

⑩ 설교 시간이 길면 듣지 못한다.

　20-25분이 지나면 청취력이 현저히 떨어진다는 연구 보고가 있다.

⑪ 설교자가 일반적으로 흔히 쓰지 않는 저속하고 비속한 언어사용에 매달리면 설교를 못 듣는다.

　자극적인 말과 비속한 저질 언어와 너무 어려운 학문성을 가진 언어를 사용하지 말 것.

⑫ 설교자의 편견이나 확고한 신념을 강요하여 듣는 성도의 반감을 유발할 때

　설교는 자기 이야기를 해서는 안 된다. 설교자의 자기 이야기는 성도들의 반감을 유발할 수 있다.

⑬ 같은 어조와 음성과 높이로 말해서 지루해 질 때

　입체적인 언어로 설교하기를 배워야 한다. 설교는 연설이나 웅변이 아니다.

⑭ 석고상(石膏像)처럼 고정된 몸가짐으로 설교할 때

　설교의 전달을 위한 몸 언어를 적절히 사용하라.

성도의 요구를 채워주는 설교를 하라

성도들은 설교를 듣고 있거나 졸고 있어도 설교에 적극 참여하는 하나님의 자녀들이다. 그래서 설교자는 성도의 필요를 인식하는 것이 매우 중요하다. 즉 성도들이 원하는 것을 채워 줄 수 있는 설교를 해야 한다는 말이다. 이를 위해서는 성도를 구체적으로 알아야 한다.

성도는 굶주리기에 생명의 떡이 필요하다. 성도들은 번민하고 있는 죄, 좌절, 두려움, 증오, 슬픔, 낙담, 실망, 염려 따위의 제반 문제들을 알아야 하며, 그들의 소망, 기쁨, 사랑, 승리도 알아야 하며 결정, 기회, 위기 그리고 그 외의 여러 인생의 문제들에 직면해 있는 그들을 돕는 설교를 듣고자 갈망한다. 설교자는 성도를 사로잡고 있는 문제들을 풀어 자유하게 하고 그들의 요구를 충족시켜 만족하게 해 주어야 한다. 그러므로 설교자는 성도에 대한 충분하고 확실한 정보를 수집하여 그들에게 맞는 설교 준비를 해야 한다. 학생들이 모인 자리에서 설교하는 목사가 경제 성장에 대한 설교를 해서는 안 된다. 그리고 설교자는 설교가 진행되고 있는 동안에 성도들이 말씀 선포에 이끌려 생각하고, 느끼고, 결정하고, 행하게 하는 방식으로 진행되고 움직여 나가야 한다. 오늘날 많은 설교자가 성도들에게 삶의 변화를 주지 못하는 것은 성도들의 시급한 필요에 대한 해답을 주지 못하고 피부에 와 닿는 설교를 하지 못하기 때문이다. 어떤 유형의 설교이든지 한 시대를 흔들고 사람들의 삶의 변화를 가져왔던 위대한 설교가들의 설교는 한결같이 성도들의 필요에 민감했다는 공통점이 있다.

성도를 사랑해야 한다

예수님, 베드로, 바울 사도들은 위대한 설교가들이었다. 그 분들은 사람들을 향한 측량할 수 없는 사랑을 가졌었다. 사람들이 그들을 핍박했고 죽이려 했어도 그들을 끝까지 사랑하셨다. 설교를 듣는 사람들을 사랑하지 않는 설교는 이미 하나님의 말씀으로서의 가치를 상실하고 있다. 그것은 하나님 말씀의 본질이 사랑이기 때문이다. 바울 사도는 "내가 사람의 방언과 천사의 말을 할지라도 사랑이 없으면 소리나는 구리와 울리는 꽹과리가 되고"(고전 13:1) 라고 했다.

하나님의 말씀을 듣는 성도에 대한 칼빈의 다음과 같은 대답은 매우 의미심장하다. "하나님께서 이스라엘 백성들에게 자신의 말씀을 전달하실 때에, 모여 있던 백성들의 귀에 하늘에서 직접 천둥소리로 말씀을 전하지 않으셨다는 사실을 중시한다." 실질적으로 하나님이 직접 모습을 드러내고 그 음성을 발하여 말씀하신다면 그 앞에 생명을 유지할 수 있는 인간은 없을 것이다. 그러하기에 하나님은 설교자를 부르시고 그를 통하여 그때 그 장소의 그 사람들에게 필요한 말씀을 주시는 것이다.

설교는 설교자의 땀과 눈물과 때로는 피로 성도를 적시는 것임을 새롭게 인식하여야 한다. 이러한 설교의 본질을 알고 소명을 수행한 한국의 충성된 설교자들이 있었기에 오늘의 한국 교회는 이처럼 자랑스러운 자리에 서 있다. 그리고 이런 설교자들의 모든 것을 이어 받은 목사들의 설교 사역이 온 세상에 빛을 발하고 있다.

알아듣기 쉬운 설교 언어를 사용하라

천사의 말을 할지라도 듣는 사람이 못 알아들으면 그것은 단순한 소리일 뿐이다

설교가 얼마나 효과적인가를 판단하는 두 가지 기준이 있다. 그 하나는 설교의 내용이고 또 하나는 설교의 방법이다. 과거의 설교학은 주로 설교의 내용이 많은 지면을 할애했다. 반면에 설교의 방법에 대해서는 크게 관심을 두지 않았다. 이런 편견이 설교를 진부하게 하고 죄인을 구원하는 하나님의 말씀의 능력을 약화시키는 원인이 되었다.

설교 전달 방법은 설교 내용에 못지않게 중요하다. 아무리 좋은 말씀이라 해도 듣는 사람이 알아듣지 못하면 아무 소용이 없다. 같은 노래라 해도 부르는 사람에 따라 엄청난 감동의 차이가 있듯이 같은 설교도 전하는 방법에 따라 많은 은혜의 차이가 있다.

가장 중요한 설교의 방법은 설교를 듣는 사람들이 잘 알아들을 수 있도록 해야 한다는 것이다. 알아들을 수 없는 설교는 소음이며 울리는 꽹과리이다. 설교를 듣는 사람은 천태만상이다. 무식한 노인들로부터 박식한 사람들이 있고 남녀노소가 있으며, 그들이 설교를 듣고 받고자 하는 은혜도 모두 다 다르다. 그러나 그들이 설교에 대해 공통적으로 요구하는 것은 알아듣기 쉬운 설교를 해 달라는 것이다. 그러므로 설교는 모든 사람들이 알아듣기 쉽게 해야 한다. 설교자는 초등학교 3-4학년도 알아들을 수 있도록 쉽고 재미있게 해야 한다. 목사가 자기의 설교를 성도들이 잘 알아듣는지 못 알아듣는지를 알려면 성도들의 반응을 살피면 된다. 성도의 설교에 대한 반응도 볼 줄 모르는 목사라고 하면 정말 답답한 사람이다. 설교를

알아듣기 쉽게 하기 위해 하나님의 말씀 전달 방법에 대한 공부를 많이 해야 한다.

김운용 교수는 "이야기식 설교에 대한 소고"라는 글에서 "현대 설교학의 가장 중심이 되는 주제 중의 하나는 하나님의 말씀의 선포인 설교가 '어떻게 들려지게 할 것인가' 이다. 아마 이러한 관심은 현대 설교학의 관심 주제일 뿐만 아니라, 각 시대의 설교자들의 관심 사항이었을 것이다. 왜냐하면 들려 지지 않는 설교, 전달되지 않는 설교는 설교라고 할 수 없기 때문이다"라고 말했다. 들리지 않는 설교에 대해여 워어스비(Warren Wiresbe)는 "강단에서 춤추는 해골, 성도석에 너부러져 있는 송장"들이라고 표현한다. 그리고 이런 설교는 "상관성(relevance)"을 전혀 고려하지 못하는 설교자 때문에 생긴다고 했다.

설교의 구성 요소를 그 중요성의 순서에 따라 배열하면 생각(주제), 정리(배열), 언어, 음성, 몸짓 등이다. 그런데 사람들의 인상에 남는 순서로 배열하면 그 순서가 거꾸로 된다. 즉 몸짓, 음성, 언어, 주제, 정리가 되는 것이다. 사람과 사람 사이의 사고 전달에 있어서 가장 우선하는 것이 몸짓이라는 말이다. 설교자의 음성과 얼굴 표정을 포함한 몸짓과 억양, 행동, 자세, 눈길은 전하려는 말의 내용에 앞서 훨씬 정확하고 확실한 감정과 마음가짐을 나타낸다. 잠언 기자는 "불량하고 악한 자는 그 행동에 궤휼한 입을 벌리며 눈짓을 하며 발로 뜻을 보이며 손가락질로 알게 하며 그 마음에 패역을 품으며 항상 악을 꾀하여 다툼을 일으키는 자라"(잠 6:12-14) 하셨다. 사람의 몸놀림이 사람과 사람의 의사 전달에 아주 큰 역할을 한다는 말씀이다. 이 말씀에서 설교자의 눈, 손, 발, 몸놀림들이 실제로 설교자의 뜻을 성도들에게 알리는 큰 효과가 있음을 알 수 있다. 심리학자인 알버크 메라비안(Albert Mehrabian)은 이에 대한 공식을 만들었다. 즉 설교자의 말 중 7%만이 언어에 의해 이해되고, 38%는 음성에 의해, 55%는 표정에 의해 이해된다고 했다.

설교자가 설교할 때 한가지의 사상을 전하기 위해 언제나 네 가지 방법이 동원된다. 첫째는 언어다. 둘째는 몸짓이다. 셋째는 침묵이다. 넷째는 열정이다. 이 네 가지가 같은 목적을 위해 동시에 자연스럽게 사용되어야 한다. '원수를 사랑하라' 는 말을 하면서 주먹질을 하며 얼굴 표정을 사납게 한다면 듣는 사람들은 어리둥절할 것이다. 성도들의 잘못을 책망하면서 웃는다면 성도들은 그들이 저지른 잘못이 별 것이 아니라고 생각할 것이다.

설교자인 목사는 이런 언어와 비언어 사용법을 배우고 익혀야 한다. 일상적인 생활 언어와 생각 전달 수단으로만 설교를 해서는 안 된다. 반대로 하나님의 말씀을 잘 전달하기 위한 방법을 배우고 익혀 일상생활에서도 사용되도록 한다면, 그는 인생살이에 큰 성공을 할 수 있을 것이다. 어떤 목사는 "나는 양아치 출신 목사입니다. 그래서 고상한 말을 할 줄 모릅니다. 성도 여러분이 이해해 주십시오"라고 말하고 '입' 을 '주둥이' 로 '눈' 은 '눈구멍' 으로 '죽음' 을 '뒈졌다' 로 '열심' 을 '지랄' 로 '떠드는 아이' 를 '개 같은 년의 자식' 으로 말했다. 그 목사는 많은 은혜를 받고 인기 있는 목사였지만 하나님께서 일찍 그를 데려 가셨다. 아마 그의 험한 말버릇이 몹시 마땅치 않았던 모양이라고 추측해 본다.

알아듣기 쉬운 설교 언어를 사용할 것

하나님께서는 태초에 말씀으로 세상을 만드셨다. 말씀이 없을 때는 세상에는 혼돈과 흑암이 있었을 뿐이다. 설교에 있어서의 언어도 이와 같은 효력을 가져야 한다. 하나님과 세상에 대한 혼돈과 어두움이 설교자를 통해 선포되는 말씀에 의해 존재로서의 가치를 가지게 되며 실제화되어야 한다. 이런 관점에서 설교자의 언어사용은 단순한 말씀 전달 이상의 의미가 있다. 설교자의 언어는 듣는 사람의 영혼을 터치하여 "하나님이 계신 것과 또한 그가 자기를 찾는 자들에게 상주시는 이심을 믿게 하여"(히 11:6) 구원에 이르게 해야 한다.

그러므로 설교자는 설교 언어에 대한 특별한 연구와 학습을 해야 한다. 설교 언어에 있어서 중요한 몇 가지 사항은 다음과 같다.

하나님의 말씀을 말씀으로 전달하기 위한 설교 언어를 사용하라

사람이 사용하는 언어는 그 종류가 수 없이 많다. 듣는 사람을 사랑으로 충만하게 하는 언어, 짜증나게 하는 언어, 분노를 일으키는 언어, 마음을 너그럽게 하는 언어, 졸리게 하는 언어, 죽을 자를 살리는 언어, 죄를 회개하게 하는 언어, 저주하는 언어, 축복하는 언어들이 있다. 그 가운데 가장 좋은 언어는 하나님의 말씀이며 설교자는 이 말씀을 전달하는 사람이다. 그러므로 설교자는 하나님의 말씀과 말씀하심에 대한 연구를 해야 하며 주님이 말씀하셨듯이 말할 수 있어야 한다. 이러한 점들을 고려해 볼 때 설교에 있어서 어떤 언어가 사용되어지느냐는 아주 중요하며, 그것은 설교의 결과를 결정짓는 중요한 요소가 된다. 좋은 설교 언어는 소망 교회 곽선희 목사의 설교를 참고하시기 바란다. 곽 목사의 설교는 인터넷의 3TV.com이나 기독교 케이블 방송에서 볼 수 있다.

공통적 언어를 사용해야 한다

설교를 듣는 성도는 아주 복잡하고 다양한 계층이다. 그들 모두가 다 알아들을 수 있는 공통어를 발견하여 말씀을 전해야 한다. 모든 면에서 낮은 계층의 사람들은 높은 계층의 사람들이 쓰는 말을 이해하지 못한다. 그러나 높은 계층의 사람들은 낮은 계층의 사람들이 사용하는 모든 언어를 이해하고 알아듣지만 지루해 한다. 여기서 말하는 낮은 계층의 사람들이 사용하는 언어란 저질 언어나 비속 언어를 말하지 않는다. 일종의 서민 대중의 언어를 말한다. 서민 대중의 언어는 학문적으로나 사회적으로 전문적 계층의 사람들도 신경을 쓰지 않고 잘 알아들을 수 있다. 설교자는 가장 높은 하나님의 말씀을 가장 서민적 수준으로 설교해야 한다. 그러기 위해서는 설교자의 모든 것을 낮추어서 성도에게 전해야 한다. 이 일을 위하여 설교자는 거룩하신 하나님을 만남과 동시에 성도에 대한 깊은 이해가 있어야 한다. 설교자는 성도들을 설교의 동반자로 여기고 존중할 줄 알아야 한다.

특별한 계층의 성도들이 모이는 곳에서의 설교는 그들에게 맞는 설교를 해야 한다. 목사 장로들이 모인 모임에서 초등학교 아동들에게 하는 설교는 맞지 않으며 전도 설교는 맞지 않는 설교다.

입체적이며 살아 움직이는 말씀 언어로 설교하라

지금까지의 설교 방식은 논리적이며 설명적이고 서술적이며 평면적이었다. 그러나 이런 설교 방식은 입체적이며 살아 움직이는 하나님의 말씀을 전달하는 방법으로는 너무 제한성을 가졌다. 그러나 지금도 이런 막대한 제한성에도 불구하고 많은 설교자들이 전근대적인 이런 방식의 설교 언어를 사용하고 있다. 이제 하나님의 말씀 전달의 효율성을 극대화하기 위하여 정적인 전달에서 동적인 전달로, 1차원적인 전개에서 3차원적인 실체로, 단순한 설명에서 느껴지고 체험되는 말씀으로, 일방적인 지시 전달에서 함께 공감할 수 있는 대화로, 하나의 관념에서 가슴에 와 닿는 감격으로, 듣고 기억하는 추억에서 순종하여 경험하는 입체적인 말씀 언어로 설교 언어가 바꾸어져야 한다. 사실 자세히 살펴보면 성경 말씀들이 모두 이런 사실적이며 입체적인 말씀 전달을 수단으로 삼고 있다. 주님께서는 단순히 말씀만 하시지 않으셨다. 말씀하시고 그 말씀이 살아 있는 말씀임을 세상 속에서 보여 주셨고, 그를 따르는 많은 사람들에게 참여하여 느끼고 감격하고 실천하도록 하셨다. 주님은 하나님의 말씀을 한 장의 그림으로 그리신 것이 아니라, 이미 그려진 온 세상을 하나님의 말씀으로 풀어가신 것이다.

현대의 설교자들은 논리적이고 명제적인 틀에 사로잡힌 전통적인 설교 방법론의 낡은 방식에서 벗어나야 한다. 세상은 하루가 다르게 변해 가고, 사람들은 변화되는 세상에 자기도 모르게 빨려 들어가는데 유독 하나님의 말씀인 설교만 옛날식을 고집하는 것은 정말 답답한 일이다. 하나님은 언제나 빠르게 변화하는 세상 보다 훨씬 더 빠르게 세상을 섭리하시고 다스리신다. 그런데도 설교자인 목사들은 하나님의 속도에 민감하지 못하며 자기의 게으름과 나태를 옛날 것이 좋다는 이유 하나만으로 비켜가려한다.

설교자들도 하나님의 말씀을 움직이며 살아 역사하는 말씀으로 만들어 성도들에게 보게 하고 느끼게 하고, 이해되게 하며 믿게 하여 순종하게 하므로 하나님의 역사(役事) 속에 복되게 사는 자신을 발견하게 해야한다. 이것은 어렵지 않다. 엄마의 동화를 듣고 잠이 드는 어린이는 엄마의 이야기 속에 나타나는 세상을 확실히 보게 된다. 나는 한 때 병원에 입원해 있으면서 간호사들이 가져 온 무협 소설을 읽으며 시간을 보낸 일이 있다. 그 때에 그 소설 속에 나오는 고수들의 이름 모를 무술들이 마치 한편의 영화를 보는 것처럼 생생히 연상되었다. 그래서 하루에도 수권씩 소설을 읽으면서 어려운 투병 생활을 한 경험이 있다. 개인적인 대화에서 쓰이는 언어를 사용하라. 대화는 대화체로, 설명은 설명체로 말해야 한다.

감각에 호소하는 설교 언어를 사용하라

소상하고 확실한 묘사를 할 수 있어야 한다. 사람의 마음은 설득이나 논리 보다 감정에 의해 훨씬 많이 지배받는다. 소상하다는 말은 현장감이 있도록 생생한 묘사를 말하고 확실함이란 사람 마음에 뚜렷한 영상이 생기도록 설교하는 것을 말한다. 엄마의 젖을 배불리 먹고 곱게 잠이 든 아기의 모습을 말하면 행복해지고, 살인강도가 집에 들어 와 칼을 들고 식구들을 협박한다고 하면 얼굴을 찡그리고 고통스러운 표정을 짓는다. 주님의 십자가에 달려 돌아가심을 통곡하며 듣게 하고 부활하심을 환희하며 듣게 하라.

설교자는 TV나 라디오의 광고를 자세히 보고 연구할 필요가 있다. 그들은 아주 짧은 시간에 그것을 보고 듣는 사람들에게 그들이 전달하고자 하는 모든 것을 최고의 효율성을 가진 특별 언어로 전달하고 있다. 그리고 그것을 통해 그것들을 사람들의 마음과 머리에 각인(刻印)되게 한다. 그들의 언어는 모두 사람의 감각을 자극하는 언어들이다.

고상한 설교 언어를 사용하라

비속한 언어. 남을 비하하는 말, 상대방에게 거부감을 일으킬 수 있는 사투리들을 무심코 말한다면 듣는 성도들이 고상하지 못한 저질감을 느끼고 설교 전체에 대한 거부감을 가질 것이다

수준에 맞는 쉬운 설교 언어를 사용해야 한다

아무리 좋은 하나님의 말씀을 전한다고 해도 듣는 사람이 알아듣지 못한다면 아무 소용이 없다. 어린아이들에게는 어린이가 사용하는 언어로, 어른들에게는 어른이 사용하는 언어로 말씀을 전해야 한다. 즉 설교자는 설교를 듣는 사람들을 알아야 하고 그들이 사용하는 언어를 알아야 한다.

말은 하나님의 말씀을 전하는 일차적이며 원시적인 도구다. 설교에 있어서 어떠한 언어가 사용되느냐 하는 것은 설교의 결과를 결정짓는 중요한 요소다. 언어는 단순하게 설교자의 생각을 담아 전달하는 것으로 끝나

면 안 된다. 하나님의 말씀을 전해서 하나님의 뜻이 성도들에게 정확히 전달되게 하는 매개체가 되어야 하며 그들의 마음과 생활을 변화시켜 하나님의 세계를 경험하게 해야 한다. 그 동안 한국 교회 강단에서 사용되어온 설교의 언어들은 전통적인 설교 이론이 추구하는 형태인 논리적이고, 논증적이며, 명령적이고, 분석적인 언어가 주종을 이루어왔다.

설교 언어는 감정에 호소하며, 보여 주고, 느끼게 하는 언어가 되어야 한다. 즉 귀로 듣는 말을 마치 눈으로 보는 듯 보고 느끼게 함으로써 적극적으로 응답하게 만들어 주는 언어이다.

보이는 언어를 사용하라

보이는 언어 사용법이 있다. 예를 들면 1963년도 흑인 인권 운동 지도자였던 마틴 루터 킹목사의 "나에게는 꿈이 있습니다"라는 설교문이 그것이다. 그는 워싱턴 몰(Mall)에 모인 100만 명의 흑인들에게 인권을 위해 투쟁하자고 말하지 않았다. 그러나 그의 설교가 끝났을 때에 거기 모인 모든 흑인들은 눈물을 흘리며 그의 뒤를 따라 나섰다. 그는 참으로 위대한 설교가였던 것이다. 그가 사용한 설교 언어는 한 폭의 그림을 그리듯 했으며 듣는 모든 사람들이 상상력을 총동원해서 새로운 세계를 바라 볼 수 있게 하는 것이었다.

"나에게는 꿈이 있습니다. 그 어느 날인가 조지아의 붉은 언덕 위에서 전에 노예의 아들들과 전에 노예 주인들의 아들들이 함께 식탁에 앉아 형제애를 나누게 될 것이라는 꿈이 있습니다.

나에게는 꿈이 있습니다. 이글거리는 불의와 억압으로 인해 오늘도 고통의 땀을 흘리게 하는 미시시피주가 자유와 정의의 오아시스와 같은 주가 될 것이라는 꿈이 있습니다.

나에게는 꿈이 있습니다. 내 사랑하는 내 아이들이 그들의 피부 색깔로서가 아니라 그들의 가진 인격이 어떠한 가에 따라 사람을 평가하게 되는 나라에서 살게 되는 꿈입니다. 오늘 나에게는 꿈이 있습니다."

풍부한 상상력을 바탕으로 묘사되는 킹이 사용한 언어는 사람들로 하여금 그들이 그렇게 간절히 소원하던 그들의 세계를 바라 볼 수 있게 했던 것이다.

설교에서 사용되는 언어는 성도들로 하여금 보게 하고, 느끼게 하고, 상상하게 만들고, 확실히 믿게 하는 말이 되어야 한다. 이것을 어떤 학자는 '그림 언어'라고 했다. 설교자가 그림 언어를 사용하기 위해서는 모든 사물을 세밀히 관찰하는 심미안(審美眼)을 가지기 위한 훈련을 해야 한다. 그리고 뛰어난 상상력을 가져야 한다.

믿음을 일으키는 설교 언어를 사용하라

설교자의 설교 가운데 불확실한 말씀의 증거를 들을 때가 있다. "이 일이 그럴 것 같습니다" 식의 말이다. 이런 확신 없는 언어의 사용은 설교의 능력을 약화시키고 듣는 사람을 실망시킨다. 단호하고 확신 넘치는 언어를 사용하여 믿음을 불러일으킬 수 있는 설교자가 되어야 한다. 그러기 위해서 설교자 자신이 말씀에 대한 체험을 하고 확신이 넘쳐야 할 것이다.

명확한 설교 언어를 사용하라

명확한 언어사용은 말하려는 단어의 선택과 문장의 꾸밈에 의해 결정된다. 생생한 현장감이 넘치는 명확한 언어는 명사와 동사를 사용할 때 만들어진다. 즉 말의 형용사와 부사 사용을 자제하라는 말이다. 그것을 많이 사용하면 말이 어수선해지고 개념 파악에 방해가 된다. 강한 동사와 명사를 독자적으로 사용하라. 예를 들면 '키 큰 사람'은 '거인'이라고 하고, '큰 새'는 '펠리칸'이라고 하며, '그가 큰 소리로 말했습니다'라는 말은 '그가 소리쳤다'라고 해야 한다. 특히 '매우, 상당히, 진정으로, 약간, 너무나' 같은 애매모호한 상투어 사용은 삼가는 것이 좋다. '매우 뜨거운 물에 들어갔다'라는 말은 '펄펄 끓은 물에'라고 하는 것이 좋다. 동사는 능동형을 쓰되 생동감 넘치는 단어를 사용하라. '그가 갔다'라는 말 보다 '그가 뛰어 갔다'라는 말이 생동감이 있다. 수동태 동사는 문장의 힘을 잃게 하고 머리를 복잡하게 한다. 명사도 마찬가지다. 명확한 언어사용을 위해서 큰 소리로 성경이나 다른 책들을 읽고 녹음해서 들어야 한다. 자기가 듣기 싫은 말버릇과 음성은 다른 사람도 듣기 좋지 않다는 것을 배우고 고치는 노력이 있어야 한다.

질문하고 답하게 하라

성도들에게 질문하라. 내적인 답을 하게 하라. 이 방법은 설교자의 설교에 응답하게 하는 효과가 있다. 설교자의 질문에 큰 소리로 대답하기도 하지만 속으로 이미 대답하고 있다. 그렇게 하면 스스로 하나님의 말씀에 대한 확신을 가지므로 말씀에 대한 믿음을 가지게 될 것이다. 복음서에는 예수님의 질문이 237개가 있다. 이 질문들은 대답을 원하는 것이 아니라 스스로 생각하게 하는 질문들이다. 이것은 듣는 사람들의 마음에 내적인 변화를 일으키는 고도의 수단이다. 주로 죄를 책망하거나 선악을 구별하기 위한 방법에 유용하다.

강조 법을 사용하라

설교에서 중요한 강조 부분을 강조하는 방법은 여러 가지가 있다. 크게 말하기, 작게 말하기, 특별한 물건을 보여 주며 말하기, 같은 말을 반복하기, 같은 의미의 말을 다른 말로 표현하기, 비언어 사용하기 등이 있다. 우리는 시편 기자가 같은 말을 다른 말로 표현해서 그 의미를 확실하게 하고 있는 것을 모든 다윗의 시편에서 볼 수 있다.

비유 언어를 사용하라

주님께서는 흔히 진리를 비유로 말씀하셨다. 비유는 이해하기 어려운 진리를 아주 쉽게 이해하게 하는 특징이 있다. 예를 들면 주님께서 자신을 선한 목자라고 하신 것이나, 전도를 사람 낚는 어부로 비유하신 것들이다. 비유는 단순 비유가 있고 사건 비유가 있다. 단순 비유는 선한 목자 같은 것이고, 사건 비유는 사마리아 사람의 선행과 같은 것이다. 비유적인 언어 사용은 주로 어려운 교리와 진리를 말할 때에 사용하는 것이 좋다. 주님께서는 하나님의 죄인을 사랑하심에 대한 진리의 말씀을 탕자의 비유로 말씀하셨다.

비유법을 동원하여 말할 때 현장을 머리에 그리는 생동감이 생긴다. 바이런의 시 가운데 "앗시리아인들이 마치 양떼 위에 늑대처럼 덮쳐 왔으니, 그들 군병들의 갑옷은 금은처럼 번득이었네"라는 표현과 같다. 스펄전은 '마치 도토리 열매 속에 수풍이 깃들여 있듯이, 광대한 우주가 하나님의 마음속에 자리 잡고 있다' 라고 했다. "그의 방백은 메뚜기 같고 너희 대장은 큰 메뚜기 떼가 추운 날에는 울타리에 깃들였다가 해가 뜨면 날아감과 같으니 그 있는 곳을 알 수 없도다"(나 3:17)라는 말씀이 바로 비유적인 언어를 사용하신 말씀이다.

그런데 설교자가 비유를 사용할 때에 잘못 사용하거나 너무 많이 사용하거나 길게 말한다면 비유를 통해 전하고자 하는 말씀의 본질적인 의미를 잃게 되거나 비유된 말만 기억하게 되므로 주의해야 한다.

성경의 언어와 현실 언어의 차이를 좁히라

설교자의 언어는 현실성이 있어야 하면서 동시에 성경적이어야 한다. 여기에 많은 난관이 있다. 성경의 언어들은 우리가 사는 이 시대의 역사와 문화와 종교와 생활 습관과 달리하는 시대에 쓰여졌다. 이런 현실감이 떨어진 성경의 언어들을 현실적인 언어로 바꾸어 말하되 본질적인 진리의 말씀이 선포되도록 설교해야 한다. 그러므로 설교자는 말씀의 연구와 함께 시공(時空)을 뛰어 넘는 언어의 구사 능력을 가지도록 연구해야 한다.

개인 생활을 존중하는 언어를 사용하라

설교의 언어는 개인적인 경험에 연관된 것이어야 한다. 현세에서 좋은 아버지가 있는 사람에게 아버지로서의 하나님을 말하는 것과, 아버지가 없거나, 좋은 아버지와는 정반대인 아버지가 있는 사람에게 아버지라는 말은 다른 의미를 가지게 된다. 십일조에 대한 말씀이나 이혼이라는 말도 모두 신경을 써서 사용해야 하는 언어들에 속한다.

본질적 진리를 파괴해서는 안 된다

듣기 좋은 말로 설교하기 위해 진리의 본질을 잘못 해석하거나 파괴해서는 안 된다. 사실 설교를 듣는 성도들만 의식하여 설교를 준비하다 보면 이런 오류가 발생할 수도 있다. 성경에는 우리들의 언어로 도저히 설명되지 않는 진리들이 있다. 즉 하나님의 삼위일체, 그리스도의 신성, 대속, 성육신, 그리고 성경의 권위 같은 단어나 구절들은 신앙에 필수 불가결한 진리들을 언급하는 것들이지만 어떤 인간의 언어로도 설명 불가능한 진리다. 오직 믿음으로만 깨달아지는 진리이기 때문이다. 이런 단어는 성경 계시의 구조 안에서 학습되어야 하는 개념들이므로 비유나 다른 언어로 바꾸어 말해져서는 안 된다.

말의 속도 조절

말의 속도는 듣는 사람에게 매우 중요한 역할을 한다. 나는 우리 아들과 대화를 할 때 약 70% 정도밖에 청취하지 못한다. 귀가 어둡기 때문이 아니다. 말의 속도가 너무 빠르고 입안에서 우물거리며 밖으로 튀어나오지 못한 아들의 말버릇 때문이다. 그런데 이런 말버릇이 모든 청년들에게 공통적이라는 것을 알았다. 우리 며느리의 말버릇도 비슷하고 아들의 친구들도 비슷했다. 그런데 내가 잘 알아듣지 못하는 말도 자기들끼리는 잘 알아들어서 자기들의 대화에는 조금도 어려움이 없다.

그러나 설교자는 자기중심적인 말버릇을 가지면 안 된다. 듣는 사람의 수준에 맞추어 말의 속도를 조절하고 표현할 줄 알아야 한다. 너무 빨리 말하면 알아듣기 어렵고 너무 느리면 앞 뒤 이야기가 연결이 안 되거나 지루해진다. 그러므로 말의 속도에서 입체감이 생기도록 속도 조절 능력을 가져야 한다.

말의 속도는 말의 의미를 확실히 다르게 한다. 같은 말이라도 화가 나서 빨리 하는 말의 의미와 천천히 하는 말의 의미는 다르다.

말의 속도는 말을 크게 작게 하는 것처럼 말의 강조 법에 사용된다. 설명하는 말은 약간 빠르게, 대화체는 좀 느리게, 중요한 요점이나 구절은 느리게 하여 성도로 하여금 확연히 그 중요성을 알게 해야 한다.

그러나 무엇 보다 중요한 것은 전체적인 말의 속도가 나무 빨리 해서는 안 된다는 것이다. 라디오의 아나운서의 말의 속도보다 좀 더 느린 것이 좋다. 설교자가 많은 것을 짧은 시간에 말하려 하면 말이 빨라져서 아무 말도 들을 수 없게 된다는 것을 명심하라.

말의 멈춤을 사용하라. 성도들이 생각하고, 느끼고, 반응하고, 결단할 수 있는 짧은 기회를 주는 것이다. 어떤 강조점의 직전이나 직후에도 말의 멈춤을 사용하라. 이 때에 눈 맞춤을 잘 사용하면 그 효과가 극대화 될 것이다. 주님께서는 빌라도에게 재판을 받으실 때에 극적인 침묵을 하셨다. 어떤 설교자는 침묵하는 것이 훈련되지 않아 쓸데없는 말들을 사용하여 어색함을 메우려고 한다. '에-에, 그래서, 설명하자면, 생각해 보니, 그리고, 또, 그래설라무네' 같은 간투사를 사용하기도 하고 아무 의미도 없는 '할렐루야, 아멘, 믿습니다' 라는 말을 연발하면서 성도들도 따라 하도록 강요한다.

▷ 성도 자신들이 가진 듣는 타이밍에 설교자의 말의 속도를 맞추라.

▷ 쉼표를 설교 원고에 표시해서 연습하라.

▷ 자기가 **빠르다**고 생각하는 사람은 느리게 하고,

▷ 자기가 느리다고 생각하는 사람은 **빠르게** 하라.

좋은 음성은 설교에 큰 유익을 준다

사람의 의사(意思) 전달은 보는 것, 듣는 것, 몸짓 등의 종합적인 요소에 의해 전달된다. 그러나 이런 모든 것보다 우선되는 요소는 말하는 사람의 음성이라고 할 수 있다. 사람마다 가진 독특한 음성은 그 사람에 대한 인식을 순식간에 떠올리게 하며 듣는 사람의 감정을 좌우하는 위력을 가진다. 부드럽고 따뜻한 음색은 듣는 사람의 마음을 안온하게 하며, 높고 신경질적인 음성은 듣는 사람의 마음을 자극하여 괴로움을 준다. 어떤 사람

이 한 번 좋지 못한 감정을 유발한 음성에 익숙해지면 좋은 감정을 전달하고자 하는 말이라도 전에 입력된 음성의 인식 때문에 좋지 못한 인상을 주게 된다. 그래서 사람의 음성은 기록 보다 훨씬 더 강조성을 띠고 자극적이며 현장감이 높다.

그러므로 설교자는 설교자의 음성이 듣기 좋은 음성이 되도록 연구하고 개발해야 한다. 부드럽고 기름진 음성과 높고 자극적인 음성으로 설교하는 것은 같은 설교라 해도 그 효과적인 면에서 상당한 차이가 있다. 같은 높이의 음성으로 설교하는 것보다 높낮이를 잘 적용하는 좋은 음성 표현과 열정적인 음성과 설교 현장과 맞는 어조를 사용해서 설교를 듣는 성도에게 아주 기분 좋은 느낌을 주어야 한다.

우리는 하나님의 종으로 하나님의 말씀을 성도들에게 전하는 직분을 가졌다. 목소리가 딱딱하고 메마르며 신경질적이고 거칠어서 설교를 듣는 성도들에게 은혜가 안 된다면 성대 수술이라도 해서 좋은 목소리를 만들어야 한다. 쉬고 거칠며 막혀서 잘 알아들을 수 없는 음성으로 설교하는 것을 좋아할 성도는 아무도 없다. 노래하는 사람들이 듣는 사람들을 감동시키기 위해 자기 성대 훈련을 얼마나 오랫동안 강력히 하는가를 남의 이야기로만 들어서는 안 된다. 설교자도 말씀을 듣는 성도들을 감동시키기 위해 자기 음성 개발을 해야하며 이 일을 하나님께서는 매우 기뻐하실 것이다. 흥성, 죈 듯한 소리, 호흡 조절이 안 되어 숨 가쁜 소리, 비음, 쉿소리, 변화가 없는 단조로운 소리, 찢어지는 소리, 신경을 건드리는 소리, 설교자의 쓰린 목구멍에서 나오는 음성들은 모두 설교를 듣는 성도들을 힘들게 한다.

그러므로 설교자는 낮고 부드러운 음성, 풍부한 성량(聲量), 힘 있게 말하는 음성 연습을 해야한다. 음의 고저가 없으면 피아노의 한 음만 치는 것과 같아서 듣는 성도들을 짜증나게 한다. 전달하려는 말과 같은 의미의 고저를 사용해야 한다. 그리고 음성의 높낮이를 잘 사용해야 한다. "여호와는 나의 목자시니"라는 말씀은 세 개의 단어로 되어 있지만 그것을 각각 다르게 강조하여 세 번 읽으면 모두 다른 의미로 전달된다. 어떤 설교자는 설교 내내 고함을 지른다. 너무 높고 거센소리로 말하기 시작했기 때문에 높은 음으로 시작한 노래처럼 강조할 지점에서는 거의 아우성을 치게 된다. 어떤 설교자는 전혀 강조할 말씀이 아닌 말에서 큰 소리로 말한다. 그래서 성도들을 어리둥절하게 한다. 설교의 영적 능력은 큰 소리가 아니다. 거의 속삭이는 듯한 말소리는 뇌성보다 더 의미 전달을 강조할 수 있다(왕상 19:12).

이와 같은 효과적인 언어와 음성 사용을 위해 다음과 같은 훈련이 필요하다.

① 많은 연습을 해야 한다.

노래 부르는 가수들, 웅변가들과 같이 설교자도 음성 훈련이 반드시 필요하다. 훈련이 안된 자연 그대로의 음성은 무표정한 얼굴과 같다. 좋은 음성은 오랜 습관에 의해서 이루어진다.

② 긴장하지 말아야 한다.

즉 설교자의 심령이 늘 평안해 있어야 좋은 음성과 언어사용이 가능하다.

③ 인공적인 것보다는 자연적인, 건강한 음성이 좋다.

어떤 설교자는 평소에 사용하지 않는 이상한 어조와 음성을 설교 때에 사용한다. 이것은 바람직하지 못한 일이다.

④ 호흡 조절을 잘하고 후두에 힘을 주지 말아야 한다.

목에 힘을 주지 말고 말해야 한다. 그리고 혀를 잘 사용하는 훈련이 필요하다.

⑤ 입술 모양을 거울을 보면서 훈련해서 이상한 모양이 나타나지 않게 해야 한다.

설교자가 설교할 때에 성도들은 설교자의 입을 주시한다. 그런데 설교자의 입놀림이 자연스럽지 못하면 거기에 신경이 쓰여 은혜 받는데 지장이 생긴다. 그러므로 설교자는 자기의 말하는 입 모양에 대한 연구를 해야 하고 가장 보편적인 모습이 되게 해야 한다.

⑥ 설교자는 음성을 녹음해서 들어보고 고칠 것을 찾아 고쳐야 한다.

⑦ 개성을 살려야 한다. 자기만의 은혜로운 음성 개발이 필요하다.

⑧ 좋은 음성을 모방하라.

⑨ 말하는 시간 조절을 잘 해야 한다. 설교 언어의 효과를 극대화하기 위해서는 말의 빠르게와 느리게를 잘 조정하라.

⑩ 설교 언어의 강약을 살리라.

한 단어 한 단어, 문장과 문장 사이에도 강약을 살리고 특징을 살리도록 말하는 습관을 훈련해야 한다.

⑪ 삼면경(三面鏡)을 놓고 하라.

⑫ 성경을 소리내서 읽는 연습을 하라.

음성을 가다듬어 가면서 큰 소리로 성경을 읽되 입체적인 낭독을 계속하면 큰 효과를 얻을 수 있을 것이다. 성우(聲優)들이 낭독한 듣는 성경 테이프를 이용해서 그들의 음성과 언어 사용법을 익히는 것이 좋을 것이다.

설교자의 설교는 듣기 위해서 신경을 쓰지 않도록 깨끗하고 확실하게 잘 들려야 한다. 설교자의 언어사용에서 귀에 거슬리는 말 버릇이 없어야 하며 듣기에 매우 탁하고 날카롭고 거친 음성이 되지 말아야 할 것이다. 설교자가 확실하고 분명한 언어를 사용하면서 그 음성이 듣기에 아주 기분이 좋은 것이면 그 설교자는 이미 전하고자 하는 말씀의 60%는 이미 전달하고 있는 것이다. 입체적인 언어사용과 좋은 음성 사용은 설교 듣는 성도들에게 큰 흥미를 일으키고 강조된 말씀을 가슴과 머리에 깊이 새길 수 있을 것이다.

몸의 언어(Body language)를 사용하라

아무리 말을 잘 한다고 해도 언어, 그것만으로는 사람의 의사가 완전히 전달되지 못한다. 그래서 사람은 말하면서 그 말의 의미를 정확하고 분명히 하기 위해 몸의 언어를 사용한다. 설교에도 이 몸의 언어가 사용되어야 한다. 얼굴, 눈, 입, 손, 팔, 머리, 몸 등을 이용하는 제스처가 바로 몸 언어에 해당된다. 그 외에도 비언어적인 언어에는 사람의 맛, 냄새, 귀와 같은 오감들이 있는데 이 모든 것들을 총체적으로 사용해야 한다. 이런 비언어의 언어사용을 위한 많은 훈련과 교육이 설교자에게 필요하다.

강단에서의 설교자의 몸가짐

설교자는 하나님과 성도들 앞에 예의 바르고 경건한 몸가짐을 가져야 한다

　설교란 단순한 언어만 진행되는 것이 아니라 설교자의 몸가짐에도 절대적인 관계가 있다. 설교자는 언제나 단정하고 정중한 몸가짐을 가져야 한다. 강단에 올라 간 설교자가 산만한 행동을 하고 안정되지 못한 태도를 보이면 보는 성도들에게 많은 궁금증과 호기심을 불러일으키고 정신적인 혼란을 초래 한다. 설교자는 강단에 오르면 바로 무릎을 꿇고 기도하는 모습을 갖추고 하나님의 말씀을 전하기 위한 경건된 모습을 보여 주는 것이 좋다. 특별하고 이상한 행동은 설교자나 성도들에게 모두 좋지 않다.

　바울 사도는 "약한 자들에게는 내가 약한 자와 같이 된 것은 약한 자들을 얻고자 함이요 여러 사람에게 내가 여러 모양이 된 것은 아무쪼록 몇몇 사람들을 구원코자 함이니"(고전 9:22)라고 말해서 하나님의 말씀을 바르게 전하기 위한 자기 노력을 표시했다. 설교자에게 가장 중요한 것은 자기 기분이 아니라 하나님의 말씀을 듣는 성도들이다. 그러므로 설교자의 설교 내용이나 설교 방법, 몸가짐들은 모두 여기에 맞추어져야 한다. 설교자의 용모를 결정하는 것은 회중, 주위 상황, 설교자 자신에 의해 결정되어야 한다. 우리에게 헬라어와 신약을 가르치시던 간하배 목사님은 언제나 단정한 옷차림과 몸가짐을 가졌었다. 그런데 그 분이 한국을 떠난 후 몇 년 만에 학교에서 만날 기회가 있었는데, 그 모습이 너무나 많이 달라져 있었다. 덥수룩하게 수염을 기르고 장발에다 다 떨어진 청바지를 입고 있었다. 그런 그의 몸가짐은 상황에 따라 아무 저항이 없기 때문에 잘잘못을

말할 수 없다. 그러나 설교자의 몸가짐은 결코 자기 편리에 따라 결정되어서는 안 된다.

제스처(gesture)

제스처는 전체 몸의 움직임 특히 몸의 일부의 움직임을 가르치는 말이다. 제스처는 의사(意思)의 표현을 위한 것이지, 전시하기 위한 것은 아니다.

제스처의 효과

① 제스처는 말에 힘을 넣어 준다.

"지금부터 말하는 것은 대단히 중요한 것입니다"라고 말하면서 어깨를 축 늘어뜨린다면 그 말의 중요성이 반감될 것이다. 그러나 주먹을 쥐고 힘을 주면서 이 말을 한다면 그 중요성이 매우 높게 강조될 것이다.

② 꼭 책상을 두드릴 필요가 있을 때는 살살 두드리라.

③ 설교자가 성도들을 향해 손가락질을 해서는 안 된다. 이는 성도를 비난하는 몸짓이기 때문이다.

④ 제스처는 설교를 듣는 사람들의 흥미를 유지하고 주의를 끌게 하며 지루하지 않게 해야 한다. 정지된 사물 보다 움직이는 사물이 사람의 시선을 더 잘 끄는 이치다.

⑤ 적당한 제스처는 설교자의 마음을 매우 편하게 한다. 열 마디 말로 해야할 생각이 단 한번의 제스처로 표현되기 때문이다.

⑥ 제스처는 듣는 성도들과의 일체감을 가져온다. 십자가를 설교하는

목사가 "주님께서 많은 고통을 당하시고 십자가에서 돌아 가셨습니다. 얼마나 고통스러웠겠습니까? 그것이 우리들의 죄 때문이라니 얼마나 슬픈 일입니까"라고 입으로만 말하면 아무 감동도 받지 못한다. 그러나 설교자가 이 말을 하면서 고통스럽고 슬픈 얼굴 표정과 이로 인해 눈물을 흘린다면 성도들은 설교자와 함께 십자가 밑에 까지 가는 감정이입(感情移入)이 되어 함께 눈물을 흘리며 회개를 할 것이다. 그러나 모든 제스처가 은혜가되는 것은 아니다. 너무나 산만한 제스처는 설교를 듣는 성도들의 정신을 혼란 되게 한다. 과격한 제스처는 쓸데없이 놀라게 한다.

설교에 알맞은 제스처

① 자연스러워야 한다.

자연스럽지 못한 제스처는 설교의 메시지를 흐리게 한다.

② 절도 있는 제스처를 하라.

제스처가 어색하고 우스꽝스럽게 보이는 것은 온 몸으로 바쳐 주는 제스처가 아니기 때문이다. 손가락만 사용하지 말고 손목 전체와 발까지 사용해야 한다.

③ 다양한 제스처를 사용하라.

사람의 팔과 손, 손가락은 무려 700,000개의 서로 다른 기초적 의미를 지닌 신호를 보낼 수 있다고 한다. 어깨, 눈, 얼굴 표정, 머리, 발, 발목, 가슴, 배를 어떻게 사용하여 하나님의 말씀을 더욱 더 잘 전할지를 연구해 보라.

④ 적시(適時)의 제스처를 사용하라.

제스처는 단어나 구절이 오기 직전에 사용해야 한다. 시간이 맞지 않는 제스처는 어색한 모양이 되고 만다.

제스처 사용 원리

① 가능한 제스처는 훈련을 통해서 미리 준비해야 한다.
② 즉흥적으로 하거나 목표 없이 하지 말라.
③ 너무 많이 하지 말라.
④ 같은 제스처를 반복하지 말라.
⑤ 기본법에 익숙하라.
⑥ 제스처보다 말이 약간 앞서는 것이 좋다.
⑦ 제스처는 꼭 해야 한다고 할 때만 해야 한다.
⑧ 얼굴의 표정도 제스처이므로 인위적으로 조작한 듯 하지 말라.
⑨ 설교 내용을 설명하는 제스처를 사용하라.

제스처의 필요성

① 설교를 입체적으로 전달하기 위해서.
② 설교자는 어느 정도 배우 끼가 있어야 한다.
③ 목사의 제스처는 자연스러워야 한다.
④ 적극적으로 해야 한다.
⑤ 제스처가 없는 설교는 언제나 흑백 그림과 같다.

이와 같은 설교 잘하기를 위한 연습과 훈련을 게을리 하지 말라. 거울과 녹음기를 가지고 보고 들으며 연습하라. 좀 여유가 있으면 녹화기로 녹화를 해서 설교 후 보고 평가하고 설교 잘하는 목사들의 설교 방법과 비교하면서 고치고 본 받으라. 설교 원고를 소리 없이 읽고 큰 소리로 읽고 실제로 설교하듯 읽고 고치라. 이렇게 설교를 잘하기 위해 일년만 노력해도 10년 동안 교회가 평안할 수 있을 것이다. 혼자 하기 어려우면 설교 교실을 만들어 동료 목사들과 함께 하라. 성도들은 자기들에게 하나님의 말씀을 은혜롭게 잘 전해 주는 목사의 설교를 듣기 위해 구름 떼처럼 몰려다니고 있다. 목사들은 설교에 목회의 사활(死活)을 걸어야 한다.

강단에서 보여주는 설교자의 표정

설교자의 표정은 몸의 언어에 속한다. 설교자의 표정은 음성으로 전하는 설교 이전에 많은 것을 성도들에게 말한다. 그러므로 설교 전이나 설교 가운데의 설교자의 표정은 전달되는 메시지와 함께 큰 비중을 차지한다. 설교자의 얼굴 표정은 전하는 메시지와 일치하는 진실성이 있어야 한다. 특별히 죄를 책망하는 설교에서 설교자의 무서운 얼굴 표정은 듣는 성도들로 하여금 큰 거부감을 가지게 할 수 있다. 사랑의 말과 사랑의 표정은 사랑의 정도를 훨씬 더 높이는 효과를 가져온다. 밝고 단정한 설교자의 인상은 메시지 전달을 원활하게 하는 소리 없는 첫 번째 언어다. 강단에서 보여주는 설교자의 맑고 깨끗한 표정은 성도들의 마음을 맑게 해주는 좋은 도구다. 거기에 더하여 잔잔한 설교자의 첫 미소는 성도들에게 안정과 기쁨을 안겨 줄 것이다. 설교자들이 가장 부러워하는 부분은 유창한 설교

보다는 맑고 깨끗한 얼굴에 온순하고 인자한 미소를 머금고 설교하는 목사의 모습이다. 그러므로 거울이나 다른 도구를 이용하여 자기 얼굴 가꾸기를 해야 한다. 인상은 성장 환경에 의하여 만들어진 얼굴이라고 하지만 노력 여하에 따라 얼마든지 고칠 수 있다. 비행기의 스튜어디어스, 빌딩의 엘리베이터 걸, 백화점의 안내원들과 주차 안내원들은 모두 표정 관리와 몸가짐에 대한 특별한 훈련을 받는다.

설교자의 감정 조정과 표현의 문제

설교자의 감정(感情)은 설교자의 심리 상태를 말한다. 유쾌하고 불쾌하고 기뻐하고 슬퍼하는 감정의 표현이다. 그 감정은 피리를 부는 현장에서는 춤을 함께 춤을 출 수 있고 애곡을 하는 현장에서는 가슴을 칠 수 있는 설교자의 정서를 말한다. 설교자에게서 이 감정의 파도가 보이지 아니하면 설교의 전달에는 심각한 문제가 발생하게 된다.

설교자는 하나님의 말씀에 대한 풍부한 감정을 가져야 한다. 주님의 고난을 말할 때는 울어야 하고 부활을 말할 때는 환희의 감정을 나타내야 한다. 이런 감정의 나타남이 가식이 아닌 진실한 것이어야 함은 말할 필요도 없다. 설교자가 감정이 극도로 메말라 있어서 감격적인 사실들을 단순 서술적으로 전하는 것은 용납되지 않는다. 평정을 잃고 불안한 감정을 가지면 확신 있는 설교를 할 수 없고 어떤 특정인에 대한 미움의 감정을 가지면 주님의 사랑을 바로 전할 수 없다. 그러므로 설교자의 심령에 파고든 아름답고 슬프고 기쁜 감정들이 있는 그대로 듣는 성도들에게 전달될 수 있는 경건한 감정 정리가 필요하다. 그리고 그 감정 정리는 성령님의 감동으로 이루어지고 완성되어 표출되어야 한다. 그러나 여기서 한 가지 조심할 것이 있다. 설교자의 지나친 감정 표현이 오히려 말씀 전달에 방해가 될 수 있다는 것이다. 그러므로 설교자는 강단에 올라 가 설교하는 현장에서 이입(移入)되는 감정을 표시할 것이 아니라, 감정 표시를 어디서 어떻게 할 것인가를 설교 원고에 미리 표시하고 준비해야 한다.

눈 언어(Eye contact)

사람의 언어 가운데 눈 언어가 있다. 눈으로 말하는 것을 지칭한다. 사람의 눈은 마음의 창이라고 한다. 사람은 눈에 의해 자기 의사를 전달한다. 성도들의 눈 속에서 설교에 대한 반응이 나타난다. 사랑, 고마움, 만족함, 실망, 원망, 섭섭함이 나타난다. 설교에 능숙한 설교자는 성도들의 눈을 보면서 설교하고 설교를 조절한다. 그것은 성도들의 눈 속에 설교에 대한 반응이 역력히 나타나고 있기 때문이다. 사람이 대화를 할 때 눈길을 피하면 대화를 거부한다는 표시다. 설교자의 눈과 마주친 성도의 눈길이 흐릿하고 설교자를 바로 바라보지 못하면 설교자와의 관계에서나 그 자신에게 문제가 있다는 것을 알아야 한다. 반대로 설교자가 성도를 바로 바라보지 못하고 설교를 한다면 자기에게 은혜를 끼칠 의사가 없다고 판단한다. 많은 성도들이 함께 설교를 듣는다 해도 그들을 개개인으로 접촉할 수 있는 기회는 눈 맞춤뿐이다.

설교자의 눈 맞춤(Eye contact)은 다음과 같이 하라.

① 가장 기본적인 눈 맞춤은 사랑의 눈 맞춤이다.

② 우선 설교와 마음을 일치하라. 설교자의 눈은 바로 설교자의 마음을 드러낸다.

③ 눈에 힘을 주지 말라. 죄 지은 사람도 한없는 자비와 긍휼의 눈길을 주라.

④ 한쪽의 몇 사람을 보고 1,2초 동안 눈길을 머물게 한 후 서서히 눈을 돌려 다른 집단을 보라.

⑤ 설교자의 눈길과 얼굴이 가려지지 않도록 밝게 조명하라.

⑥ 맑고 깨끗한 눈을 유지하라.

설교자가 피곤하면 맑고 깨끗한 눈을 유지할 수 없다. 맑고 깨끗한 눈으로 마치 엄마가 간난 아이와 눈 대화를 하는 것처럼 눈 대화를 하라. 이것은 쉽지 않다. 그러나 반드시 숙달되어 잘할 수 있어야 입의 말과 함께 말씀 전달이 극대화 될 것이다.

성도들이 잘 들을 수 있는 설교를 하라

성도들이 알아들을 수 없는 설교는 울리는 꽹과리다

"형제들아 내가 신령한 자들을 대함과 같이 너희에게 말할 수 없어서
육신에 속한 자 곧 그리스도 안에서 어린아이들을 대함과 같이 하노라"
(고전 3:1)

지난 해 건강 때문에 이사 온 경기도 광주의 우리 집 뒤에는 아주 좋은 산책
길이 있다. 한전(韓電)에서 산 능선을 따라 고압선 송전탑을 세우면서 차가 다
닐 수 있는 길을 만들어 놓았는데 그것이 아주 좋은 운동 길이 되었다. 나는 그
길을 매일 두 시간씩 왕복하는 것으로 일과를 시작한다. 그런데 그 시간이 마침
극동 방송에서 방송 설교를 하는 시간이어서 일 주일 내내 여러 목사님들의 방
송 설교를 듣는 큰 기쁨을 가진다.

주일이 되면 아침에 산에 올라가지 못한다. 예배를 드리고 오후에 산에 가게
되는데 그 시간 또한 내게 큰 기쁨이 된다. 그것은 오후 2시부터 목사님들의 은
혜로운 설교를 들을 수 있기 때문이다.

나는 어느 주일에 어떤 목사의 주일 예배 설교를 녹음해서 들려주는 방송 설
교를 듣고 그 자리에 끓어 앉자 울고 싶은 벅찬 감격을 느꼈다. 그 목사는 나이
가 많지 않았지만 목회를, 특히 설교를 대단히 잘 해서 큰 목회를 하고 있다는
소문을 들었다. 목사는 요셉 시리즈 설교를 하고 있었는데, 마침 야곱이 잃었던
아들 요셉을 애굽에서 만나는 장면을 설교했다. 그 날 설교의 주제나 제목, 대
소지들이 모두 은혜로운 것이었지만 특히 부자가 만나는 장면을 설교할 때에

큰 감동을 받을 수 있었다. 목사는 성경 창세기 46:29의 말씀인 "요셉이 수레를 갖추고 고센으로 올라가서 아비 이스라엘을 맞으며 그에게 보이고 그 목을 어긋맞겨 안고 얼마동안 울매…"라는 말씀을 할 때에 "부자(父子)가 서로 끌어안고 오랫동안 울었습니다"라고 단순 서술형으로 말하지 않고, 부자가 만나서 서로 방성대곡하며 우는 장면을 강단에서 연출하고 있었다. "아버지가 아들을 끌어안고 큰 소리로 울었습니다. '내 아들아, 네가 이렇게 살아 있다니 정말 꿈만 같구나. 엉-엉-엉-엉-', '아버님, 정말 뵙고 싶었습니다. 하루도 아버님을 잊은 적이 없고 꿈꾸지 않은 적이 없습니다. 이렇게 오셔서 건강하신 것을 뵈오니 소자(小子)는 이제 더 이상 바랄 것이 없습니다. 엉-엉-엉-엉.' 옆에서 이 광경을 보던 형들도, 요셉의 아내도, 거기 모인 종들도, 다른 사람들도 모두 너무 큰 감격에 엉-엉-엉-- 소리 내며 울었습니다. 그리고 큰 소리로 하나님께 찬송을 불렀습니다."

그런데 그 목사는 이 이야기를 하면서 라디오로 듣기는 목사 자신이 잃은 자식을 만난 것처럼, 그립던 아버지를 만난 것처럼 정말 기쁨의 감격에 겨워 방성대곡을 하고 있었다.

나는 그의 설교를 들으면서 가슴 미어지게 밀려오는 하나님의 사랑과 부자지간의 사랑을 체험할 수 있었다.

나는 그가 목사로서 듣기에 아주 좋은 소문이 있는 목회를 하고 있는 이유를 잘 알 것만 같았다. 그는 분당에 있는 새에덴교회 소강석 목사다. 3TV.com이나 극동방송에서 주일 오후 2시 30분에 방송되는 그의 설교를 들어 보기 바란다.

그의 설교가 언제나 내게 이렇게 감동적이지는 않다. 그러나 그의 설교에서 그가 성도들에게 감동과 감화력을 가진 은혜로운 설교를 하기 위해 필사적인 설교 연출을 하고 있다는 인상을 강력하게 받았다. 설교자가 강단에 설교하기 위해 올라 갈 때는 하나님께서 그곳에 모인 성도들에게 하시고자 하시는 말씀을 전하는 마지막 기회라고 생각하고 일사각오의 정신으로 말씀을 전해야 한다. 나는 소 목사에게서 그런 모습을 발견할 수 있었다.

설교자가 어떻게 설교해야 성도들을 감동시켜 하나님의 은혜를 받게 할까? 이 문제에 대한 대답을 찾아보자.

가장 좋은 설교 방법

가장 좋은 설교는 가장 좋은 설교 방법을 필요로 한다

1. 대화식 설교

대화식 설교가 있다. 사람과 대화하듯 설교하는 것을 말한다. 우리가 일상생활에서 서로를 보면서 말하는 것을 생각해 보라. 우리 하나님께서 사랑하는 성도들과 일대 일의 대화를 하는 것처럼 설교를 하라. 대화식 설교는 배워야 하지만, 충신 교회 박종순 목사의 설교를 깊이 참고하기 바란다. 박 목사의 설교는 3TV.com이나 화요일 극동 방송의 오전 8시 5분부터 시작되는 방송 설교에서 종종 들을 수 있다. 그 분들의 설교와 여러분의 설교 차이를 모르겠거든 여러분의 설교를 녹음하던지 아니면 녹화를 해서 비교를 해 보라. 그러면 확연히 구별이 될 수 있을 것이다. 무엇이 대화 설교인 줄 모르겠거든, 텔레비전 드라마 가운데 목사가 나와 설교하는 장면을 탤런트가 연기하는데 그 때 그들의 말하는 것을 자세히 보고 들으면 대화식 설교가 무엇인지를 알 수 있을 것이다.

칼빈는 설교를 신적 행위라고 했다. "설교를 통해서 예수 그리스도께서 우리에게 오시며 또 하나님께서는 우리를 찾으시고 가까이 오신다." "우리에게 선포되는 말씀을 우리가 소유함과 동시에 하나님은 우리와 일반적이고도 평범한 방법으로 대화하신다. 이렇게 복음의 설교는 하나님께서 하강하셔서 우리를 찾아오시는 것과 같다"라고 했다. 그러므로 목사는 하나님께서 그 백성에게 말씀하시듯이 말씀을 전달해야 한다. 주님의 대화 설교의 예를 마태복음 5-7장의 산상보훈의 말씀에서 찾을 수 있다. 이 설교를 설명, 논술, 명령, 논증식으로 해 보라. 얼마나 그 의미가 상실되는가를 즉시 알게 될 것이다. 그럼에도 불구하고 많은 설교자들이 주님의 산상 보훈의 말씀조차 논술식으로 설교해서 그 의미를 떨어뜨린다.

대화식 설교는 설교의 형식에만 국한되지 않는다. 설교 전체가 내용과 언어의 표현 방식이 체계 있고 재미있는 대화가 되도록 만들어져서 성도들과의 자연스러운 대화로 풀어 나가야 한다.

그러나 이 대화식 설교 가운데 각별히 주의해야 할 부분이 있다. 즉 하나님 말씀의 선포가 아니라 설교자의 이야기만을 말해지지 않도록 해야 한다는 것이다. 그러므로 설교자는 사적인 대화의 언어와 공적인 장소에서 사용하는 언어에 대한 차별성을 분별할 줄 알아야 하며 더욱이 하나님의 말씀을 성도들에게 전하는 설교에서의 대화에 대한 깊은 이해와 연구가 있어야 한다.

2. 이야기식 설교

이야기식 설교가 있다. 설교를 이야기하듯 하는 것을 말한다. 그 예는 주님의 설교에서 많이 찾을 수 있다. 복음서의 대부분이 이야기로 되어 있다. 예수님께서도 하나님 나라의 메시지를 전달하실 때 주로 이 방법을 사용하셨다. 어떠한 사람이 좋은 이웃인가에 대해서 질문 받으셨을 때에도 주님은 신학적인 논리나 어떤 논술식으로 참 사랑에 대하여 말씀하시지 않으셨다. 주님께서는 "예루살렘에서 여리고 내려가던 한 사람의 이야기"로 진리를 말씀하시기 시작하셨다. 하나님의 사랑이 어떠했는가를 신학적인 논리로 규명하려 하시지 않고, "두 아들을 가진 아버지의 이야기"를 사용하셨다. 왜 주님께서는 어려운 진리를 이야기 형식으로 말씀하셨을까?(마 13:34) 이야기는 성도들로 하여금 말씀을 가장 잘 이해하도록 도와주며, 사람들의 흥미와 관심을 유발시킨다. 또한 이야기는 오래 기억되며, 감성적인 부분들을 고양(高揚)시켜 준다. 이것이 주님께서 말씀을 인간들에게 진리를 이야기로 전달하신 이유이다.

이야기식 설교에서 두 가지 점을 유의해야 한다.

첫째는 설교가 이야기식으로 전개될 때에 설교 전체에 대한 질서 있는 이야기되어야 한다. 즉 듣는 성도들이 무슨 이야기를 하고 있는지 아주 쉽게 알아듣게 처음부터 끝까지 한 가지 이야기로 진행되어야 한다. 알아들을 수 없는 애매모호한 이야기, 혼란한 이야기, 너무 복잡한 이야기, 횡설수설하는 이야기, 중간에 끼어 넣은 엉뚱한 이야기를 해서는 안 된다. 이야기 전체를 통해 확실하고 분명한 복음을 경험하게 하는 것이 이야기식 설교에 있어서 가장 중요한 요소다.

두 번째 중요한 것은 뒤에 더 자세히 말하겠지만 이야기 설교를 이야기하듯 하라는 것이다. 어구의 사용, 말의 높낮이, 설교하는 목사의 몸 언어들이 모두 이야기하듯 진행되어야 한다. "성전 미문에 앉은뱅이 거지가 있었는데 사도들이 나사렛 예수의 이름으로 명하노니 일어나라 했더니 당장 일어났습니다. 일어 난 거지는 성전으로 들어가서 걷기도 하고 뛰기도 했습니다"라는 말을 서술형으로 하는 것과 이야기하듯 하는 것은 그 현장을 머리에 떠올리는데 많은 차이가 난다. "사도들이 성전에 기도하러 갔습니다. 날씨가 너무 더웠습니다. 그런데 성전 문에서 구걸을 하는 거지 한 사람을 만났어요. 거지는 온 몸이 땀으로 흥건히 젖은 채 사도들을 보고 가냘프고 간절한 목소리로 '한 푼 줍쇼. 한 푼 줍쇼'라고 온갖 가련을 떨며 구걸을 했습니다. …걷게 된 거지는 성전에 들어가면서 길길이 뛰었습니다. 할렐루야를 부르면서요. '할렐루야, 할렐루야! 보세요, 나는 거지입니다. 그런데 이렇게 걷게 되었습니다. 뛰기도 합니다. 저기 오시는 분들이 나를 이렇게 고쳐 주셨습니다." 이 말을 할 때 사도들의 말은 사도들의 말로, 거지의 말은 거지의 말로, 구걸하는 말은 구걸하는 말로, 할렐루야는 구원 얻은 사람의 기쁨이 충만한 말로 표현해야 한다.

3. 보이는 설교

2001년 부활절 아침 예배에 나는 정말 충격적인 은혜 체험을 했다. 창동에 있는 그 교회는 원로 목사가 은퇴하고 40대 중반의 목사가 새로 부임했다. 그리고 처음으로 고난 주일과 부활 주일 예배를 드리게 되었는데 그 예배에서 나는 엄청난 은혜를 받았다. 부활절 축하 예배는 다른 때의 예배와 조금 분위기가 달랐다. 강단 옆에 커다란 스크린이 설치되었고, 그 앞에는 근처 여자 고등학교의 오르간 반주자들이 키보드를 가지고 자리를 잡았고, 반대편에 있는 좁은 성가대 앞에는 여러 개의 조명 시설이 되어 있어 있었다. 시간이 다 되어 예배가 시작되었다. 주님의 부활을 축하하는 순서가 일종의 칸타타로 진행되었다. 성가대와 악기의 서두가 있고 중간에 자막의 메시지가 있고 결론으로 성가대의 주님 부활 선포 찬양이 있었다. 그리고 그 사이 사이에 적절하게 조명 조작으로 분위기를 고조시켰다. 처음부터 예배의 분위기가 많이 달랐다. 25명 정도의 성가대는 주님의 죽으심과 부활의 서론을 찬양했다. 그리고 갑자기 모든 조명이 꺼지면서 커다란 자막에 주님의 모습이 나타났다. 십자가를 지고 끌려가는 모습이었다. 입체 음향은 주님의 발자국과 힘들어하시는 숨소리와 로마 병사들의 채찍 소리를 생생히 들려주었다. 나는 그것을 보는 순간 숨이 막힐 것 같았다. 가슴 깊이에서 끌어 오르는 슬픔과 주님 사랑하는 열정이 뒤엉켜 폭발하듯 통곡이 터져 나왔다. 나는 통곡을 참을 길이 없었다. 아무도 없었다면 큰 소리로 주님을 부르면서 "저를 용서해 주시옵소서. 주님을 사랑합니다"라고 외쳤을 것이다. 그러나 그럴 수 없었다. 그 울음을 참고 있노라니 가슴이 벌렁거리고 주체 못할 눈물이 나와 어쩌지 못한 채 헉헉거리며 울었다. 무엇보다도 주님을 사랑하는 내 속 사람의 몸부림이 폭발할 것만 같았다. 눈을 뜰 수가 없었다.

이제는 그림을 보지 않아도 나는 이미 골고다 그 자리에 가 있었다. 그렇게 숨을 쉴 수 없는 시간이 몇 분 지났다. 그리고 주님의 부활을 찬양하는 성가대의 찬양이 있었다. 성전에 불이 환하게 켜졌을 때가지 나는 격정을 참지 못하고 흐느끼고 있었다. 목사가 나왔다. 그리고 아주 차분하고 조용한 목소리로 주님의 부활 소식을 전했다. 그 말씀은 슬픔과 회개와 사랑으로 가득찬 내 심령에 단비와 같이 은혜가 되었다. 그 예배는 내가 목사된 지 30년 만에 처음 받은 큰 은혜요 주님과 나 사이를 확인시켜 주는 예배였다. 나는 2001년 부활 주일을 영원히 잊지 못할 것이다.

어느 목사 안수식에서 본 이야기다. 안수 받은 목사의 임무를 설명하는 목사는 매우 상징적인 행동으로 하나님의 말씀을 전했다. 그는 언어와 시각을 동시에 사용했다.

안수 예정자를 앞에 세운 후에 그는 그에게 십자가를 건네주면서, 십자기에 달려 돌아가신 주님을 중심한 목회를 강조했고, 성경을 건네주면서 말씀 중심의 목회에 대하여 말했다. 잔을 건네면서 생명을 바친 헌신을, 기도서를 건네면서 기도의 사람이 되어야 한다고 말했다. 이런 설교는 강단에 서서 단순히 이렇게 말하는 것과는 전혀 다른 느낌과 은혜를 목사되는 사람과 거기 모인 성도들에게 주었다.

교회에서 보이는 말씀을 전하기 위해서는 거룩한 연극을 할 수 있는 사람이 있으면 좋다. 설교 전이나 중간 또는 마지막에 설교의 내용을 단숨에 전달할 수 있는 연극의 메시지가 있다면 설교의 효과가 극대화 할 수 있을 것이다.

보이는 설교의 필요성

우리 시대는 모든 사건과 사물과 생각을 듣고, 보고, 느끼고, 즉시로 판단하려 한다. 과학자들은 이것만으로는 부족하다고 해서 코로 냄새를 알 수 있는 장치를 연구하고 있다고 한다. 즉 어떤 생각과 사건을 전달하는데 인간의 모든 감각을 이용하려 한다는 것이다. 그렇게 해서 객관적인 일들을 주관적으로 경험하게 하고 생각 속에 일들과 사건들을 현상적으로 나타내려 한다. 현대인은 자기도 모르게 단순한 말의 전달은 점점 어색하고 둔한 반응을 보이기 시작해서 잘 알아듣지 못하게 되고 말았다. 이런 관점에서 볼 때에 설교자의 '말하기만의 설교'가 얼마나 답답한 전달 수단인가를 생각해야 한다.

그러므로 설교자는 "입만 사용하는 단순 언어 설교"의 고착된 틀에서 벗어나 사람의 오감을 자극하고 심령에 감동을 줄 수 있으며 영혼에 은혜를 끼칠 수 있는 새로운 전달 수단을 개발 연구하지 않으면 안 된다. 즉 설교를 듣는 성도들을 말씀의 현장으로 인도해서 하나님의 말씀을 보고, 듣고, 느끼고, 체험하게 해야 한다는 말이다. 십자가에 달려 돌아가시는 장면으로 성도를 데리고 가는 것이다. 부활하신 주님, 승천하시는 주님을 직접 볼 수 있도록 그 현장으로 성도를 데리고 가는 것을 말한다. 이것을 바로 보이는 설교라고 한다. 이 설교에 대한 소극적인 비판도 있지만, 나는 이 보이는 설교 방법이 매우 효과적이며 충격적인 진리 전달 방법이라고 생각한다.

하나님이 보여 주시는 보이는 말씀들(계시들)

보이는 설교에 대한 아주 좋은 예들이 많이 있다. 하나님께서는 당신의 계시를 선지자나 어느 특정한 사람들에게 보여 주시므로 가장 효과적이며 분명히 전하신 일이 그것이다. 모세와 대면하여 말씀하시고(민 12:6-8), 꿈으로 말씀하셨으며(창 28:10-22), 요셉은 꿈의 해석 은사를 얻었다(창 41장). 그리고 요엘은 "그 후에 내가 내 신을 만민에게 부어주리니 너희 자녀들이 장래 일을 말할 것이며 너희 늙은이는 꿈을 꾸며, 너희 젊은이는 이상을 볼 것이며 그때에 내가 또 내 신으로 남종과 여종에게 부어줄 것이며"(엘 2:28; 행 2:17-18)라고 하여 꿈과 이상으로 장차 되어질 일을 가르치시겠다고 예언했다. 이사야는 성전에서 기도를 하다가 하나님의 보좌를 보았다고 했다(사 6:1-3). 그리고 요한계시록은 위대한 환상적 계시로 되어 있다. 이 환상적 계시는 지금도 많은 하나님의 자녀들에게 영원한 천국 모습을 보게 한다. 요한계시록 4-5장에 나타난 천상 예배는 지상 교회의 예배 발전의 기반이 되었다. 그 예로 비잔틴 예배의 아름다움과 장관은 그의 보좌 위에 앉으신 그리스도를 둘러싼 영광과 위엄을 본 딴 것이다. 또 "거룩하다, 거룩하다, 거룩하다"는 로마 카톨릭과 동방 정교회, 그리고 성공회의 예배 형식이 중요한 내용이 되었으며, 개신교 예배에 있어서는 중요한 찬송가에 영감을 준 것이었다. 그리고 보좌의 중심성은 미술품과 건축 작품에 영감을 주었다. 이 외에도 에스겔과(1-3장, 8-11장), 예레미야(13장), 다니엘(1:17, 2:19, 7-10장), 아모스와(7-9장)의 환상들이다. 이러한 환상과 그림과 초상, 그리고 실물 제시는 모두 한결같이 하나님의 진리를 보여 주시므로 인간에게 말씀하신 하나님의 독특한 방법이다.

보이는 설교의 효과

만일 오늘 날에도 이런 환상적 계시가 있고 이런 계시를 받는 목사가 있어서 말씀의 능력을 보여 준다면 그는 지상 최대의 이변을 일으킨 목사가 되든지, 아니면 이단으로 몰려 순교를 당하게 될 것이다. 그러나 지금 하나님께서는 여러 가지 이유로 이런 방법으로 계시하시지 않는다. 이런 환상적 계시는 하나님의 말씀이 정립되지 못하고 미련하고 더디 믿는 자들만 있었을 때에 가장 효과적인 복음 전도의 한 방법이었음에 틀림없다. 그러므로 설교자가 말씀의 그 광경들이 보여지도록 전하는 방법을 연구하여야 한다. 물론 이상한 짓을 해서 물리적으로 무엇을 보이라는 말이 아니다. 하나님의 말씀을 설교할 때 그 말씀이 보이도록 입으로 말하고 행동으로 말하고 분위기를 조성해서 말하고 형상화해서 말하라는 것이다.

이 말씀들은 보이는 설교가 얼마나 강력한 효과가 있는가를 나타내는 좋은 예다. 주님의 말씀을 눈에 보이게 전하라. 주님께서도 '공중에 날아가는 새'와 '들에 피는 백합화'와 '들에서 씨를 부리는 농부'를 보여 주시면서 말씀하셨다.

보이는 설교를 하기 위해서 할 일

▷ 가장 중요한 것은 설교자가 보이는 설교를 하기 위해서는 성경 본문의 말씀을 충분히 상상해서 설교자 자신이 말씀의 현장에 가서 말씀을 먼저 보아야 한다. 그러기 위해 성경 연구를 깊은 해야 하며 성지 순례나 성경의 역사적인 사적지를 보는 것도 좋을 것이다.

▷ 그 다음은 목사가 하나님의 말씀을 몸으로 연출하고 보여 주는 것이

다. "베드로가 물에 빠졌을 때에 주님께서 손을 내 밀어 건져 주셨습니다"라는 말을 선 채로 그대로 말하는 서술형의 전달은 실감이 나지 않는다. 그러나 이 말을 목사가 흉내 내면서 몸으로 말하면(Body language) 대단히 큰 효과를 거둘 수 있다.

요즘 우리 한국 교회의 강단은 많이 바뀌고 있다. 재래식의 웅장하고 장엄한 원목 강대상이 없어지고 뒤가 환히 보이는 크리스털(crystal) 강대상이 유행이다. 그런데 투명한 강대상에서 설교하는 목사들은 왜 투명 강대상을 사용하고 있는지 잘 모르는 것 같다. 투명 강대상은 가슴 위로 노출되어 입과 손으로만 전하던 말씀을 온 몸으로 전하기 위해 사용하는 것이다. 핀 마이크를 가슴에 달고 강단 전체를 사용하면서 열정적으로 말씀을 전하는 하나님의 배우가 되어야 한다. 내가 미국에 갔을 때에 유명한 로보트 슐러 목사의 크리스털 교회의 강대가 투명 강대였고, 설교자가 몸과 말로 하나님의 말씀을 전하면서 강단 전체를 모두 사용하는 것을 보았다. 비록 영어를 잘못해도 설교자의 음성과 몸놀림만으로 무엇을 말하고 있는지 알 수 있을 정도였다. 다른 주일 낮 예배는 정통적인 장로교회의 예배를 참석했는데 그 교회의 모든 것은 우리 한국 교회의 재래식 모습 그것이었다. 다만 설교자가 무엇을 말하는지 전혀 감히 잡히지 않아서 앉아 있다가 일어 선 기분이 들었다. 목사가 설교에서 사용하는 언어를 그림 그리듯이 구사하면 된다. 마치 동화 선생이 아이들에게 동화를 말하듯 주님의 말씀의 어느 부분을 그려 말하는 것이다.

▷ 다음으로 좋은 방법은 연극에 달란트를 가진 성도들을 동원해서 몸으로 메시지를 전달하는 방법이다. 흔히 크리스마스 때나 부활절 같은 때에

학생들이 하는 연극을 말한다. 이 몸으로 전하는 말씀을 목사의 설교 전이나 중간의 적당한 시간에 5분 정도하게 하는 것이다. 이 일은 대단히 익숙해야하고 연기하는 성도들의 기도가 있어야 하며 설교와 자연스럽게 어울려야 한다. 잘만하면 대단히 큰 효과가 있다. 숭실 대학교의 이 반 교수는 "기독교 예배 극에 대하여 영국이나 미국에서는 연극을 하나의 미디어로 생각하고, 기독교 선교에 활용하는 입장을 취하고 있다"고 했다. 그 좋은 예로 런던에 본부를 두고 있는 종교극 협의회(RADIUS)를 들 수 있다. 이 곳에는 도서 대출, 출판, 작가 발굴, 세미나 등을 개최한다. 북구 루터교에서는 '예배극'을 주창하고 나선다. 하트만 (Olov Hartman)목사의 주창으로 1960년대부터 활발히 진행되고 있는 예배극 운동은 단순한 '연극'이 아니라 기독교의 전통적인 '예배'속에서 극이 진행되기를 바란다.

▷ 시설을 잘하는 방법이 있다. 비용이 좀 들더라도 스크린과 컴퓨터를 구입해서 영상으로 보여 줄 수 있다. 이런 영상 자료들은 기독교 서점에서 얼마든지 구할 수 있다.

보이는 말씀을 위한 분위기 조성을 하라

추수 감사절이 한참 지난 어느 주일에 우리 집에서 좀 떨어진 어떤 교회에 가서 주일 예배를 드리게 되었다. 교회는 아담한 성전을 아름답게 건축하고 목사는 열정적인 설교를 했다. 그런데 내 눈에 거슬리는 강단의 한 쪽 모습이 몹시 신경을 쓰게 했다. 그것은 성전 건축을 축하하기 위해 누군가 가져 온 커다란 사철 나무 화분과 그 옆 자리를 차지하고 있는 다른 화분들이었다. 얼마나 오랫동안 그 자리에 그대로 서 있었는지 알 수 없지만 분명한 것은 뿌옇게 먼지를 한아름 뒤집어 쓰고 있다는 점이었다. 그리고 그 먼지 쓴 회분들 옆에는 아직도 치우지 않은 추수 감사절의 물건들이 반쯤 기우려진 바구니에 아무렇게나 담겨 있었다. 왜 설교하는 강단이 단정하고 깨끗하지 못할까? 나만 신경이 과민해서 이런 떼까지 신경이 쓰이는 것인가? 경건한 성도들은 목사가 심방을 때에 집안 대 청소를 한다. 그것이 하나님의 종이나 손님을 맞이하는 정성이요 사랑과 존경의 표시다. 그런데 그 교회는 주일에 하나님을 영접하고 성도들을 맞아들이는데 전혀 신경을 쓰고 있는 것 같지 않다는 인상을 주었다. 어느 한 사람이 30분만 수고했다면 하나님의 말씀을 전하는 강단이 하나님의 말씀 선포를 방해하지 않았을 것이다. 몹시 아쉽고 안타까운 장면이었다.

우리는 TV 방송국에서 어떤 프로그램을 진행하려할 때에 반드시 그 프로그램에 맞는 무대를 만든다는 것을 안다. 특히 음악 콘서트 프로그램의 무대는 현란한 조명과 주제에 어울리는 분위기를 조성해서 진행한다. 우리는 이런 분위기에 익숙해 있어서 실제로 내용은 별 것이 아니지만 분위기에 이끌려 열광하는 사람들을 볼 수 있다.

월드 컵 축구에 거리 응원단이 최대 700만 명이나 동원되었다고 한다. 집에는 모두 TV가 있어서 편하게 경기를 구경할 수 있는데도 이런 분위기가 조성된 곳에서 보는 것과는 완전히 그 느낌이 달라 운동장으로, 거리로 뛰어 나와 축구를 관전했다고 한다.

하나의 메시지를 전하는데 분위기는 아주 중요한 역할을 한다. 만일 무대에서 노래하는 가수에게 이런 분위기가 마련되지 않았다고 가정해 보

라. 같은 사람이 같은 노래를 불러도 듣는 사람에게는 전혀 다른 사람의 다른 노래로 들리게 되며 감동되지 않을 것이다.

우리는 하나님의 말씀을 전하는 설교에 있어서 분위기 조성에 너무 무관심했다. 그리고 지금도 이 점에 대하여 전혀 신경을 쓰지 않는다. 그러나 하나님의 말씀에서는 하나님을 만나고 말씀을 듣기 위한 분위기 조성이 대단히 중요하게 취급되고 있다. 모세가 하나님의 성막 건축을 지시받았을 때에 그 모든 세부 설계는 하나님 자신이 하셨고 모세에게 보여 주셨으며 그대로 만들게 하셨다(출 26:30). 그런데 그것은 너무 화려하고 복잡하고 세밀했다. 그것뿐이 아니다. 성막을 모두 건축하고 준공하게 되었을 때에 하나님께서는 그 회막에 임재하셨다(출 40:34). 그런데 하나님께서 임재하실 때 '구름이 회막에 덮이고 여호와의 영광이 성막에 충만' 했다. 왜 그랬을까? "거기서 이스라엘 자손을 만나시고 하나님의 영광을 들어내셔서 회막을 거룩하게 하시기 위해서"였다(출 29:43).

성막이 그리스도를 나타내는 상징물이라고 흔히 말한다. 즉 하나님께서 말씀하신 그 백성들과의 만남의 장소는 그리스도를 상징하고 있다는 말이다. 그리고 그 성막과 성전은 대단히 아름다웠다.

지글러 박사는 "기독교 예배는 그리스도 안에 나타난 하나님 자신의 인격적인 계시에 대한 성도들의 인격적인 정성어린 응답"이라고 말했다. 즉 예배가 '하나님과 성도의 만남' 이라는 말이다. 예배 중에 선포되는 설교에 대하여 칼빈은 "설교는 단순히 예배의 요소들 가운데 하나라든가 교회의 임무들 가운데 하나 정도가 아니라, 그것은 일종의 하나님의 현현이다"라고 했고 "복음이 하나님의 이름으로 선포될 때, 그것은 하나님이 직접 말씀하시는 것과 같다"고 했다.

그렇다면 하나님과 성도들이 만나는 만남의 장소인 예배와 말씀 선포인 설교에 하나님의 임재하심을 위한 특별한 분위기 조성이 필요한 것이 아닐까? 사도 요한이 밧모섬에서 본 모든 계시는 단순히 듣는 말씀이 아니었다. 그는 너무도 중요한 하나님의 말씀과 섭리에 대하여 묻기도 하고 보기도 하면서 계시록을 기록했다. 그가 본 광경 가운데에는 천상 예배의 광경이 있었다. 그곳에는 화려한 보좌가 있었고(계 4:2), 그곳에 앉아 계신 주님은 영광으로 충만하셨다(계 4:3). 그리고 보좌로부터 음성이 있었고 그 앞에 엎드려 영광을 돌리는 무리들이 있었다(4-5장). 여기서 우리는 말씀을 듣는 것은 보는 것과 천국의 환상적인 아름다운 모습이 함께 어울려 말씀의 효과를 극대화 하고 있음을 알 수 있다.

나는 교회의 설교가 세상의 가요 무대처럼 화려한 분위기를 만들어야 설교의 효과가 극대화 된다고 말하는 것은 아니다. 그러나 아무 분위기 조성 없이 일차원적인 언어만의 메시지 전달로 듣는 성도들에게 실감 있는 말씀의 은혜를 끼치기에는 너무 큰 어려움이 있다는 것을 말하는 것이다. 화려하기 보다는 거룩하고, 사치하기 보다는 경건하며, 단조롭고 단순하기 보다는 어떤 메시지를 담고 있는 단아하고 아름다운 설교 분위기를 만들어야 한다. 그리고 가능하다면 일년에 몇 번이라도 설교 분위기를 바꾸어 새로운 느낌을 주는 연구와 노력이 필요하다. 우리가 성전에 들어갔을 때에 강단 옆에 있는 아름다운 꽃꽂이 꽃들을 본다. 그 꽃들을 절기를 따라 달리 그 모습을 드러낸다. 모든 성도들은 그 꽃을 보면서 기분이 좋아지고 예배의 새로운 분위기를 느낄 수 있다. 예배 분위기 조성이 꼭 꽃꽂이 한가지로 제한할 필요는 없다. 하나님과 하나님의 백성이 만나는 거룩한 분위기가 조성되어야 하며 하나님의 말씀을 잘 전달하기 위한 가장 최선의 분위기도 준비가 되어야 한다.

십년도 더 넘게 한 가지 색깔로 설교 강단 배경으로 꾸며진 휘장, 도무지 주님께서 고통을 당하시고 돌아가신 것 같지 않는 화려한 십자가, 부활절인데도 그 십자가는 부활절의 축제 한 가운데 의연한 모습 그대로 서 있다. 성탄절에도, 추수 감사절에도 십자가만 서 있는 모습에도 아무 느낌이 없는 사람들을 본다. 십자가를 없애라는 말이 아니다. 교회는 여러 가지 독특한 예배와 축제가 있음으로 그 예배에 맞는 분위기를 만들면 하나님의 말씀을 전하고 은혜 받는데 훨씬 더 효과적일 것이라는 말이다.

내가 말하고 있는 이런 현대인들에게 맞는 말씀의 전달은 전혀 새로운 것이 아니다. 지금 설교 뿐 아니라 예배 자체에 커다란 변화가 요구되고 있다. 지난 10여 년 동안 미국 교회에서는 새로운 형태의 예배를 기획해서 연출하는 경향이 전국적으로 확산되고 있다. 이 영향을 받아 1997년 말 80여 명의 한국 목사들이 시카고의 윌로우 클릭 교회에서 리더십 세미나에 참석했다. 그리고 새로운 예배 형태를 시도하게 되었다. 그 예배는 목사가 주도하는 일방적인 예배가 아니라, 예배에 참석한 성도들이 중심이 되는 기획된 예배다. 그것은 각종 음악, 드라마, 촌극, 예배 무용, 판토마임, 간증, 비디오, 영화, 인터뷰, 행렬, 깃발, 예복, 의식, 말씀 선포 등을 자기가 속한 지역사회의 분위기에 맞도록 기획하여 성도나 불신자들에게 이질감을 주지 않고 복음을 선포하는 축제형의 예배를 말한다. 이것은 목사 단독으로 실천하기는 어렵다. 그래서 교회 안에 이런 부분에 대한 전문 지식을 가졌거나 달란트를 가진 자원 봉사자들로 드라마틱한 예배 연출 기획팀을 만들어 시행할 수 있어야 한다.

목사의 설교도 마찬가지다. 언제나 같은 분위기에서, 언제나 같은 목소리로, 언제나 같은 설교 스타일의 설교를 3년 동안 듣고 있다고 상상해 보라. 그리고 설교하는 목사는 언제나 이런 인상을 준다고 생각해 보라. "내설교를 안 들으면 너희는 결국 하나님의 자녀로서의 자격을 상실할 것이고, 주시는 축복에서 제외될 위험이 있음으로 졸지 말고 정신을 차리고 들어야 한다." 이런 식의 설교와 교회분위기, 예배 스타일에 질리지 않는 현대인은 오히려 이상한 사람일 수밖에 없다. 지금 세상에 사는 모든 사람들은 자기에게 맞지 않으면 단 10초도 봐 주지 않고 TV의 채널을 돌리는 사람들이다.

가장 최선의 예배 분위기는 예배를 드리려 나오는 성도들의 마음 자세라고 한다. 정말 맞는 말이다. 그러나 환경적인 분위기 조성에도 신경을 써야할 시대에 우리는 살고 있다는 것을 관과해서는 안된다. 일년 내내 한자리를 지키고 있는 사철나무의 커다란 화분에도 아무 느낌이 없는 설교자의 무감각은 참으로 놀랍다고 할 것이다. 설교하는 강단 분위기는 그렇게 해 놓고 설교자인 자신은 라디오 보다 보고들을 수 있는 TV를 더 많이 보고 싶어 한다.

4. 체험하게 하는 설교

하나님의 말씀을 체험하게 하는 설교를 하라. 우리는 주님께서 말씀을 전하실 때에 그 말씀을 확증하기 위해 듣는 사람들에게 말씀의 현장에 동참케 하시는 것을 볼 수 있다. 예를 들면 나사로와 야이로의 딸과 나인성 과부의 아들이 죽었다 살아 난 것은 주님의 부활을 믿게 하기 위한 기적이고, 베드로가 물에 빠진 사건은 주님만이 구세주이심을 보여 주신 것이며, 문둥병자들을 고쳐 주신 일, 오병 이어의 떡을 먹이신 일들은 모두 주님의 말씀에 사람들을 동참 시킨 사건이라고 할 수 있다. 우리는 이런 사건들에서 늘 주체가 되시는 주님을 생각했다. 그러나 입장을 바꾸어 죽었던 나사로, 나인성 과부의 아들, 떡을 먹은 사람들, 베드로의 입장을 생각해 보라. 그들이 체험한 놀랍고 놀라운 은혜는 어떤 감격이었으며 어떤 은혜였을까? 체험하게 하는 설교는 바로 이런 은혜를 성도들이 경험하게 하는 것을 말한다.

방언을 체험하는 성도는 누구든지 하나님의 실존에 대한 확실한 증거를 얻는다. 한얼산 기도원의 이천석 목사는 기도원에 온 성도들에게 말씀을 전할 뿐 아니라, 성도들이 방언의 은사를 체험하게 하므로 은혜의 세계에 직접 들어오도록 했다. 이런 설교와 노력으로 인해 많은 성도들이 은사 체험을 하고 말로만 듣고 생각 속에서만 사랑했던 하나님에 대한 사실들을 직접 체험하므로 크게 변화되는 것을 많이 보았다. 사실 모든 목사들은 설교의 궁극적인 목적이 선포된 말씀대로 사는 성도되게 하는 것이라고 할 수 있다. 그러나 이런 신령한 체험으로 하나님 세계에 몰입하는 것은 쉽지 않다.

그러나 신령한 체험이 아니더라도 설교를 통해 하나님의 말씀 세계를 체험하게 할 수는 있다. 매우 조심스러운 일이기는 하지만 말씀에 벗어나지 않게 잘하면 엄청난 효과가 있는 방법이다.

성도로 하여금 말씀을 체험하게 하는 설교를 어떻게 할 수 있을까? 여기 몇 가지 예를 들었다.

예 1. 성도의 부활의 영광과 기쁨

▷ 죽은 자의 장례식:

우선 관(棺)을 하나 준비하라. 목사가 죽어 수의를 입고 누워 있다. 모든 성도들이 보는 앞에서 목사의 시신을 입관하라. 목사가 죽어서 장례를 치루는 것이다. 장난기가 섞이면 안 된다. 정식으로 장례를 하는 것이다. 순서에 따라 입관하라. 관에 못을 치라. 입관 예배를 드리라.

▷ 죽은 자의 부활:

그리고 잠시 후에 분위기를 전환시켜 부활의 찬송을 하라. 관을 열고 죽었던 목사는 일어나라. 음향 효과와 분위기 조상이 되면 더욱 더 좋다. 그리고 부활의 말씀을 전하라. 죽었던 사람이 다시 살아나서 전하는 부활과 영생의 기쁨을 전하는 설교다.

목사가 강단에서 "우리는 주님께서 부활하신 것처럼 죽어도 다시 살 것입니다"라고 말씀 선포하는 것과 관 속에서 일어나 살아 난 큰 기쁨과 환희를 가지고 "주님께서 우리들을 죽음을 이기고 다시 살리실 것입니다"라는 말씀의 효과는 많은 차이가 있다.

목사가 아니고 다른 사람이 관 속에 들어가도 된다. 그러나 이런 체험은

매우 충격적이기 때문에 심장이 약한 사람이나 싫어하는 사람을 시켜서는
안 된다.

예 2. 선한 목자를 따르라는 제목의 체험 설교
아주 깜깜한 밤이나 또는 낮에 겨우 1m 앞만 보이는 눈가리개를 씌우
라. 어둡고 꼬불꼬불한 길에서 목사가 앞장을 서고 앞이 안 보이는 성도들
이 목사의 발자취를 따라 걷게 하라. 물론 목사는 주님 역할이다. 좌우로
치우치는 자들은 실격하게 하라.

이런 설교는 일상적 예배의 설교로는 좀 어려울 것이다. 그러나 금요 철
야 기도회나 특별한 절기 예배 때는 얼마든지 가능한 일이다.
세족식(洗足式)이라는 것이 있다. 주님께서 제자들의 발을 씻어 주시면
서 서로 섬기라는 말씀을 제자들에게 하신 말씀 선포다.(요 13:4) 제자들은
단순한 '너희는 서로 섬기라' 는 말씀 보다 주님의 발 씻어 주심에 참석해
서 더욱 더 강력한 메시지를 받았다. 특별한 절기에 교회에서 하는 행사
다. 그러나 이것은 단순한 행사가 아니다. 주님께서 제자들에게 말씀을 참
여하게 하시는 설교라고 할 수 있다.
그리스도의 복음을 효과적으로 전달하기 위해서 우리는 언어의 노예 상
태와 하나님의 진리가 아닌 진리를 전하는 방법에 대한 고정된 관념 때문
에 진리를 바로 전하지 못하는 어리석음을 즉시 버려야 한다. 설교자는 진
리 선포를 위한 폭발적인 상상력을 동원해야 한다. 그렇게 해서 우리를 위
해 죽으신 주님의 십자가 앞에서 우리들의 모든 죄를 회개하고 구원해 주

신 주님에게 생명을 바치며 하나님의 자녀로서의 영광과 기쁨을 체험하게 해야 한다.

하나님께서는 당신의 뜻을 세상에 알리시기 위해 모든 방법을 사용하셨다. 자연을 통해서도 말씀하시고(롬 1:20), 선지자, 죄인, 짐승, 증조, 우뢰와 번개, 죽은 자, 사단, 귀신, 가룟 유다, 오른편 왼편 강도, 역사(歷史), 전쟁, 죽음, 부활, 어떤 모형, 이적과 이적 등 수없는 많은 방법을 통해 말씀하셨고 최후로 하나님 자신이 인간의 몸을 입고 오셔서 말씀을 선포하셨다. 그러므로 설교자도 하나님의 말씀을 선포하기 위한 방법을 전혀 제한해서는 안 된다. 사회 통념에 억매거나 습관에 의지하여 말씀 전달의 매개체를 제한하며 자기 생각과 같지 않다고 해서 가장 효과적인 말씀 선포의 수단을 이단시해서는 안 된다. 하나님의 진리를 전달하는 길에 어떠한 방해도 가해서는 안 된다는 말이다.

클라이드 리드라는 학자는 새로운 설교 형태에 대하여 다음의 다섯 가지를 제시했다.

① 설교 지향적인 대중예배를 소그룹 위주의 예배로 전환시키는 것

② 설교 위주보다는 춤과 드라마와 침묵을 활용한 다양한 예배를 개발할 것

③ 특정한 설교자의 설교가 아닌 참여자들의 증언 또는 간증을 활용할 것

④ 교육시키기 위하여 설교보다 소그룹 단위의 연구를 시도할 것.

⑤ 때때로 유명한 설교와 훌륭한 음악을 함께 드리는 정중한 의식의 예배 경험 등을 제시하고 있다.

나는 그의 급진적인 의견에 동감하지 않는다. 그러나 급변하는 시대에 진리를 효과적으로 전하기 위한 방법은 계속 개발되어야 하고 연구되어야 한다고 생각한다.

그래서 나는 내가 평소에 생각하고 있던 설교의 방법론과 몇 분 설교학 교수들의 설교 방법에 대한 글들을 종합하여 설교 방법에 대한 몇 가지 의견을 제시했다. 그러나 이외에도 계속해서 효과적인 설교 방법에 대한 연구가 계속되어야 한다. 하나님의 말씀을 가장 효율적으로 전하는 방법에 대한 진지한 연구는 하나님의 말씀 연구와 성도들을 변화되게 하는 연구에 못지않게 중요한 작업이다. 그것은 말씀이 있고 성도가 있으나 전달되는 방법인 설교가 잘못되고 무기력해 지면 아무런 효과도 기대할 수 없기 때문이다.

5. 최적의 음향 장치

하나님의 말씀을 잘 전하기 위한 시설비를 아끼지 말라

"성령이 형체로 비둘기 같이 그의 위에 강림하시더니
하늘로서 소리가 나기를 너는 내 사랑하는 아들이라
내가 너를 기뻐하노라 하시니라" (눅 3:22)

좋은 음향 장치는 설교에 막대한 영향을 준다. 설교자의 음성이 좀 거슬리는 경우도 좋은 음향 장치로 적절히 조정하면 좋은 음성으로 들린다. 그러나 좋지 못한 음향 장치는 반대의 현상을 가져온다. 설교를 위한 최적의 음향 장치에 대한 일반적인 상식을 여기 기록했다.

설교를 위한 기계장치

① 음악를 듣기 위한 오디오용 앰프는 안 된다.

② 스피커의 방향을 잘 조절해야 한다. 말하는 자와 스피커가 일치해야 한다.

③ 한 곳에서 들려져야 한다.

④ 육성과 같은 음향으로 들려져야 한다.

⑤ 육성과 같은 음질로 들려져야 한다.

⑥ 마이크와 입과 거리는 8인치가 되어야 한다.

⑦ 가까우면 바람소리가 들어간다.

⑧ 줄이 없는 작은 마이크를 사용해야 한다.

⑨ 설교자가 몸 언어를 자유롭게 사용하기 위해서는 넥타이에 고정할 수 있는 핀 마이크를 사용하는 것이 좋다.

⑩ 음향을 조절하는 전문가가 상주해 가장 좋은 소리를 만들어 내야 한다.

설교 분위기 조성을 위한 기타 장치

① 성가대의 찬양은 음악 전문 오디오로 들어야 한다.

② 교회 안에서 연주되는 음악 연주나 찬양의 반주를 위한 시설이 좋아야 한다.

③ 기타 다른 메시지 전달 매체에는 그에 적합한 시설을 해야 한다.

요즘 형편이 좋은 교회에서는 영상 매체를 위해 강단에 커다란 스크린을 만들고 컴퓨터와 확대기를 동원해서 예배를 돕는다. 그런데 이것이 오히려 예배 분위기를 산만하게 하고 어지럽게 하는 일이 있다.

어떤 교회에서는 높고 넓은 강단의 한 모퉁이에 큰 스크린을 장치해 놓고 이미 주보에 나와 있는 모든 예배 순서의 찬송가 가사, 교독문, 사도신경, 기도하는 장로의 얼굴, 성가대의 찬양 모습과 가사, 설교 본문, 설교 제목, 설교하는 목사의 얼굴, 광고들을 그려 주었다. 나는 그 광경을 보면서 왜 그것이 필요한지를 도무지 이해하지 못했다. 그것들은 이미 주보에 다나와 있는 것들이고 성경과 찬송가에 실려 있는 내용들이다. 그것들은 마치 성도들이 교회에 올 때는 아무 것도 가지고 오지 말고 빈손으로 와도 예배드리는 데는 전혀 지장이 되지 않는다고 강조하는 것처럼 느껴졌다. 그러나 이런 어리석은 첨단 의식은 하나님의 말씀을 듣는 데나 성경을 찾아읽고, 찬송가를 부르고, 설교를 듣는데 전혀 도움이 되지 않았다. 화면에 흐릿하게 나타나는 그림을 보는 것과 목사의 설교를 듣는 것이 정말 혼란스러웠다. 그리고 더욱 기분이 언짢게 하는 것은 그 커다란 스크린이 강단 중앙에 걸려 있는 십자가를 반이나 가리고 있다는 사실이다.

제 5 부

예화 사용하기

좋은 예화는 설교를 이해하기 쉽게 하고 재미있게 하는 양념과 같다

"예수께서 이 모든 것을 무리에게 비유로 말씀하시고 비유가 아니면 아무 것도 말씀하지 아니하셨으니 이는 선지자로 말씀하신바 내가 입을 열어 비유로 말하고 창세부터 감추인 것들을 드러내리라 함을 이루려 하심이니라" (마 13:34-35)

김 집사의 남편은 모 회사의 과장이다. 그 날 선포된 설교에 대하여 그는 아주 좋은 반응을 보였다. 목사는 그가 교회 나온 지 얼마 되지 않았지만 드디어 하나님의 말씀에 큰 은혜를 받는다고 생각했다. 예배를 드리고 나오는 성도들의 손을 일일이 잡아 주면서 다정한 눈인사와 안부를 묻는 목사에게 그는 이런 말을 했다. "목사님, 오늘 설교 말씀 참 재미가 있었습니다." 정말 뜻밖이었다. 예배가 끝나기 무섭게 굳은 얼굴로 손을 잡는 둥, 마는 둥하고 달아나듯 가던

그가 그런 말을 하다니…

목사는 그 날 그의 그런 태도에 대 만족을 해서 목사로서, 설교자로서 큰 만족을 느꼈고 하나님께 감사했다. 목사는 그가 틀림없이 오늘 전한 그리스도의 십자가의 사랑에 대한 은혜를 받았다고 확신했다. 그 후에 그의 목사를 대하는 태도는 많이 달라졌다. 그런 그를 보면서 목사는 한 번 설교에 은혜를 받더니 사람이 많이 달라졌다고 대 만족을 했다. 그리고 몇 달이 지났다.

식사 모임에 참석한 그를 보고 목사는 은근히 물었다.

"저, 이 선생님. 지난 9월 둘째 주일 설교를 기억하십니까? 그 설교에서 많은 은혜를 받으신 것 같은데 무슨 말씀에 그렇게 은혜를 받았는지요?" 목사가 그런 질문을 한 것은 자기 설교에서 그런 큰 은혜를 받은 그가 고마웠고 평소 설교에 자신이 없던 그로서는 그의 말을 듣고 설교에 반영하고 싶었던 것이다. 그러나 그의 대답은 목사의 기대에 훨씬 못 미치는 것이었다.

"아 그 날 목사님의 설교요. 기억하고 말고요. 다른 것은 모르겠는데 거 왜 있잖아요. 목사님께서 아주 재미있는 이야기를 하셨잖아요."

"무슨 이야기를 말씀하시는지…"

"우리나라 대통령 된 사람이 축구 선수였는데, 축구 선수와 대통령하고 어떤 공통점이 있다면서 기회만 있으면 대통령이 축구 선수였다는 말을 하는지 모르겠다고 하셨잖아요."

"그랬죠"

"그 말씀이 그렇게 재미가 있더라구요."

"…"

* * * *

김 집사가 예배를 드린 후에 목사를 찾아 왔다. 그리고 이렇게 말했다.

"목사님 오해하시지 마시고 제 이야기를 들어 주십시오."

"무엇인데요."

"설교 중에 괴테의 '신곡' 이라고 하셨는데 '신곡' 은 단테가 쓴 줄 알고 있습니다. 혹시 괴테라는 소설가가 있어서 '신곡' 이라는 작품을 썼나요?"

＊＊＊＊

아주 유명한 목사가 부흥회를 인도 초청을 받아 설교를 하게 되었다. 설교에 많은 은혜를 받은 성도들은 너도나도 유명 목사와 개인적인 대담 시간을 가지고 싶어 했다. 순서를 기다리던 권사가 목사와 인사를 한 후에 말했다.

"목사님, 참 나이가 드셨어도 여전하십니다. 조금도 늙어 보이지 않아서 좋네요."

"권사님이 나를 어떻게 잘 아십니까?"

"알고 말고요. 제가 여기 이사 오기 전에 다니던 교회에 오셔서 부흥회 인도 하셨잖아요. 그 때 저의 집에서 식사도 하셨는데…"

"아 그래요. 몰라 봬서 죄송합니다."

"그런데요. 목사님 조금도 늙지 않았을 뿐 아니라 총기도 좋으십니다."

"그래요? 고맙습니다."

"10년 전에 그렇게 재미있게 이야기하시던 과부 시 어머니와 며느리 이야기를 하나도 틀림없이 잘하시데요."

"…"

＊＊＊＊

어떤 목사는 하나님께서 무소부재 하시다는 것을 아주 실감나게 설명하고 싶었다. 그래서 큰 소리로 이렇게 말했다. "하나님께서는 저기 있는 쓰레기통 속에도 계십니다."

예화의 뜻은 원래 언어학적으로 볼 때에 "주제(subject)에 빛을 비춰 주는 것"이라는 의미가 있다. 따라서 그 자체에서 어떤 의미를 찾아서는 안 된다. 예화는 어디까지나 선포하고자 하는 진리를 잘 표현할 수 있도록 돕는 역할을 하게 해야 한다. 단지 이야기를 위한 이야기를 한다면 듣는 사람들이 재미있어 할지 모르나 오히려 선포되는 진리의 빛을 회석시켜 설교를 방해한다.

순수한 메시지의 전달이 아닌 설교자의 경험담과 잡다한 이야기들은 순간적으로 성도들을 흥분시키고 재미를 유발시킬지 모르나 결국 무슨 말씀을 들었는지 알지 못하게 한다.

설교의 예화는 마치 음식의 조미료와 같다. 아무리 좋은 재료로 음식을 만들어도 조미료를 잘못 사용하면 먹을 수 없는 음식이 되고 말듯이 예화를 잘못 사용하면 진리를 바로 전하지 못하는 엄청난 과오를 범할 수 있다.

예화를 진리를 선포하는 식으로 할 수 없다. 즉 예화는 어디까지나 예화이기 때문에 이야기하듯 해야 한다는 말이다. 명 강의를 진행하는 교수처럼 해도 좋다. 어떤 목사는 예화를 말씀 선포와 조금도 차이 없이 하기 때문에 성도들을 혼란스럽게 만든다. 그러나 예화 가운데 선포적인 예화도 있으므로 이 점에 대한 차별화를 해야 한다.

예화의 목적

▷ 설교자에게 유익하다.
▷ 설교의 개념을 잘 정리해 준다.
▷ 설교 구상을 간결하게 만들어 준다.

예화 사용의 원칙

▷ 단편적이고 짧지만 하나님의 말씀을 정확히 설명할 수 있는 예화를
하라.
▷ 단순하게 하라. 간단한 이야기로 진리를 아주 쉽게 이해하게 하라.
▷ 가급적이면 예화의 근거를 밝히라.
▷ 성도들이 들어주는 예화를 하라.
▷ 알아듣기 쉬운 예화를 하라.
▷ 설교의 주제와 자연스럽게 잘 연결되어야 한다.
▷ 사람들이 다 아는 이야기를 하라.
▷ 확실한 사실과 부합되어야 한다.
▷ 너무 신비하고 믿을 수 없는 예화는 삼가되 꼭 필요한 경우는 믿게 설
명해야 한다.
▷ 극적인 효과를 살리라.
▷ 이야기를 생생하게 표현하라.
▷ 평범한 일상생활 속에서도 영적 진리에 대한 유추와 적용을 발견하여
예화로 사용하라.

▷ 개인적인 이야기를 예화로 사용할 때는 사실적일 것.

▷ 독서를 통해 예화를 수집하고 정리하라.

▷ 예화는 설교 준비의 가장 마지막에 조명으로 삽입하라.

▷ 설교에 도움이 안 되는 부분의 이야기를 제거하라.

▷ 너무 노골적이며 난잡하고, 허구적이며 교양에 어긋나서 기분을 상하게 하는 것이어서는 안 된다.

▷ 자기가 직접 체험한 이야기를 과장하여 말하지 말라.

▷ 겸손할 것. 자기 자랑이 되어서는 안 된다.

▷ 타인의 개인적 비밀을 누출해서는 절대 안 된다.

예화 사용의 장점

▷ 흥미와 주의를 끌게 한다.

▷ 진리를 생생하게 이해하게 한다.

▷ 결심하게 한다.

▷ 행동하게 한다.

▷ 진리를 쉽고 바르고 빠르게 알아듣게 한다.

▷ 설교자의 설교를 라디오로 듣던 사람이 TV를 보는 것과 같이 만들어 준다.

▷ 논리적으로 설명하기 어려운 진리도 사실 보다 더 효과적으로 믿게 한다.

▷ 설교를 아주 오래 기억에 남게 한다.

▷ 설교자와의 교감을 증대해 준다.

▷ 설교를 듣는데 지루함을 제거한다.

▷ 설교를 명료하게 한다.

▷ 설교를 아름답고 풍요하게 한다.

▷ 설교의 결론에서 완벽한 메시지를 전달한다.

▷ 상상력을 동원하고 누구나 다 좋아한다.

▷ 머리 속에다 그림을 그리는 것과 같다.

▷ 설교 내용을 확고하게 받아들이게 한다.

▷ 설교에서 묘사된 상황을 생생하게 연상한 말씀을 쉽게 실생활에 적응하게 한다.

▷ 진리를 이해하는데 도움이 된다.

예화 사용 시 주의 사항

▷ 설교의 주제와 맞게 하라.

▷ 과장하지 말라.

▷ 한 예화를 2분 이내에 끝내라.

▷ 예화는 예화라는 것을 잊지 말라.

▷ 보편화 하지 말고 정확하게 하라.

▷ 자기 경험담을 될 수 있는 대로 피하라.

▷ 적당하게 하라.

▷ 비유나 예화는 말하고자 하는 포인트가 하나이어야 한다.

▷ 어조나 화법도 달리해야 한다.

▷ 예화는 거짓이 없어야 한다.

▷ 100만분의 1이 있을까 말까 한 이야기는 하지 말라.

▷ 설교 목적을 위한 수단일 뿐이다. 예화를 사용하기 위해 설교를 만들지 말라.

▷ 한 설교에 3-4가지로 예화의 수를 제한해야 한다.

▷ 긍정적인 진리에 부정적인 예화를 사용하지 말라.

▷ 자기 도취에 빠지지 말라.

▷ 희롱은 금물이다.

▷ 같은 예화를 두 번 다시 하지 말라.

한 번 한 예화는 패기 하지 말고 날짜와 시간을 기록해서 영원히 기억하도록 해서 다시 쓰지 말아야 한다. 이상하게도 성도들은 말씀을 잊지만, 수 년 전에 했던 예화는 잊지 않는다. 예화를 사용하되 가급적이면 성경에 있는 예화를 사용하라. 그렇게 하면 같은 이야기를 해도 시비를 하지 않는다. 같은 예화를 사용했다고 해서 설교가 잘못되었다거나 설교의 질이 떨어졌다고 생각하지 않는다. 그러나 성도들은 같은 예화로 인해 자기들도 기억하지 못하고 있는 같은 설교를 재탕했다고 하며(예화를 두 번 사용한 것이지, 같은 설교를 한 것은 아니지만 그렇게 단정해 버린다), 설교 준비에 소홀한 목사라 하고 심지어 실력이 없는 목사라고 한다.

예화의 사용 요령

▷ 짧게 하라

▷ 듣는 자의 경험과 흥미와 교육 정도에 맞아야 한다.

▷ 예화를 하면서 위신을 잃어서는 안 된다.

▷ 무슨 말을 하고 있는지를 생각하고 책임을 지라.

▷ 진실하게 말하라.

▷ 실제 생활에서 적용되는 일화를 말하라.

좋은 예화

성경에 있는 이야기

자꾸 반복해서 사용해도 좋은 예화가 있고, 그래서는 안 되는 예화가 있다. 성경의 이야기는 많이 사용해도 좋다. 예를 들면 다윗의 이야기, 모세의 이야기들이다. 그러나 세상의 일을 예화로 할 때 두 번 사용해서는 안된다.

모든 사람이 잘 아는 이야기

예화는 모든 사람들이 알고 있는 이야기를 하라. 오늘 아침에 보도된 내용이나, 어젯밤에 방송된 이야기를 예화로 사용하는 것이 좋다. 그래야 설교를 듣는 사람들이 자기가 이미 알고 있고, 생각한 바가 있는 이야기에 흥미를 느끼며 동참하는 기쁨을 가지므로 예화를 통한 극대화된 효과를 거둘 수가 있다.

예 : 우리가 잘 아는 밀레의 "만종"이라는 유명한 그림이 있습니다. 그 그림을 보면 경건한 부부의 모습을 볼 수 있습니다. 두 분은 하루의 농사 일을 마치고 어두워 가는 황혼에, 서로 마주서서 두 손을 모으고 기도하는 모습입니다. 저 멀리 교회의 종소리가 들려옵니다. 하루의 삶을 돌이켜 볼 때에 모두가 하나님의 은혜입니다. 그들은 두 손을 모두고 고요히 머리를 숙이고 감사의 기도를 드립니다. 얼마나 성스럽고, 평화스러운 모습인지 모릅니다. 이것이 바로 경건입니다. 그렇습니다. 진정한 '경건'은 하나님 을 경외하며 그 은혜에 감사하는 모습입니다.

신앙 위인의 이야기

예화 중 하나님에 대한 신앙과 관계가 없는 이야기는 삼가는 것이 좋다. 즉 어떤 훌륭한 고승의 이야기(원효. 설총 등)나, 믿음으로 살지 아니한 철 학자, 정치인, 학자들의 예를 들어서는 안 된다.

예 : 오래 전에 전치규라는 순교자 목사님이 계셨습니다. 이 분은 펜윅 선교사라는 분과 친분이 있었는데, 목사가 되기 전 하루는 펜윅 선교사가 무 하나씩을 주면서 제자들에게 무를 밭에 거꾸로 심으라고 했습니다. 제 자들은 모두 코웃음을 치면서 바로 묻었습니다. 그러나 전 목사만은 하얀 무가 하늘을 보게 거꾸로 심었습니다. 밭에 나가 본 펜윅 선교사는 전 목 사만이 순종한 것을 보고 감동하게 되었고 일평생 전 목사와 더불어 봉사

하면서 유명한 원산 번역이라는 신약 성경을 만들어 냈습니다.

신앙 위인들의 말

믿음으로 산 위인들이 남긴 유명한 말들은 좋은 예화가 된다. 그런데 불신자로 살았지만 모든 사람에게 존경을 받는 사람의 말이 강단에서 예화로 쓰이는 경우가 매우 많다. 그들의 한마디 말은 대단히 유익한 교훈이 되지만 그의 생애가 하나님을 인정하지 않았기 때문에 가급적이면 피하는 것이 좋을 것이다. 그것은 아무리 세상에서 명망이 있어도 하나님을 부인하는 사람은 성도에게 존경의 대상이 되지 않기 때문이다. 그리고 그들의 한 마디 말 때문에 마치 하나님의 사랑을 많이 받은 사람인 것으로 오해될 소지가 있기 때문이다.

예 : 성경 다음으로 가장 위대하다는 「기독교 강요」를 쓴 칼빈은 그의 기독교 강요 상권 466페이지에서 "열렬히 구하는 사람일수록 더 받을 수 있다는 주님의 가르침은 그 최대의 근거를 주 자신에게 둔 것이 아닌가? '심는 이나 물주는 이는 아무 것이 아니로되 오직 자라게 하시는 하나님뿐이니라' 고 바울은 썼다"(고전 3:7)라고 말했습니다.

역사적 사실

역사적 사실을 예화로 할 때에는 구체적인 사료(史料)에 의한 확실한 증거를 제시할 수 있어야 한다. 이런 예화는 만들어 내서는 안 된다. 그것은 거짓말이며 허구에 불과한 기만적인 예화이기 때문이다.

예 : 영국에는 코벤트리라는 도시에 큰 교회가 있는데 2차 대전에 다 타 버리고 한쪽 벽만 을씨년스럽게 남아 있습니다. 그 사람들은 그 벽을 그대 로 보존하면서 "하나님 아버지, 용서하십시오"라는 큰 글자를 그곳에 붙여 놓았습니다. 많은 사람들은 그 팻말을 보면서 하나님께 무엇을 용서받아 야 되는지, 죄악의 대가가 무엇인지를 알게 됩니다. 비록 그 교회에서는 예배를 드리지 않고 찬송 소리가 들리지 않지만 하나님의 우렁찬 말씀은 말없는 가운데 널리 널리 선포되고 있는 것입니다.

격려와 위로

실패 속에서 믿음으로 다시 일어 나 성공한 사람들의 이야기는 큰 은혜 가 된다.

예 : 우리 민족은 위대한 가능성을 가진 놀라운 민족입니다. 오늘 소망이 없는 것같이 여겨지지만 그것은 결코 아닙니다. 폐허 속에서 오늘의 한국 을 일으켰습니다. 한 민족이 나라를 세워 500년 역사를 간직한 민족은 우 리 민족밖에 없다고 합니다. 외국인들이 한국인들의 놀라운 조화력에 감 탄을 합니다. 한국에는 기독교, 유교, 불교, 천주교, 원시 종교들이 섞여 있 는데 어떻게 분쟁이 없이 서로 함께 공동으로 섞여 사느냐고 놀라워합니 다. 즉 우리 민족은 싸움을 좋아하는 민족이 아니라는 말입니다. 공동체 의식이 강하고 나라를 사랑할 줄 아는 사람들이 모여 삽니다. 더욱이 하나 님에 대한 신앙은 온 세계에 놀라움과 경의 감을 주는 독특한 믿음을 가지 고 있습니다. 그러므로 하나님께서는 우리들을 사랑하셔서 우리들에게 일

어 난 모든 일들을 합심하여 선이 되도록 만들어 주실 것입니다.

감동적인 이야기

성도들의 심금을 울려 감동을 일으킬 수 있는 예화가 좋다.

예 : 미국의 메사추세츠 노드햄토 공동묘지에 가보면 데이비드 브레이너드의 무덤과 그 옆에 데이비드를 사랑했으나 일찍 죽었기 때문에 결혼하지 못한 아름다운 여인 제루사 에드워드의 무덤을 볼 수가 있습니다. 데이비드는 인디언을 위해 평생 헌신적으로 복음을 전했던 사람입니다. 예수를 위한 데이비드의 원대한 소망과 기대는 별로 큰 결실을 얻지 못했습니다. 그리고 그는 죽어 하잘 것 없는 작은 무덤 속에 묻히고 말았습니다. 그의 노력과 일의 결과는 지금 거의 남은 것이 없었습니다. 그에 대한 기억은 몇 사람의 머리에만 남았고 수십 명의 인디언 신자들이 고작이었습니다. 진정 그는 한 알의 밀알처럼 썩어져 그의 이름조차도 잊혀 가고 그의 사업도 모두 잊혀져 가고 있습니다. 그러나 청교도의 성자라고 일컫는 요나단 에드워드가 데이비드를 자기의 아들이라고 부르고 그의 짧은 인생을 조그만 책으로 만들었을 때, 이 책은 미국 전역에 말할 수 없는 감동을 불러 일으켰고 전도의 불을 붙였습니다. 영국의 캠브리지 대학의 학생이었던 헨리 마틴도 이 책을 읽게 되었습니다. 그는 데이비드의 생애에 감동되었습니다. 그래서 그는 그의 모든 학문의 성취와 천재적인 머리와 그에게 손짓하는 모든 기회를 포기하였습니다. 그리고 인디언 탄광촌에 전도하기 위해 들어갔습니다. 전도하다가 돌아왔을 때 그의 건강은 심히 악화되었

고, 그의 몰골은 거지 형상이었습니다. 그러나 그는 아직도 포기하지 않고 다시 흑해 북부의 거친 곳에 가서 거기에 살고 있는 주민들에게 전도하다가 쓰레기 더미 아래서 죽어 갔습니다.

신앙인들의 시

아름답고 멋있는 시는 이외로 듣는 성도들에게 많은 은혜를 끼친다. 성경에도 얼마나 많은 시들(시편. 아가. 8복의 말씀 등)이 있는가? 다시 한 번 하나님의 말씀을 잘 전하고 있는지를 상기하자.

예: 베드로의 고백 (김석균)
사랑하는 주님 내게 다가와/ 이 밤이 다 가기 전에/
네가 나를 버리리라 하실 때/ 왜 그리 섭섭하던지/
주님과 함께 죽을지언정/ 배반하지는 않겠다고 했던/
믿음 없는 나의 헛된 맹세/ 주님 마음을 내가 그를 알지 못하노라/
내가 그를 알지 못하노라/ 내가 그를 도무지 알지 못하노라/
부인하고 돌아서서 한없이 울었네/
내가 주를 잃고 방황했듯/ 주도 나를 잃고 슬퍼했네/
하지만 나의 눈물보다/ 주님의 눈물 더 뜨거웠네

예: 바젤의 詩
최초에 한 영이 있어/ 이것이 하늘과 땅, 해면, 빛나는 달/
그리고 타이탄의 별들을 먹인다./ 이 영은 모든 부분에 퍼져서/

그 덩어리를 움직이며 또 그것과 융합한다
이 영으로부터/
인류, 짐승, 창공을 비상하는 아름다운 새들 그리고 빛나는 태양과 대양 밑의 고기들이 나온다/
이 영은/ 만물에서 불의 열과 생명의 기원을/ 나오게 한다

꿀벌은 하늘나라 마음의 한 부분/ 천상에서 어떤 힘을 빨아들인다.
그것은 /
신이 땅과 바다와 하늘/
그리고 만물에 편재해 있기 때문이다. 그로부터 양과 소/
사람, 짐승들이 태어 날 때 실날같은 생명을 받는다/
그리고/
민물이 그에게로 돌아가서 해소되고도 회복된다
다시는/
죽음이 없다. 그러나 별만은 하늘나라 높이 올라가 거기서 살리라

좋은 시(詩)

성경의 시, 신앙적인 시, 인생의 교훈이 되는 시, 용기와 희망을 주는 시를 인용하라.

과학 이야기

이런 예화는 정확해야 한다.

예 : 수력 발전소는 물의 힘으로 전기를 만들어 내는 발전소를 말합니다. 그러나 전기를 만들어 어두움을 밝히기 위해서는 정량의 물이 필요한 것입니다. 한 두 홉의 물을 가지고서는 불가능한 것입니다. 마찬가지로 의인으로 말미암아 국가와 민족이 구원되는 것은 사실입니다. 그러나 실효를 거두기 위해서는 나라를 구원하기 위한 만큼의 성도가 확보되어야 합니다. 한 두 사람으로는 불가능한 것입니다.

아름다운 동화

어린이들의 마음을 천사로 만들어 주는 이야기는 성도들에게 천사의 마음을 가지게 할 수 있다.

좋은 그림이나 음악에 얽힌 이야기나 설명

좋은 그림을 사실적으로 묘사하라. 음악에 얽힌 이야기도 좋은 예화가 된다.

받은 은사나 은혜

이런 예화는 자기 자랑이 되지 않도록 겸손하게 해야 한다.

좋은 문학 작품 인용하기

좋은 문학 작품을 인용한 예화는 대단히 주의 깊게 말해져야 한다. 작품 속에 한 부분을 말하기 위해 긴 시간 동안 작품 전체를 해석해야 하는 함정이 있기 때문이다. 그러므로 작품 전체를 간단히 말할 수 있도록 작품 자체를 잘 소화한 후에 필요한 구절을 말할 수 있어야 한다.

예: 지킬 박사와 하이드라는 소설이 있습니다. 한 사람은 선한 마음을 가진 유명한 박사요 한 사람은 악한 마음을 가진 악마의 화신입니다. 그런데 이 두 사람이 두 사람이 아니라 한 사람입니다. 한 사람 안에 선한 사람과 악마가 함께 있다는 것을 말한 소설입니다.

격언과 금언
방영되고 있는 드라마의 일부 내용
여행담
만화로 만든 예화

만화로 만든 예화는 설교자가 어떤 상황을 만화를 보듯 말하는 방법이 있고 이미 그려진 만화를 설명하는 방법이 있다.

예: 제가 만화 그림을 하나 보았습니다. 검은 천으로 눈을 가린 한 여인이 지구를 타고 앉아 있었습니다. 그 여인의 손에 한 줄 밖에 남아 있지 않는 비파를 뜯고 있었습니다. 이 그림은 우리들에게 남아 있는 소망이 단 하나 밖에 없다는 것을 말하는 것입니다.

예화를 만들어 사용하기

적절하고 다양성 있으며 신선한 예화를 가지기 위해서는 창의력 있는 두뇌를 사용하여 예화를 만들어 사용할 수 있어야 한다.

예: 어떤 날 장례식이 있어 장의차를 타고 오는데 앞에 쌀가마처럼 보이는 짐을 잔뜩 실은 트럭이 가고 있었습니다. 그런데 그 트럭이 덜컹거리는 바람에 그 중에 한 가마니가 땅에 뚝 떨어졌는데도 트럭은 그것을 알지 못하고 달려 가 버렸습니다. 그러자 장의차 운전사는 차를 급히 세우고 그 가마니를 차에 실으려고 했는데 동네 사람들이 나왔습니다. 장의차의 운전사는 내가 먼저 보았으니 내 것이라고 하고, 동네 사람들은 우리 동네에 떨어진 것이니 우리 것이라고 하다가 싸움이 생겨 치고받고 했습니다. 그리고 그들은 모두 얼굴이며 몸에 상처를 입었습니다. 그 때 집사님 한 분이 그 가마니를 열어 보고하는 말이 "여보시오. 이것은 쌀가마니가 아니고 흙 가마니요" 했습니다. 그러자, 그들은 "에이" 하면서 그 흙을 담은 가마니를 내 버리고 싸움을 그치고 흩어졌습니다. 이렇게 사람들은 자기가 무엇 때문에 사는지도 모른채 열심히 싸우면서 살고있는 경우가 많습니다.

좋지 못한 예화

설교 주제에서 벗어 난 예화

설교의 주제에서 벗어난 예화를 해서는 안 된다. 이런 예화를 하게 되는 것은 예화를 위한 예화를 하기 때문이다. 예화는 어디까지나 설교의 주제를 돕는 것이어야 한다.

목사의 지식과 경험 자랑

자기의 해박한 지식을 자랑하기 위해 설명에 설명을 해야 겨우 이해될 수 있는 어려운 이야기를 동원하는 경우도 있다. 그러나 예화를 통해 하나님의 메시지를 전달하려는 유혹이나, 자기 지식의 자랑이나, 설교 준비를 많이 했음을 자랑하고자 하는 의도가 있는 예화는 이미 그 의미를 상실하고 말씀을 헤치는 독소로 작용하고 있다는 것을 알아야 한다.

목사는 하나님의 말씀에 전문적인 지식을 가진 사람이다. 그 외의 모든 지식은 비록 그가 전문적인 지식을 가졌다고 해도 상식적인 것으로 간주되어야 한다. 즉 목사는 성경 말씀 이외의 모든 전문적인 지식을 버릴 줄 알아야 한다는 말이다. 성도들은 경제, 법, 정치, 철학, 심지어 신학의 전문적인 지식을 표시하거나 말하는 것을 그렇게 좋게 보지 않는다.

성경의 전문성 이외의 전문적인 지식을 가진 사람은 성도들이 느낄 수 없을 정도로 자기의 전문성을 성경 말씀에 밀착시켜 사용할 줄 아는 고도의 기술이 필요하다. 특히 경제 문제나 시사 문제, 정치 문제에 있어서는 더욱 더 그러하다. 나는 군목으로 제대를 했다. 그래서 종종 군대에 있을 때의 경험을 말하곤 했는데, 그로 인해 '모든 일들 군대식으로 해결하려는 목사'라는 오해를 많이 받아야 했다.

목사 가족 이야기

자기 가족들의 일들을 예화로 사용하지 말라. 목사가 이 세상에서 가장 잘 아는 일들은 자기 가족들의 일들일 것이다. 그래서 설교 가운데 가족들에 대한 이야기를 종종 하게 되는데, 이것이 대단히 좋지 않다.

목사의 사생활이나 가족들에 대한 일들은 가급적 성도들에게 알려지지 않는 것이 장기적인 목회에 유익하다. 이 말을 반대로 말하면 자기 가족에 대한 공개적인 말들은 목회자의 목회 수명을 단축시킬 수가 있다는 말이다. 목사의 가족이 모든 면에서 성도들에게 귀감이 되는 경우도 있겠으나, 대부분 성도들의 가정과 별반 다르지 않는 공통점을 가진 평범한 가정이다. 그런데 설교 가운데 극히 평범한 가정의 이야기를 무슨 특별한 사건이나 되는 것처럼 자주 등장시키는 것 자체가 사실상 자연스럽지 못하다. 목사의 가정 이야기가 성도들에게 좋은 느낌을 주는 경우가 있는데, 그것은 성도들이 목사에 대하여 좋은 감정을 가졌을 때다. 그러나 성도들의 목사에 대한 감정이 나빠지면 목사 가족들의 이야기는 극도로 성도들에게 거부감을 일으킬 수 있다.

목사가 자기 가족들을 자랑하면 부러워하면서도 시기하고, 목사가 자기 가족들을 비하하여 말하면 영락없이 성도들은 목사의 가족들을 비하한다. 예를 들면 목사의 자녀들이 공부를 잘 해서 좋은 학교에 진학을 하면 부러워하면서도 시기 질투를 하고, 공부를 못해서 진학을 하지 못하면 비웃고 동정한다.

특히 목사는 자기 부인에 대한 이야기를 해서는 안 된다. 목사가 자기 부인을 떠받치면 공처가라고 하고, 하시(下視)하면 폭군이라고 하며 비웃는다. 그런데 요사에 젊은 목사들이 성도들 앞에서 자기 부인을 가르쳐 "사모"라는 말을 하는 것을 들어본다.

'우리 사모가 어쩌고, 저쩌고' 하는 것이다. 이런 말들은 목사의 품위를 떨어뜨릴 뿐 아니라, 목사의 일반적인 상식의 무식에 대한 스스로의 폭로가 되어 식견이 있는 성도들에게 큰 실망을 준다. 성도들 앞에서 목사는 아내를 지칭할 때 '우리 집 사람'이라든지 '저의 내자(內者)'라는 낮춤말을 써야 하는 것이다. 이것뿐만 아니라, 목사는 일반적인 상식에 무식해서는 안 된다.

이렇듯 목사의 아무 생각 없는 아내와 자식 자랑 내지, 가족들에 대한 가벼운 농담이나 비하들은 목사의 가정생활을 성도들에게 공개해 목사 가정의 신비감을 감퇴시키고 하나님의 종의 품위를 떨어뜨리는 결과를 가져올 수 있다는 것을 알 것이다.

자기의 치적을 과대 선전하는 예화

내가 이 교회 성전을 건축할 때, 내가 누구누구의 병을 치료했는데, 내가 누구를 장로 시켰더니, 내가 이 교회를 개척해서 성장시키는 과정에서 등등. 특히 부흥회에 초청받아 온 강사들에게서 이런 말들을 너무 많이 듣는다. 복음을 전하는 것인지 자기 자랑을 하는 것인지 분별이 안 될 때도 있다.

과장된 영적 체험의 간증들

나는 모든 하나님의 종들은 그가 정상적인 사역자일 경우에 그의 사역을 위한 가장 적절한 영적 체험이 있다고 생각한다. 또 그런 영적 체험이야말로 흔들리지 않고 하나님의 일을 잘 감당할 수 있는 힘이 될 것이다.

영적 체험이 강력하고 확실할수록 그 체험을 한 사람은 다른 사람의 영적 체험을 소홀히 하는 경향이 있고, 자기의 체험을 과장하여 말한다. 그래서 하나님의 일을 잘 하라고 준 영적 체험이 오히려 복음을 전하는데 방해가 되어 버린다.

다른 목사나 성도들을 비하하는 예화들

어느 날 성결교회의 예배에 참석했다. 설교자는 성결교 신학교의 교수였는데 성결교회의 좋은 점을 강조하기 위해 장로교회와 감리교회를 비판했다. 자기가 아닌 다른 무엇을 비하하므로 자기를 높이고자 하는 예화 사용은 대단히 비열한 짓이며 성도들의 저항을 일으킬 것이다.

하나님을 자기의 종처럼 표현하는 이야기

100% 자기의 기도를 다 들어주신다는 거짓말을 해서는 안 된다. 그리고 하나님은 자기가 하자는 데로 모든 일을 하신다는 식의 교만한 말들도 해서는 안 된다. 세상에서 모든 기도에 응답을 받은 사람은 아무도 없다. 그리고 하나님께서는 기도자의 기도를 다 들어주시는 것이 아니라 하나님의 뜻에 맞는 기도만 들어주신다.

성도들의 이야기

성도들의 이야기를 해서는 안 된다. 목사들이 설교를 하면서 가장 많이 받는 유혹 중의 하나가 들은 성도들의 이야기이다. 설교나 심방 중에 자기 교회의 성도의 이야기를 절대하지 말라. 만일 성도들이 그런 이야기를 내놓는 한이 있어도 동참해서는 안 된다. 멀리 돌아 남의 이야기하듯 해도, 몇 년 전에 다른 곳에서 있었던 이야기라고 전재해도, 성도들은 그 이야기가 지금 누구의 이야기를 하는지 바로 알아차린다. 그리고 그런 말을 하고 다니는 목사에게 경계심을 가진다. 즉 내 이야기도 목사가 하고 다니겠다고 생각하는 것이다. 결국 성도들은 목사에게 마음의 문을 닫게 되고 결과적으로 목사의 목회에 치명적인 결과를 가져온다.

다른 사람의 경험을 자기의 경험으로 말하기

이것은 하나의 거짓말이 된다. 예화 사용에 있어 어떤 경우에도 떳떳치 못한 짓을 해서는 안 된다. 설교에 사용되는 예화는 단순한 이야기가 아니라 하나님의 말씀을 전달하는 하나님의 매개체이기 때문에 예화 자체도 거룩해야 하며, 그렇지 못할 경우라 해도 거룩함을 지향(指向)해야 한다.

잘못된 복음 해석을 유발(誘發)하는 예화

이런 예화는 성도들을 크게 오도해서 평생 지워지지 않고 시정되지 않는 말씀의 곡해(曲解)를 만들어 낸다. 말씀에 대한 잘못된 해석과 오해는 잘못된 신앙을 가져오고, 잘못된 신앙은 그의 영혼과 육신을 동시에 파멸시킨다. 목사는 이 책임을 어떻게 질 수 있는 것인가?

예: 성경은 이 세상의 역사를 6,000년으로 보고 있습니다. 그런데 지금이 바로 그 6,000년에 해당되는 해입니다. 그러므로 우리는 정신을 차리

고 주님의 재림을 기다려야 합니다. (50-60년대에 세대론자들이 흔히 사용했던 말이다.)

신유 방언 등 은사에 대한 지나친 강조

하나님께서 종들에게 은사를 주신 것은 그 은사를 사용하여 복음을 전하라고 하신 것이다. 그러므로 각종 은사를 받은 사람들은 은사를 자랑할 것이 아니라, 그 은사를 잘 사용하여 복음을 전해야 한다. 그럼에도 불구하고 복음 전하는 일에는 관심이 없고, 자기가 받고 체험한 은사 자랑하기만 바쁘다. 그리고 그런 은사를 받아야 잘 믿는다는 식으로 성도들을 호도하고 복음을 왜곡시킨다. 은사는 복음을 전하기 위한 한 가지 수단이기 때문에 있기도 하고 없어지기도 한다. 그리고 믿음이 크면 큰 은사를 받고 믿음이 적으면 은사를 받지 못한다는 것은 성경적이지 않다.

교리적인 예화

기독교의 교리는 성도들에게 꼭 가르쳐야 하는 중요한 진리의 설명이다. 그러나 한국 교회는 기독교 교리의 잘못된 해석이나 인식으로 인해 터무니 없는 이단 논쟁과 극단적인 교회 분쟁이 있었다. 신학교를 졸업한 후 상당 기간 동안 목사들은 이 교리적인 문제에 자기도 모르게 매달리게 된다. 설교가 교리적이 되고 학교에서 배운 신학을 설교에 자주 인용하게 되는데, 배운 것을 지혜롭게 요리하거나 탈색하지 않고 원색적으로 사용해서 성도들을 혼란시키고 거부감을 일으키는 경우가 많다. 감리교 신자들이 있는 곳에서 감리교와 장로교를 비교 설명하는 일도 있고, 타 교파 출신교인들 앞에서 타 교파를 설명하기도 한다. 성도들은 이런 말들을 좋아하지 않는다. 그러므로 교리적인 문제는 성경을 공부할 때 가르치는 것이 좋을 것이다.

예민한 신학적인 논쟁들

신학적 논쟁은 절대적으로 삼가야 한다. 이단이나 카톨릭, 타종교 등등, 우리와 입장을 달리하는 사람들에 대한 강력한 비판은 성도들을 심란하게 만든다. 이런 것들은 교육 시간을 활용하여 가르쳐야 할 것이다.

철학적인 이야기

중세는 신학을 논할 때 철학을 말하지 않을 수 없었다. 그러나 지금은 신학과 철학이 완전히 분리되어 다른 학문이 되어 있다. 사실 우리 목사들은 대학에서 철학을 전공하지 않는 한, 철학에 대해 깊이 접하지 못했다. 다만, 예과 시절이나 대학 과정에서 교양 과목으로 잠깐 배웠을 뿐이다. 그러므로 내가 철학자라는 자기 착각을 말아야 한다. 고로 철학으로 하나님의 말씀을 증명하려는 시도는 처음부터 무리가 된다.

예: 신학에서는 이런 사람들의 노력을 합리론적인 유신론 증명이라고 합니다. 인간의 이성적인 사고로 하나님의 존재 여부를 증명해보려는 시도를 뜻하는 것입니다. 합리적인 유신론 증명에는 네 가지 증명이 있는데 첫째는, 본체론적 유신론 증명, 둘째는 우주론적 유신론 증명, 셋째는 목적론적 유신론 증명, 넷째는 도덕적인 증명입니다. 이중에서 본체론적 유

신론 증명을 살펴보면, 사람은 누구든지, 예수를 믿든지, 안 믿든지 하나님에 대한 개념이 마음속에 있다고 합니다. 누구나 태어나고 성장하는 과정에서 마음속에 하나님이라고 하는 분이 어떤 분이시며, 어디에 계신가 하는 생각을 하고 있다는 것입니다. 이렇게 사람의 마음속에 있는 하나님에 대한 관념을 추적해 나가서 하나님을 발견하려는 것이 본체론적 유신론 증명인 것입니다. 안셀렘이나, 데카르트 같은 유명한 신학자들이 여기에 속합니다. (이하 생략)

타종교나 다른 기독교 종파를 비판하는 이야기

목사들이 흔히 불교를 비판하는 예화를 하고 다른 기독교 교파를 비판하는 예화를 한다. 그것은 듣는 이들로 하여금 역겨움을 만들어 낸다. 이런 경향은 특히 60-70년대에 대 유행을 했었는데, 그 때는 교파의 분열이 있었기 때문인 것으로 안다. 그러나 지금은 성도들에게 있어서는 기독교 내에서의 교파 관념이 거의 없어져 버렸다. 그런데 설교자가 교파 운운하는 말을 하면 구태성을 벗어나지 못한 융통성 없는 목사로 비쳐지기 십상이다.

우리들의 정통성이나 이단들이나 타 교파 내지 다른 종교에 대한 이야기는 성경을 공부하는 시간에 가르치는 것이 더욱 좋을 것이다.

너무 긴 예화

너무 긴 예화는 성도들을 지루하게 하고 흥미 위주가 되게 하며 설교를 듣는 것이 아니라 이야기를 듣는 것인가라고 생각하게 한다. 가급적 5분

이상 말하지 않는 것이 좋을 것이다.

하나의 설교에 너무 많은 예화들

한 설교에 3가지 이상의 예화는 설교의 강조점을 흐리게 할 우려가 있다.

극단적 자극을 유발하는 예화

예화를 사용하는 설교자가 예화를 통해 강력한 메시지를 전할 생각으로 자극적이며 극단적인 흥미를 일으킬 수 있는 이야기를 할 수 있다.

예 : 며칠 전 신문을 보니 우리나라 여대생들 가운데 50%가 처녀성을 잃고 있다고 했습니다.

막연한 추측

확실하지 못한 이야기를 확실한 것처럼 꾸며 말해서는 안 된다.

예 : 미국의 존 호프만이라는 사람은 프린스톤 대학을 졸업한 이후 아무런 낙이 없이 살았습니다. 그런데 윌슨 박사가 강의를 한다는 소식을 듣고 찾아가 그의 말을 듣고 힘을 얻게 되었습니다. 말씀을 들으면서 "모든 것이 하나님의 허락 하에 있는 것이다. 하나님은 나를 버리시지 않는다"고 확신하게 되었고, 그는 윌슨 박사와 상담을 하다가 "하나님을 위대하시고 크신 하나님으로 믿으라"고 하는 말을 통해 새로운 다짐과 변화를 가졌습

니다. 그 후 그는 크고 위대한 사역자로 살아갔습니다. 우리가 예수를 믿을 때 주님은 우리를 부끄럽지 않게 하시고 크게 사용하십니다.

존 호프만과 윌슨 박사는 누구인가? 그들이 크고 위대한 사역자라는 이유가 무엇인가의 설명이 없어 듣는 이들을 멍하게 만든다.

공갈 협박성 예화

강남의 어느 큰 교회 부흥회에 참석을 했다. 강사는 이름이 널리 알려진 유명한 부흥사였다. 그 부흥 목사는 집회 기간 내내 성도들을 공포 분위기로 몰고갔다. 그는 자기의 말을 듣지 않는 사람들은 모조리 죽거나, 병이 들거나, 망하거나 했다고 했다. 정말 한심하기 그지없는 일이다.

예 : "내가 아는 어떤 교회에 아주 못된 집사 새끼가 있는데… 그게 무슨 무슨 일로 목사를 몹시 괴롭혔지. 그러다가 주일 예배를 마치고 집에 돌아가는 길에 바로 교회 앞에서 차에 치어 꽉 뒈지고 말았어."

예 : "전라도 지방에 집회를 인도할 때야. 마침 그 교회는 성전 건축을 해야 해서 헌금 작정을 하게 되었는데 '아나니아' 장로가 있더라고. 부잔데 헌금은 쥐꼬리만큼 하는 것 아니겠어. 그래, 내가 일어나라고 했지. 일어나는 거야. 그래서 '김 장로! 왜 그 모양이야. 건축비의 반만 부담해' 라고 했더니 꼼짝 못하더구먼. 그런데 나중에 알고 보니 그게 약속만 하고 헌금을 안 해서 목사가 큰 고생을 했어. 그 장로 녀석 나중에 어떻게 되지 알아. 집구석에 불이 나서 몽땅 망해 버렸어."

기복적인 성격을 가진 예화

부흥사들이 흔히 쓰는 예화들 가운데 전혀 성경에 맞지 않는 미신적인 이야기들이 많다. 하나님의 영광을 위한다고는 하지만 오직 세속적인 복을 받기 위한 방편으로 사용되는 거짓되고 과장된 이야기들이 하나님의 말씀이 선포되어 영혼 구원의 성스러운 사역을 이루어야 할 강단에서 거침없이 난발되고 있는 것이다.

사실 성경에는 육신의 축복에 대한 말씀이 많이 있지만, 진실한 축복의 말씀은 주님의 8복에 나오는 말씀에서나, 성령의 열매에서 찾아야 할 것이다.

헌금을 유도하기 위한 비 복음적인 이야기

부흥사들에게 흔히 나타나는 일이다. 어떤 종류의 부흥사들은 그들이 부흥회를 초청받았을 때 세 가지 의무감을 가진다. 그 첫째는 초청한 본 교회 목사의 위신을 세워 주고 후한 대접을 받게 하는 일이며, 둘째는 재미있게 설교를 해서 많은 사람들을 끌어들이는 일이고, 셋째는 헌금을 많이 거두어들이는 일이다. 그리고 어떤 특수한 목적이 있으면 그 목적을 달성해 주어야 한다. 그들은 그렇게 하지 않으면 부흥사로서의 생명이 단축된다고 생각하여, 터부니 없이 과장되거나, 자기가 체험하지 아니한 이야기들을 자기가 체험한 것처럼 거짓말을 하거나, 헌금을 하게 하기 위한 거짓 복음을 전하는 일이 많다.

예 : 어느 은혜 체험이 많다는 목사를 우리 교회 부흥회에 초청했다. 그

는 정통성이 있는 정규 신학 대학을 졸업하고 나와 군목으로 함께 근무한 적이 있는 사람이었는데, 집회 도중에 도저히 용납될 수 없는 말을 해서 나를 당황하게 만들었다.

"여러분, 여러분 가운데 어린아이를 낙태시킨 경험이 있는 사람이 있지요. 아무리 태중의 아이라고 하지만 이미 생명을 가진 아이는 사람이기 때문에 낙태는 살인을, 그것도 자식을 죽인 것입니다. 살인죄를 속죄 받기 위해서는 속죄 제물을 바쳐야 합니다. 내일은 이번 집회 기간 중에 가장 중요한 날입니다. 사람을 미워하는 것도 살인죄요, 낙태시킨 것도 살인죄니 살인죄를 속죄하기 위한 속죄 제물을 가져 오셔서 죄 용서를 받으세요. 내가 입신했을 때 지옥을 보니 사람을 죽이고도 용서받지 못해 영원히 사형 집행을 당하는 영혼들을 수 없이 보았기 때문에 그런 일이 없도록 제가 여러분들에게 기회를 드리는 것입니다."

통조림 예화를 삼가라

수십 년 된 예화집에서 꺼낸 널리 알려진 예화를 쓰지 말라. 그것도 마치 대단히 신선한 새로운 이야기인 것처럼 꾸며 말하면 성도들이 웃는다.

상투적인 언어를 사용하지 말라

"이런 이야기가 있습니다, 정확히는 잘 모르겠지만 들리는 바로는…, 우리가 다 아는 이야기입니다, 지난 몇 달 전에도 말씀드린 이야기입니다" 등의 말을 하지 말라.

예화를 계속 말하지 말라

한가지 사건에 한 가지 예화만 사용하라. 많은 설명 예화는 예화만 기억하게 하고 기억해야 할 본론은 잊게 만든다. 부흥회 때에 이런 현상이 생긴다.

예화 관리

▷ 예화 노트를 만들어 사용하라.

출처

내용 요약

제목

▷ 좋은 예화를 따로 모으라.

▷ 예화를 정리하라.

▷ 어떤 본문과 내용을 사용했는가를 확실히 하라.

유머

예 : 목사는 설교 준비를 위해 인터넷의 설교 자료들을 여기 저기 뒤지다가 참으로 재미있는 유머를 발견했다. 그는 설교 첫 머리에서 이 유머를 사용하기로 마음을 먹었다. 설교의 주제와 좀 맞지 않는 느낌이 들기는 했지만 워낙 웃기는 이야기라 성도들의 시선을 단번에 집중시킬 수 있으리

라 확신되었다. 그리고 성경을 읽지 않는 성도들에게 따끔한 교훈도 되리라고 생각했다. 이윽고 목사는 강단에서 성경 본문을 읽고 이렇게 말했다.

"어느 교회에서 설교 시간에 성경 본문을 찾아 읽게 되었습니다. 목사님께서 본문인 하박국을 찾아 성경을 읽자고 했습니다. 그런데 교회를 나온지 얼마 되지 않는 어떤 성도가 신구약 성경을 열심히 이리 저리 뒤적거리다 아무리 성경을 찾아도 하박국을 찾을 수 없었는지 손을 번쩍 들었습니다. 그리고 '목사님! 제 성경에는 아무리 찾아 보아도 호박국은 없는데요.'" 그런데 그 유머를 듣고도 무슨 말을 했는지 알아듣지 못해서 웃지 못하는 성도들이 많았다. 아직 성도들은 평소에 하지 않는 목사의 유머에 익숙해 있지 않았기 때문이다. 그러자 목사는 슬그머니 짜증이 나서 이렇게 말했다. "지금 내가 하는 말에 아무 반응이 없는 성도들은 성경 공부를 더 하고 오십시오. 어험. 흠흠흠"

예 : 술주정뱅이와 하나님

한 사내가 이른 아침부터 술에 잔뜩 취한 채 비틀거리면서 예배당 쪽으로 걸어 왔습니다. 그는 마구 교회의 문을 흔들어 대며 들어가려고 하였습니다. 이 광경을 멀리서 보고 있던 사찰 집사가 뛰어와 "아니 이 양반이 이 아침에 이 모양으로 누구를 만나려고 이러십니까?" 하고 말했습니다. "나 말이요, 하나님이란 분을 만나러 왔소." 이 사내는 다시 교회 문을 흔들며 들어가려고 하였습니다. 사찰 집사는 급한 김에 강력히 막으며 말했습니다. "우리 교회에는 그런 분은 없소이다."

유머는 긴장을 풀어 주고 시간도 빨리 가는 것처럼 느끼게 하다. 즉 설교의 지루한 감을 없이해 준다. 지나친 과장과 허풍을 삼가고 비속한 유머를 하지 말라. 좋은 유머는 설교의 긴장을 풀어 주고 성도들의 마음을 편하게 만들어 준다. 그리고 성도의 시선을 집중시켜 주며 설교자에 대한 잘못된 선입관을 제거해 준다. 또한 설교의 요점을 잘 기억하게 하는 효과도 있다.

· 부록 ·

자기 설교에 대한 냉철한 평가는 설교의 질을 높인다

1. 자기 설교 평가 – 1

설교의 계속적인 발전을 위해 냉엄한 자기 설교 평가가 있어야 한다. 만일 이 일이 여의치 않으면 설교를 녹음해서 다른 친근한 목사들과 공동 평가를 해도 될 것이다. 어떻든 목사가 자기 설교의 '어떠함'을 아는 것은 대단히 중요한 일로서 부끄러움이 없이 이 일에 매진해야 할 것이다.

① 설교의 주제가 명확한가?

② 설교의 대지와 소지, 예화 등이 설교의 주제와 맞는가?

③ 시작하는 말, 본론, 결론은 명확한가?

④ 구절 짓기는 무리가 없는가?

⑤ 설교를 위한 분위기 조성은 어떠한가?

⑥ 설교자의 인상, 자세, 눈 맞춤, 몸 언어는 잘되었는가?

⑦ 설교자의 음성, 음량, 높낮이 조절, 말의 속도, 리듬, 어투, 강세, 억양, 말의 형태는 설교에 이상적인가?

⑧ 성도의 이해력은 어느 정도인가?

⑨ 생활에 적용시킬 수 있는 설교를 했는가?

⑩ 성경 해석은 바르게 했으며 무리가 없었는가?

⑪ 하나님의 말씀이 아닌 무엇이 첨가되지는 않았는가?

⑫ 좋은 설교를 위해 버린 성경, 대지, 소지, 예화에 대한 아쉬움은 없는가?

설교 평가는 설교 작성을 시작할 때 미리 염두에 두고 하는 게 좋다. 작성이 마쳐진 뒤에는 반드시 설교 전문을 점거하도록 하자. 마치 헐리웃의 영화감독이 자기 작품을 놓고 점검하듯 해야 한다. 설교 원고는 반드시 금요일까지 마치고 토요일에는 쉬면서 설교 전달 연습을 해야 한다. 만약 주일 아침까지 설교 원고를 가지고 씨름을 하고 있다면 곤란하다. 성도들을 그려보면서 본문을 여러 번 소리내어 읽으라. 그러면 새로운 느낌이 자꾸 일어날 것이다.

2. 자기 설교 평가 - 2

혜돈 로빈슨 교수의 설교 평가 방법

A. 서론

성도의 주의를 끌었는가?

직접 혹은 간접적으로 성도의 요구를 다루었는가?

주제 소개는 잘 했는가?

설교의 주된 사상을 잘 소개했는가?

설교의 목적은 무엇인가?

설교의 길이는 적당했는가?

중의 요구에 부합하는가?

B. 구조

진행이 명확했는가?

전체적인 구조는 명확한가?

설교 속에 중심되는 생각을 써 보라.

설교의 목적을 향한 변화는 무리가 없는가?

주제, 제목, 대지, 소지의 연결을 자연스러운가?

부수적인 요절들과 주제되는 요절들의 연결은 원만한가?

결론을 향해 갈수록 설교의 내용이 확실해지는가?

C. 결론

설교가 차근차근 결론을 향해 왔는가?

중요한 진리에 대한 적당한 요약이 있는가?

끝마칠 때에 어떤 효과적인 방법을 사용했는가?

D. 내용

해당 주제가 성도와 관련이 있는가?

주제가 적당한가?

성경 해석이 정확한가?

무리가 없는가?

주제의 분석은 면밀한가?

설교자의 주장에 대한 확신이 있었는가?

창조적인가?

재미있는가?

감동적인가?

영적인가?

E. 부속 자료

부속 자료들은 논리적으로 주제에 연결되었는가?

재미가 있는가?

다양성은 있는가?

구체적인가?

충분한가?

F. 스타일

정확한 문법을 사용했는가?

생생하고 구체적인 단어를 사용했는가?

다채로운가?

정확한 단어들이 사용되었는가?

G. 전달

설교자가 진정 자기 의사를 전달하고 싶었는가?

정신을 바로 차렸는가?

그가 당신과 같이 말하고 있었는가?

친밀한 태도로 말했는가?

설교가 살아 있는 대화로 들렸는가?

단어들은 정확한 발음으로 들렸는가?

청중을 장악하고 있는가?

설교가 살아있는 대화처럼 들리는가?

효과적으로 멈춤을 하는가?

표정과 태도가 자신 있는가?

H. 언어 전달

알아듣기 쉬운 목소리인가?

명확한 발음인가?

발음이 다채로운가?

음성의 고저에 변화가 있는가?

힘의 변화가 있는가?

변화의 정도가 충분한가?

설교자가 효과적으로 말을 멈추었는가?

I. 신체적 전달

온 몸을 모두 사용했는가?

제스처를 쓰는가?

자연스러운가?

분명한가?

큰가?

성도들의 주의를 산만하게 했는가?

자세는?

정신을 똑바로 차리고 했는가?

얼굴 표정은 어떠했는가?

J. 성도들의 적응 상태

설교에 흥미를 가졌는가?

당신의 마음가짐에 맞는가?

당신이 가진 지식과 연관이 있는가?

당신의 필요한 욕구를 채웠는가?

설교자와 눈 맞춤을 했는가?

설교자가 성도의 반응을 의식했다고 생각이 되는가?

3. 설교 잘하기 위한 자기 점검표

1) 목사님은 자신의 설교를 남에게 평가받은 일이 있습니까?

  예(   ). 아니요(   ). 할 마음이 없음(   ). 거리낌(   ).

2) 스스로 자신의 설교 수준을 어느 정도라고 생각합니까?

  매우 잘함(   ). 잘함(   ). 잘하려고 노력함(   ).

  그저 그렇다(   ). 못함(   ).

3) 자신의 설교에 만족합니까?

매우 만족( ). 어느 정도 만족( ). 보통( ). 불만족( ).

4) 설교를 잘하기 위한 노력을 합니까?

열심히 한다( ). 하고 있다( ). 하려고 노력한다( ). 안 한다( ).

5) 설교를 잘하기 위해 어떤 방법을 쓰십니까?

유명 목사들의 설교 책을 본다( ). 인터넷을 이용한다( ).

성경을 많이 본다( ). 설교에 대한 공부를 한다( ).

유명 목사의 설교를 모방한다( ).

6) 어떤 설교를 많이 합니까?

강해설교( ). 치유설교( ). 제목설교( ). 주제설교( ).

교리설교( ). 기타( ).

7) 연역적. 귀납적 설교에 대해 알고 있습니까?

안다( ). 모른다( ). 알려고 노력한다( ). 알 필요가 없다( ).

8) 녹음기나 비디오로 스스로의 설교를 듣거나 본 일이 있습니까?

자주 있다( ). 가끔 있다( ). 없다( ).

9) 설교 준비는 어떻게 합니까?

일주일 내내( ). 3일 정도( ). 3시간( ). 2시간( ).

10) 원고작성은 언제 합니까?

　안 한다(　　). 토요일(　　). 금요일(　　). 주일 아침(　　). 기타(　　).

11) 설교를 할 때 원고를

　본다(　　). 안 본다(　　). 거의 안 본다(　　). 원고 없음(　　).

12) 설교의 소재는 어디에서 얻습니까?

　기도 중에(　　). 타인의 설교 책(　　). 심방(　　). 성경(　　). 기타(　　).

13) 설교 시간

　20분(　　). 30분(　　). 40분(　　). 1시간(　　).

14) 눈 맞추기나 몸의 언어를 사용합니까?

　매우 효과적으로 사용(　　). 가끔 사용(　　). 무엇인지 모름(　　).

15) 설교 중 예회는 몇 편이나 사용합니까?

　한번(　　). 세 번(　　). 다섯 번(　　). 그 이상(　　).

16) 설교하는 목소리는 어떻습니까?

　부드러운 저음(　　). 부드러운 고음(　　). 딱딱한 고음(　　).
　중간음(　　).

4. 한국 교회 평신도의 설교에 대한 의식구조 분석

마지막으로 누가 조사해서 인터넷에 올린 것인지 모르겠지만 여기 한국 교회 평신도들의 의식 구조라는 설문 조사가 있어서 참고로 옮겼다. 이 조사는 전국의 교회 주소록을 근거로 해서 3,000명을 무작위로 추출했다. 지역별 구성은 대도시 46%, 중소 도시 이하가 54%다. 교육 수준의 구성은 대졸 이상이 39.7%, 고졸이 29.5%, 그 이하가 30.8%다. 이 설문은 설교를 듣는 성도와 설교자를 설교와 연관시켜 어떻게 인식하고 있는지를 11개의 질문과 대답으로 했다.

1) 귀하는 설교자를 어떻게 생각하십니까?

① 하나님의 말씀의 전달자인 동시에 인간이다. (65.9%)

② 하나님의 말씀의 전달자이다. (26.0%)

③ 존경하는 분이다. (5.2%)

④ 모르겠다. (1.8%),

⑤ 다만 한 인간일 뿐이다. (1.1%)

2) 귀하는 설교자의 인격과 설교와의 관계에 대하여 어떻게 생각하십니까?

① 설교자의 인격과 설교는 일치해야 한다. (70.3%)

② 설교자의 인격이 설교 내용보다 중요하다. (16.7%)

③ 설교자의 인격과 설교는 별개이다. (10.2%)

④ 모르겠다. (2.8%)

3) 귀하는 설교자의 설교와 삶의 연관성을 어떻게 보십니까?

    ① 완전치는 못하지만 설교한 대로 살려고 노력한다. (80.2%)

    ② 설교한 대로 생활한다. (10.3%)

4) 설교자들의 설교할 때 복장에 대하여 어떻게 생각하십니까?

    ① 설교 가운을 입고하는 것이 효과적이다. (57.1%)

5) 설교자의 음성과 설교의 상관관계는?

    ① 다소 상관이 있다. (53.4%)

    ② 음성이 설교에 결정적 영향을 준다. (37.5%)

6) 설교자의 제스처가 설교에 주는 영향을 어떻게 생각하십니까?

    ① 자연스런 제스처는 필요하다. (78.8%)

7) 설교할 때 설교자의 원고와 단순 메모 등의 유무에 대해 어떻게 생각하십니까?

    ① 반드시 원고 작성을 완료 후 설교해야 한다. (51.9%)

    ② 단순 메모 설교가 이해하기 쉽다 (23.9%)

8) 설교에 관한 회중의 반응에 설교자의 태도는 어떠해야 한다고 생각하

십니까?

  ① 민감한 편이 좋다. (59.8%)

  ② 반드시 민감해야 한다. (19.1%)

9) 설교의 내용 중 기복 사상에 대한 견해는 어떻습니까?

  ① 적당히 있어야 한다. (60.7%)

  ② 가급적 피해야 한다. (16.1%)

  ③ 적을수록 좋다. (11.8%)

10) 설교 중 예화 사용 빈도에 대해서는 어떻게 생각하십니까?

  ① 적절한 예화를 가끔씩 사용하면 좋다. (73.%)

  ② 적절한 예화이면 많을수록 좋다. (17.6%)

11) 설교 문장의 주어는 누구여야 한다고 생각하십니까?

  ① 하나님, 예수님, 성령님. (77.3%)

  ② 설교자. (10.9%)

  ③ 청중 또는 일반적인 것. (6.3%)

  ④ 모르겠다. (3.4%)

  ⑤ 아무 것이나 좋다. (2.1%)